introdução ao **direito constitucional tributário** Com ênfase à pessoa jurídica

EDITORA
intersaberes

DIALÓGICA

O selo DIALÓGICA da Editora InterSaberes faz referência às publicações que privilegiam uma linguagem na qual o autor dialoga com o leitor por meio de recursos textuais e visuais, o que torna o conteúdo muito mais dinâmico. São livros que criam um ambiente de interação com o leitor – seu universo cultural, social e de elaboração de conhecimentos –, possibilitando um real processo de interlocução para que a comunicação se efetive.

introdução ao direito constitucional tributário

Com ênfase à pessoa jurídica

Roque Sérgio D'Andréa
Ribeiro da Silva

EDITORA
intersaberes

Av. Vicente Machado, 317 . 14º andar
Centro . CEP 80420-010
Curitiba . PR . Brasil
Fone: (041) 2103-7306
www.editoraintersaberes.com.br
editora@editoraintersaberes.com.br

Editor-chefe
Lindsay Azambuja

Editor-assistente
Ariadne Nunes Wenger

Preparação de originais
Gabriel Plácido Teixeira da Silva

Capa
Design: Denis Kaio Tanaami
Fotografia: Comstock

Diagramação
Fabiana Edições

Iconografia
Sandra Sebastião

Projeto gráfico
Raphael Bernadelli

Dados Internacionais de Catalogação na Publicação (CIP)
(Câmara Brasileira do Livro, SP, Brasil)

Silva, Roque Sérgio D'Andréa Ribeiro da
Introdução ao direito constitucional tributário / Roque Sérgio D'Andréa Ribeiro da Silva. – Curitiba: InterSaberes, 2013.

ISBN 978-85-8212-747-6

1. Direito tributário – Legislação – Brasil I. Título.

12-15387 CDU-34:336.2(81) (094)

Índice para catálogo sistemático:
1. Brasil: Leis: Direito tributário 34:336.2(81) (094)
2. Brasil: Leis: Direito tributário 34:336.2(81) (094)

ABDR
EDITORA AFILIADA

1ª edição, 2013

Foi feito o depósito legal.

sumário

"Onde encontrei vida, encontrei a vontade de poder." (Nietzsche, 2003, p. 145).

Agradeço a todos os que colaboraram na realização desta obra, especialmente à minha irmã, Vanessa, advogada dedicada e profissional com quem tenho orgulho de trabalhar.

Dedico esta obra às minhas eternas inspirações: à minha esposa, Carla, pelo incentivo, pelo apoio e pela ajuda para a conclusão deste livro, e à minha filha, Flávia, que é a tradução do amor e da alegria de todos os dias.

apresentação

Passada mais de duas décadas da promulgação da Constituição Federal de 1988, a tributação nacional continua instigando a curiosidade de todos. As razões situam-se fora do domínio do tempo, uma vez que nossa cultura prende-se à ideia da dificuldade em dominar os conceitos elementares de nosso sistema, aliada às críticas advindas, no mais das vezes, em face de ausência de conhecimento específico em relação ao direito tributário.

A proposta, aqui, é contextualizar o fenômeno tributário brasileiro com base na leitura que se deve empreender por meio da Carta Maior, pois trata-se de fonte primária que irradia comandos às pessoas políticas de direito constitucional interno (União, estados, Distrito Federal e municípios) para legislarem sobre tributos de suas competências. Logo, o sistema constitucional tributário, o exercício desse poder, os princípios decorrentes da Superlei, as regras de estrutura e de comportamento serão foco de nossa exposição justamente para que você, leitor, conheça efetivamente como funciona essa dinâmica.

Outrossim, importa trazer a lume a classificação dos tributos, não só por uma questão de capricho didático, mas porque fundamentalmente há consequências jurídicas próprias dentro dessa relevante divisão, conforme oportunamente será examinado.

Avançando neste exame, você terá condições de conhecer e refletir sobre o planejamento tributário, as formas de apuração de imposto de renda das pessoas jurídicas, estudar a ciência das infrações tributárias, bem como promover a interface entre a ciência tributária e a contábil, sobretudo porque ainda que sejam dois sistemas distintos e ciências com suas respectivas valências, a comunicação e a interação que exercem são notórias, portanto, devem ser objeto de nossos exames e de nossas considerações.

Certamente, ao final desta obra, você terá condições de avaliar a teia tributária nacional, com elementos de convicção interessantes o bastante a ampará-lo no exercício de sua intelectualidade, pois, ainda que seja por meio de uma descrição de origem doutrinária, certamente o estimulará a pesquisar e estudar o direito tributário dentro de uma ordem clara de ideias.

Com efeito, após essas rápidas observações, pretendemos dirigir o presente trabalho aos operadores do direito, técnicos administrativos contábeis, contadores, empresários e profissionais que demonstram interesse em compreender o sistema tributário nacional e, com isso, utilizar tais conhecimentos a fim de conquistar algum resultado prático.

introdução

O estudo da legislação tributária brasileira não é tarefa simples. O cipoal de leis voltadas à arrecadação e ao controle tributário representa exigências fiscais em forma de leis federais, estaduais, distritais e municipais, decretos, resoluções e instruções normativas que estão a compelir o cumprimento do custeio da "máquina pública" nas esferas da Administração Pública interna. Essas exigências estão a determinar, também, o cumprimento de obrigações denominadas *acessórias*. Por exemplo, Declaração de Débitos e Créditos de Tributos Federais (DCTF), Demonstrativo de Apuração de Contribuições Sociais (Dacon), guia de recolhimento do Fundo de Garantia do Tempo de Serviço (FGTS) e informações à Previdência Social (GFIP/Sefip), todas relevantes para o fiel controle de arrecadação tributária e de fiscalização, como meio de salvaguardar o dever de pagar tributos.

Assim, o Código Tributário Nacional (CTN), Lei nº 5.172, de 25 de outubro de 1966, ao disciplinar as normas gerais de direito tributário, precisamente em seu art. 96, ensina que: "Art. 96. A expressão 'legislação tributária' compreende as leis, os tratados e as convenções internacionais, os decretos e as normas complementares que versem, no todo ou em parte, sobre tributos e relações jurídicas a eles pertinentes" (Brasil, 1966c).

A despeito do conteúdo discorrido até aqui, é importante que você tenha em mente que o CTN não se constitui como fonte principal do presente estudo. Para melhor compreender a dinâmica legal tributária, é fundamental iniciarmos a investigação por meio da Constituição Federal, de 5 de outubro de 1988 (Brasil, 1988a), pois é justamente por meio da Lei Maior, a chamada *Superlei*, que emanam comandos, imprescindíveis à compreensão da matéria analisada nesta obra. Em outras palavras, a Magna Carta, promulgada por intermédio de um Estado Democrático de Direito, deve constituir-se em *fonte primária* de estudo, para que você, leitor, se acostume a firmar seus conceitos, quando precisar analisar determinada exigência tributária nas esferas da Administração Pública.

É importante ressaltar que não existe ou não se tem notícia de algum Estado Moderno e legitimamente reconhecido que cumpra suas atividades e suas finalidades administrativas sem lançar mão de exigir o pagamento de exações de seus contribuintes. Logo, trata-se de uma receita indispensável à Administração Pública, cujo objetivo é garantir o cumprimento de programas em prol da coletividade. Mais do que isso, a finalidade da arrecadação não se limita a suprir o "caixa" dos cofres públicos: existem tributos cuja finalidade consiste em inibir determinada atividade econômica, como é o caso das contribuições voltadas à intervenção no domínio econômico. Também não podemos esquecer os impostos criados justamente para proteger a economia nacional, caracterizando-se como instrumento de política econômica do Estado.

Portanto, é no mínimo precipitado dizer ser um "mal necessário" a entrega compulsória de receita ao Poder Público por parte do contribuinte, mediante regras específicas, pois a legislação tributária tem como característica o controle de arrecadação, na medida em que a própria CF/1988 impede o abuso desse poder. Não fosse assim, certamente a voracidade arrecadatória inibiria toda e qualquer atividade econômica por conta de exigência fiscal. Logo, mais do que conhecer o arcabouço jurídico nacional tributário, revela-se importante

> *definir as possibilidades e limites da tributação, fazendo-o através da outorga constitucional da competência tributária (quando a Constituição diz quais os tributos que podem ser instituídos e sob que forma, diz, também, implicitamente, que o que dali desborda não pode ser feito) e da clara enunciação ao de garantias fundamentais do contribuinte.* (Paulsen, 2002, p. 13)

Do mesmo modo, o papel do Poder Judiciário, nesse contexto, é presença marcante como instrumento a salvaguardar direitos à limitação ao poder de tributar, motivo pelo qual a jurisprudência, ao ditar o rumo de aplicação e de interpretação da legislação tributária em casos concretos, deve ser fonte de consulta, pois está entre o que a ciência teórica descreve e a prática forense norteia.

Dessa forma, o estudo da legislação tributária brasileira necessariamente deverá utilizar a CF/1988, verdadeiro estatuto do contribuinte, como núcleo de fundamento válido conferido a cada ente tributante a instituir tributo de sua competência por meio de lei. Nesse sentido, Carrazza (2007) enquadra a Lei Maior como a Carta de Competências:

> *As pessoas políticas possuem uma série de competências. Dentre elas, ocupa posição de destaque a competência tributária, que adiantamos, é a faculdade de editar leis que criem,* in abstracto, *tributos. Trata-se de uma competência originária, que busca seu fundamento da validade na própria Constituição. A Constituição Federal, no Brasil, é a lei tributária fundamental, por conter as diretrizes básicas aplicáveis a todos os tributos.* (Carrazza, 2007, p. 482, grifo do original)

Em outras palavras, você deve analisar a legislação tributária tendo como ponto de partida as prescrições contidas na CF/1988 e suas respectivas emendas para, em seguida, direcionar seus estudos para as legislações federais, estaduais, distritais e municipais, a fim de indagar a validade constitucional ou legal.

Os princípios constitucionais tributários, do mesmo modo, devem ser objeto de exame, uma vez que representam o alicerce de todo o sistema nacional. Em virtude disso, é conveniente discorrer sobre a hierarquia de leis para a correta compreensão desse arcabouço, isto é, veículo normativo de conteúdo nacional ou federal a produzir efeitos no mundo jurídico.

Dentro do presente estudo, é necessário analisar a respeito dos diferentes tipos tributários, tais como impostos, taxas, contribuições sociais, contribuições de melhoria, empréstimos compulsórios, impostos extraordinários, bem como seus fundamentos constitucionais, como forma não só de compreendê-los, mas para apurar sua eventual discrepância com o ordenamento jurídico brasileiro. Nesse sentido, observe o que afirma Paulsen (2002, p. 31):

> *A importância de discriminar as diversas espécies tributárias e de conseguir identificar, num caso concreto, de que espécie se cuida, está no fato de que a cada uma corresponde um regime jurídico próprio. Por exemplo: a União não pode criar dois impostos com mesmo fato gerador a base de cálculo; mas não há óbice constitucional a que seja criada contribuição social com fato gerador idêntico a de imposto e de imposto já existente. Indispensável, pois, surgindo uma exação, conseguir-se saber com segurança se se cuida de um novo imposto ou de uma nova contribuição.*

Com base nas referidas premissas, vale abordar o fenômeno do planejamento tributário como instrumento legalmente hábil a diminuir a aludida imposição, ou seja, maneira mais econômica de promover o pagamento de determinada exigência fiscal.

Dessa forma, considerando as linhas de argumentação anteriormente expostas e levando em conta a particularidade do sistema tributário nacional, composto por milhares e milhares de leis, podemos conhecer e compreender melhor o respectivo campo legislativo de maneira a desenvolver processos ligados a esse fenômeno.

como aproveitar ao máximo este livro

Este livro traz alguns recursos que visam enriquecer o seu aprendizado, facilitar a compreensão dos conteúdos e tornar a leitura mais dinâmica. São ferramentas projetadas de acordo com a natureza dos temas que vamos examinar. Veja a seguir como esses recursos se encontram distribuídos no projeto gráfico da obra.

Conteúdos do capítulo

Logo na abertura do capítulo, você fica conhecendo os conteúdos que nele serão abordados.

I

Sistema constitucional tributário

Conteúdos do capítulo:

» Demarcação do sistema constitucional tributário;
» Conjunto de regras e princípios que regem a legislação tributária nacional a todos os poderes públicos internos (União, estados, Distrito Federal e municípios);
» Exercício de cada competência – privativa, comum, residual e especial (extraordinária).

De acordo com o que foi descrito na "Apresentação", iniciaremos nosso estudo considerando o sistema constitucional tributário com base na Constituição Federal, de 5 de outubro de 1988. Nessas linhas iniciais, daremos os primeiros passos para a compreensão desse conjunto de elementos voltados à disciplinar a tributação brasileira, seja como fonte de aplicação, seja como de interpretação. Na sequência, vamos dirigir nossas atenções ao *exercício de competência tributária*, que, em linhas gerais, consiste na maneira pela qual as regras gerais devem ser obedecidas de modo a autorizar a tributação de cada Poder Público interno.

Síntese

O ponto de partida para o estudo da legislação tributária tem ancoragem na Constituição Federal de 1988, isto é, todo e qualquer esforço de compreensão das normas e comandos insertos desse sistema representam verdadeira medida para a correta interpretação e aplicação de leis infraconstitucionais voltadas à tributação, absolutamente servis ao comando maior.

O exercício da competência tributária, por sua vez, além de representar a legitimidade para cada ente público interno disciplinar tributos relativos à sua "alçada", regula a forma pela qual os tributos deverão ser exigidos. A mencionada competência é indelegável. No entanto, é possível transferir a capacidade em arrecadar e fiscalizar alguma espécie de tributo, tal como está estampado no art. 7º do Código Tributário Nacional*.

* Art. 7º A competência tributária é indelegável, salvo atribuição das funções de arrecadar ou fiscalizar tributos, ou de executar leis, serviços, atos ou decisões administrativas em matéria tributária, conferida por uma pessoa jurídica de direito público a outra, nos termos do § 3º do artigo 18 da Constituição. § 1º A atribuição compreende as garantias e os privilégios processuais que competem à pessoa jurídica de direito público que a conferir. § 2º A atribuição pode ser revogada, a qualquer tempo, por ato unilateral da pessoa jurídica de direito público que a tenha conferido. § 3º Não constitui delegação de competência o cometimento, a pessoas de direito privado, do encargo ou da função de arrecadar tributos. (Brasil, 1966b)

Sistema constitucional tributário

39

Síntese

Você dispõe, ao final do capítulo, de uma síntese que traz os principais conceitos nele abordados.

Consultando a legislação

Você pode verificar aqui a relação das leis consultadas pelo autor para examinar os assuntos enfocados no livro.

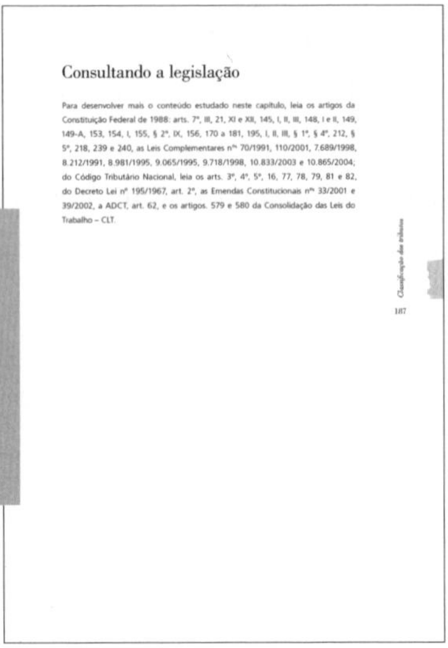

Consultando a legislação

Para desenvolver mais o conteúdo estudado neste capítulo, leia os artigos da Constituição Federal de 1988: arts. 7º, III, 21, XI e XII, 145, I, II, III, 148, I e II, 149, 149-A, 153, 154, I, 155, § 2º, IX, 156, 170 a 181, 195, I, II, III, § 1º, § 4º, 212, § 5º, 218, 239 e 240, as Leis Complementares nºs 70/1991, 110/2001, 7.689/1998, 8.212/1991, 8.981/1995, 9.065/1995, 9.718/1998, 10.833/2003 e 10.865/2004; do Código Tributário Nacional, leia os arts. 3º, 4º, 5º, 16, 77, 78, 79, 81 e 82, do Decreto Lei nº 195/1967, art. 2º, as Emendas Constitucionais nºs 33/2001 e 39/2002, a ADCT, art. 62, e os artigos. 579 e 580 da Consolidação das Leis do Trabalho – CLT.

Questão para reflexão

1) (Questão elaborada com base na prova do Cespe/UnB – Fiscal – INSS – 1998) Acerca das taxas, pode-se dizer que: por sua natureza tributária peculiar, as taxas devem corresponder, de modo preciso, à contraprestação pelo serviço oferecido ao contribuinte. A atuação estatal que enseja a cobrança de taxa deve ser aquela prestada à coletividade globalmente considerada. Se a União fiscaliza a exploração e o comércio de recursos naturais renováveis, reprimindo as ações ilícitas nessa área, tal atuação pode, juridicamente, justificar a cobrança de taxa?

2) (Fundação Carlos Chagas – Procurador – Manaus – 2005) Em nosso Sistema Financeiro, o pedágio cobrado pela utilização de rodovias qualifica-se como taxa de serviço, taxa de polícia, preço público, imposto sobre serviço prestado ou contribuição social?

3) (Adasa – Advogado – Prova Funiversa – 2009) Um estado brasileiro construiu uma ponte com recursos públicos, o que contribuiu para a valorização da região que foi beneficiada com a obra. A respeito dessa hipótese, comente o que se pode fazer?

4) (Questão elaborada … Técnico-Administrati… jurídica da contribui… Contribuição Parafis…

5) O pedágio é tributo? … taxa, imposto, contri… buto?

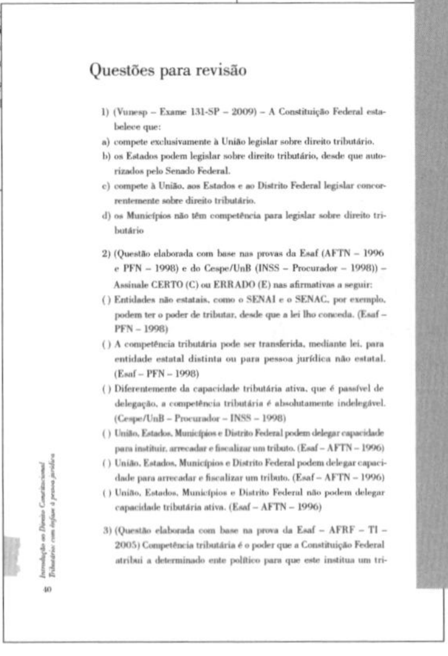

Questões para revisão

1) (Vunesp – Exame 131-SP – 2009) – A Constituição Federal estabelece que:
a) compete exclusivamente à União legislar sobre direito tributário.
b) os Estados podem legislar sobre direito tributário, desde que autorizados pelo Senado Federal.
c) compete à União, aos Estados e ao Distrito Federal legislar concorrentemente sobre direito tributário.
d) os Municípios não têm competência para legislar sobre direito tributário

2) (Questão elaborada com base nas provas da Esaf (AFTN – 1996 e PFN – 1998) e do Cespe/UnB (INSS – Procurador – 1998)) – Assinale CERTO (C) ou ERRADO (E) nas afirmativas a seguir:
( ) Entidades não estatais, como o SENAI e o SENAC, por exemplo, podem ter o poder de tributar, desde que a lei lho conceda. (Esaf – PFN – 1998)
( ) A competência tributária pode ser transferida, mediante lei, para entidade estatal distinta ou para pessoa jurídica não estatal. (Esaf – PFN – 1998)
( ) Diferentemente da capacidade tributária ativa, que é passível de delegação, a competência tributária é absolutamente indelegável. (Cespe/UnB – Procurador – INSS – 1998)
( ) União, Estados, Municípios e Distrito Federal podem delegar capacidade para instituir, arrecadar e fiscalizar um tributo. (Esaf – AFTN – 1996)
( ) União, Estados, Municípios e Distrito Federal podem delegar capacidade para arrecadar e fiscalizar um tributo. (Esaf – AFTN – 1996)
( ) União, Estados, Municípios e Distrito Federal não podem delegar capacidade tributária ativa. (Esaf – AFTN – 1996)

3) (Questão elaborada com base na prova da Esaf – AFRF – TI – 2005) Competência tributária é o poder que a Constituição Federal atribui a determinado ente político para que este institua um tri-

Questões para reflexão

Nesta seção, a proposta é levá-lo a refletir criticamente sobre alguns assuntos e trocar ideias e experiências com seus pares.

Questões para revisão

Com estas atividades, você tem a possibilidade de rever os principais conceitos analisados. Ao final do livro, o autor disponibiliza as respostas às questões, a fim de que você possa verificar como está sua aprendizagem.

I

Sistema constitucional tributário

Conteúdos do capítulo:

» Demarcação do sistema constitucional tributário;
» Conjunto de regras e princípios que regem a legislação tributária nacional a todos os poderes públicos internos (União, estados, Distrito Federal e municípios);
» Exercício de cada competência – privativa, comum, residual e especial (extraordinária).

De acordo com o que foi descrito na "Apresentação", iniciaremos nosso estudo considerando o sistema constitucional tributário com base na Constituição Federal, de 5 de outubro de 1988 (Brasil, 1988a). Nessas linhas iniciais, daremos os primeiros passos para a compreensão desse conjunto de elementos voltados a disciplinar a tributação brasileira, seja como fonte de aplicação, seja como de interpretação. Na sequência, vamos dirigir nossas atenções ao *exercício de competência tributária*, que, em linhas gerais, consiste na maneira pela qual as regras gerais devem ser obedecidas de modo a autorizar a tributação de cada Poder Público interno.

A base do Sistema Tributário Nacional (STN) encontra-se descrita no Título VI, Capítulo I, arts. 145 a 156 da Constituição Federal de 1988. Os arts. 157 a 162 cuidam da repartição das receitas tributárias, algo que deveria ser destinado às finanças públicas, sendo estas disciplinadas no Capítulo II da CF/1988, conforme observa Harada (2005).

Esse autor, ao conceituar a expressão *sistema tributário*, delimitou a área de análise da seguinte maneira:

> *Sistema Tributário é o conjunto de normas constitucionais de natureza tributária, inserido no sistema jurídico global, formado por um conjunto unitário e ordenado de normas subordinadas aos princípios fundamentais, reciprocamente harmônicos, que organiza os elementos constitutivos do Estado, que outra coisa não é senão a própria Constituição. O que existe, portanto, é um sistema parcial (sistema constitucional tributário) dentro de um sistema global (sistema constitucional).* (Harada, 2005, p. 21)

José Eduardo Soares de Melo, por sua vez, não só identifica o sistema constitucional tributário, como também ressalta sua importância:

> *O sistema constitucional tributário, constituído por princípios e regras específicas, é expressamente disciplinado em capítulo próprio da Constituição Federal (arts. 145-156) e em demais normas esparsas (arts. 7º, III, 195, 212, § 5º, 239, §§ 1º e 4º, e 240 e Emendas Constitucionais 21/1999, 37/2002, 39/2002, 42/2003, 45/2004 e 47/2005). Assim, os lineamentos, os contornos, as balizas e os limites da tributação encontram-se estatuídos na Constituição. O exame da matéria tributária impõe, necessariamente, a análise e a compreensão dos princípios e normas hauridos na Constituição, como lei fundamental e suprema do Estado, conferindo poderes, outorgando competências e estabelecendo os direitos e garantias individuais.* (Melo, 2007, p. 12)

Note-se que Melo (2007), ao discorrer sobre o sistema constitucional tributário, arrolou outros artigos da Constituição que encontram seu fundamento nos limites tributários, como as contribuições à seguridade social, a contribuição social geral – como é o caso do salário-educação –, a contribuição ao PIS (Programa de Integração Social), as contribuições aos sistemas (Serviço Social do Comércio – Sesc; Serviço Nacional de Aprendizagem Comercial – Senac; Serviço Brasileiro de Apoio às Micro e Pequenas Empresas – Sebrae; Serviço Social do Transporte – Sest; Serviço Nacional de Aprendizagem do Transporte – Senat; Serviço Social da Indústria – Sesi; Serviço Nacional de Aprendizagem Industrial – Senai), a prorrogação da Contribuição Provisória sobre Movimentação Financeira (CPMF) – prescrita na Emenda Constitucional nº 21, de 18 de março de 1999 (Brasil, 1999a) –, a taxa de iluminação pública, entre outras alterações.

Por sua vez, Sacha Calmon Navarro Coelho, ao tratar do mesmo assunto, intitulando-o de *A constitucionalização do direito tributário brasileiro* e cotejando-o com a legislação estrangeira, diz:

> *O Brasil, ao contrário, inundou a Constituição com princípios e regras atinentes ao Direito Tributário. Somos, indubitavelmente, o país cuja Constituição é a mais extensa e minuciosa em tema de tributação. Este cariz, tão nosso, nos conduz a três importantes conclusões:*
> Primus – *Os fundamentos do Direito Tributário brasileiro estão enraizados na Constituição de onde se projetam altaneiros sobre as ordens jurídicas parciais da União, dos estados e dos municípios;*
> Secundus – *O Direito Tributário posto na Constituição deve, antes de tudo, merecer as primícias dos juristas e dos operadores do Direito, porquanto é o texto fundante da ordem jurídico-tributária;*
> Tertius – *As doutrinas forâneas devem ser recebidas com cautela, tendo em vista as diversidades constitucionais.* (Coelho, 2006, p. 3-4, grifo do original)

Paulsen (2002, p. 606), ao caracterizar o Sistema Constitucional Tributário tal como concebido, afirma que o conceito de tributo pode ser extraído da própria CF/1988:

> *A Constituição Federal, ao estabelecer as competências tributárias, as limitações ao poder de tributar e a repartição de receitas tributárias, permite que se extraia do seu próprio texto qual o conceito de tributo por ela considerado. Cuida-se de prestações em dinheiro exigidas compulsoriamente, pelos entes políticos, de quem revele capacidade contributiva ou que se relacione direta ou indiretamente a atividade estatal específica, com vista à obtenção de recursos para o financiamento geral do Estado ou para o financiamento de atividades ou fins realizados e promovidos pelo próprio Estado ou por terceiros no interesse público, com ou sem promessa de devolução. Tais características se evidenciam quando da leitura do Capítulo "Do Sistema Tributário Nacional". A outorga de competência se dá para que os entes políticos obtenham receita através da instituição de impostos (arts. 145, I, 153, 154, 155 e 156), taxas (arts. 145, II, e 150, V), contribuições de melhoria (art. 145, III), empréstimos compulsórios (art. 148) e contribuições especiais (arts. 149 e 195). Em todas as normas ali existentes, verifica-se que estamos cuidando de obrigações em dinheiro, tanto que há diversas referências à base de cálculo e à alíquota, bem como à distribuição de receitas e reservas de percentuais do seu produto para aplicação em tais ou quais áreas.*

Daí porque, ainda que se tenha um universo de leis tributárias, como é caso do fenômeno brasileiro, a linha mestra para nortear o seu efetivo cumprimento está na CF/1988, conforme já ressaltado anteriormente, como fonte de aplicação e de interpretação da norma tributária. Sem essa relevante premissa, o contribuinte será tomado da mais completa insegurança jurídica, pois não haverá sentido sequer razoável para sua compreensão.

Humberto Ávila assevera que o Sistema Constitucional Tributário é caracterizado pela sua abertura. Conforme esse autor (Ávila, 2004, p. 107-108), "Aberto não apenas no sentido de um sistema capaz de desenvolvimento, como o são os sistemas vertidos em linguagem, mas no sentido de um sistema que expressamente reenvia a outras normas não expressamente previstas no Sistema Tributário Nacional, mas em outras partes da Constituição". Ávila (2004) cita como exemplo a redação do art. 150 da CF/1988, a qual assegura outras garantias ao contribuinte.

Pela relevância de suas assertivas atreladas à qualidade argumentativa, interessa trazermos ao nosso estudo a lição de Celso Ribeiro Bastos, extraída do livro de Célio Armando Janczeski:

> *como pontifica Celso Ribeiro Bastos, as leis anteriores continuam válidas ou em vigor mesmo que a Constituição nova seja omissa a respeito, ou seja, "com a entrada em vigor da Constituição, cessa a eficácia da norma constitucional, o mesmo não se dando com a legislação ordinária anterior, a qual não cessa de vigir, embora o novo fundamento da validade venha informado pelos princípios materiais da nova Constituição. O único obstáculo a transpor é não ser contrária à nova Constituição. Dá-se portanto uma novação, o que significa que as normas ordinárias são recepcionadas pela nova ordem constitucional e submetidas a um novo fundamento de validade".* (Janczeski, 1998, p. 33)

Nesse contexto, devemos ter como base pressupostos relevantes ao processo investigatório aqui delimitado: a) É a CF/1988 quem fornece elementos para que o legislador possa instituir tributos; sua hierarquia é absoluta; b) A legislação anterior à promulgação da atual CF/1988 foi recepcionada naquilo que era compatível com a nova ordem; c) Não houve revogação das leis anteriores à vigência da atual Constituição. Por isso, estamos estudando a legislação tributária sob tais critérios: temporal e espacial.

Não é de hoje que a legislação tributária provoca verdadeira insegurança nos contribuintes. Há muito tempo essa "cultura" arrecadatória e de fiscalização vem promovendo maior alvoroço no cumprimento dessa obrigação, quando exige o preenchimento frequente de formulários, guias fiscais, declarações tributárias, enfim, uma infinidade de ações principais e acessórias que certamente frustra tal relação, seja porque sempre muito se paga a tal título, seja porque os serviços realizados pelo Estado simplesmente não funcionam. Pelo que podemos perceber, esse comportamento fiscal é atemporal. Prova disso é a palavra externada por Alfredo Augusto Becker*, quando escreveu a obra *Teoria geral do direito tributário*, na qual dizia que:

> *Se fossem integralmente aplicadas as leis tributárias, todos os contribuintes seriam passíveis de sanções, inclusive de cárcere e isto, não tanto em virtude da fraude, mas principalmente pela desorientação que o caos da legislação tributária provoca no contribuinte. Tão defeituosas costumam ser as leis tributárias que o contribuinte nunca está seguro das obrigações a cumprir e necessita manter uma dispendiosa equipe de técnicos especializados, para simplesmente saber quais exigências do Fisco.* (Becker, 1998, p. 8-9)

Muito embora Becker tenha tratado do fenômeno da tributação na década de 1950, os problemas afetos à arrecadação, à apuração, ao pagamento, ao recolhimento e às outras ações semelhantes continuam a atormentar o contribuinte (agente econômico), mesmo com

* Para esse pensamento, Becker teve influência de Liguori, mais especificamente de sua obra *La Riforma Tributaria*, e de Martinez, da obra *Estudos de Direito Financeiro – Da personalidade Tributária*.

a informatização do sistema operacional tributário. Aliás, atualmente se fala em *sped* fiscal, sistema *perdcomp*, nota fiscal eletrônica, regime tributário de transição e assim por diante.

Ao tempo em que se afirma ser a Constituição Cidadã* fonte de enunciados constitucionais tributários, servindo como verdadeiro marco para limitar o alcance da legislação infraconstitucional, há, no entanto, quem sustente certa dose de "discricionariedade" conferida ao legislador ordinário quando no exercício de sua competência institui tributos por meio de expressões inseridas na CF/1988, que são verdadeiros fatos signos presuntivos de riqueza, tais como *renda*, *serviços*, *mercadorias*, *propriedade*. Ou seja, a CF/1988, por exemplo, ao prescrever a competência da União em legislar sobre renda, isto é, instituir o imposto sobre a renda, não estabeleceu fronteira para que a legislação infraconstitucional promovesse mencionada exigência. Assim, em tese, tudo o que a legislação ordinária enquadrasse como "renda" poderia servir como base para a tributação. No entanto, deve ser completamente afastada essa orientação.

Andrei Pitten Velloso, ao tratar sobre o assunto, afirma:

> *A Constituição, no entanto, não traz em seu bojo amontoados de sinais gráficos afásicos. Isso pode ser afirmado do modo categórico. De qualquer forma, caso se admitisse que os vocábulos integrantes dos enunciados atributivos de competências carecessem de significação, não se poderia outorgar ampla margem de discricionariedade ao legislador no ordenamento das normas impositivas; pelo contrário: dever-se-ia, nesta hipótese, negar, de forma*

---

* Segundo José Afonso da Silva, autor da obra *Curso de direito constitucional positivo*, a expressão *Constituição Cidadã* é de Ulysses Guimarães. É de sua lavra: "É a *Constituição Cidadã*, na expressão de Ulysses Guimarães, Presidente da Assembleia Nacional Constituinte que a produziu, porque teve ampla participação popular em sua elaboração e especialmente porque se volta decididamente para a plena realização da cidadania." (Silva, 2004, p. 90, grifo nosso).

absoluta, a possibilidade de proceder-se à criação de exações tributárias, pois competência não haveria. Em segundo lugar, os significados dos signos constitucionais sujeitam o legislador: este, titular da competência outorgada pela Carta Constitucional, detém poderes para criar normas de status *normativo inferior àquelas que o vinculam, razão pela qual não pode, sob pena de teratológica inversão da hierarquia normativa, ir de encontro às normas constitucionais. Não lhe é dado desdenhar os conceitos constitucionais ao criar normas impositivas, no exercício de uma pretensa competência ilimitada. Tampouco lhe é permitido deturpar tais conceitos, caracterizando os signos constitucionais em dissonância das variantes de significado admissíveis e, com isso, burlando de forma sub-reptícia as limitações ao poder de tributar.* (Velloso, 2005, p. 25-26, grifo do original)

No mesma linha de raciocínio, o Supremo Tribunal Federal (STF) vem confirmando as assertivas anteriormente explicadas, como podemos observar no excerto do voto do ministro Marco Aurélio para o Recurso Extraordinário nº 150.764-1, de 16 de dezembro de 1992:

> é certo que podemos interpretar a lei, de modo a arredar a inconstitucionalidade. Mas interpretar interpretando e, não, mudando-lhe o texto e, menos ainda, criando um imposto novo que a lei não criou. Como sustentei muitas vezes, ainda no Rio, se a lei pudesse chamar de compra e venda o que não é compra e venda, de importação o que não é importação, de exportação o que não é exportação, de renda o que não é renda ruiria todo o sistema tributário inscrito na Constituição. (STF, 1993b)

Evidentemente, de nada adiantaria argumentação doutrinária quedando-se pela inviolabilidade de expressões inseridas no Texto Maior se a Corte Máxima, verdadeira guardiã da Constituição, assim não entendesse. Recentemente, em 2005, o STF, ao julgar as expressões *receita bruta* e *faturamento*, mediante o Recurso Extraordinário nº 390.840-5, de 9 de novembro de 2005 (STF, 2006d), como sinônimas, declarou a inconstitucionalidade do parágrafo 1º do art. 3º da Lei nº 9.718, de 27 de novembro de 1998 (Brasil, 1998c), pois essa lei tratava de igualar tais conceitos (faturamento e receita bruta), logicamente ampliando a base para tributação. O referido julgado restou assim ementado:

> CONSTITUCIONALIDADE SUPERVENIENTE – ARTIGO 3º, § 1º, DA LEI Nº 9.718, DE 27 DE NOVEMBRO DE 1998 – EMENDA CONSTITUCIONAL Nº 20, DE 15 DE DEZEMBRO DE 1998. O sistema jurídico brasileiro não contempla a figura da constitucionalidade superveniente. TRIBUTÁRIO – INSTITUTOS – EXPRESSÕES E VOCÁBULOS – SENTIDO. A norma pedagógica do artigo 110 do Código Tributário Nacional ressalta a impossibilidade de a lei tributária alterar a definição, o conteúdo e o alcance de consagrados institutos, conceitos e formas de direito privado utilizados expressa ou implicitamente. Sobrepõe-se ao aspecto formal o princípio da realidade, considerados os elementos tributários. CONTRIBUIÇÃO SOCIAL – PIS – RECEITA BRUTA – NOÇÃO – INCONSTITUCIONALIDADE DO § 1º DO ARTIGO 3º DA LEI Nº 9.718/98. A jurisprudência do Supremo, ante a redação do artigo 195 da Carta Federal anterior à Emenda Constitucional nº 20/98, consolidou-se no sentido de tomar as expressões receita bruta e faturamento como sinônimas, jungindo-as à venda de mercadorias, de serviços ou de mercadorias e serviços. É inconstitucional o § 1º do artigo 3º da Lei nº 9.718/98, no que ampliou o conceito de receita bruta para envolver a totalidade das receitas auferidas por pessoas jurídicas, independentemente da atividade por elas desenvolvida e da classificação contábil adotada. (STF, 2006d)

Para uma melhor compreensão, explicaremos com mais detalhes. Por meio da Emenda Constitucional nº 20, publicada no *Diário Oficial da União* (DOU) em 16 de dezembro de 1998 (Brasil, 1998a), ou seja, 18 dias após a publicação e a entrada em vigor da

Lei nº 9.718/1998, o Congresso Nacional introduziu modificações na Constituição, especialmente para alargar o campo de incidência da contribuição de seguridade social, dando a seguinte redação ao inciso I, do art. 195 da CF/1988:

> Art. 195. A seguridade social será financiada por toda a sociedade, de forma direta e indireta, nos termos da lei, mediante recursos provenientes dos orçamentos da União, dos Estados, do Distrito Federal e dos Municípios, e das seguintes contribuições sociais:
> I – do empregador, da empresa e da entidade a ela equiparada na forma da lei, incidentes sobre:
> a) folha de salários e demais rendimentos do trabalho, pagos ou creditados, a qualquer título, à pessoa física que lhe preste serviços, mesmo sem vínculo empregatício;
> b) a receita ou o faturamento;
> c) o lucro. [...]

A partir da vigência da Emenda Constitucional nº 20/1998, a competência da União para instituição de contribuições ampliou-se, podendo ser cobrado o tributo sobre receitas, não limitadas ao faturamento, cujo conceito equivale à receita bruta decorrente de venda de mercadorias ou de prestação de serviços.

Assim, a partir de 16 de dezembro de 1998, a União Federal passou a deter competência para instituir tributo sobre as receitas da pessoa jurídica, podendo editar lei necessária a esse fim. Lei antiga, que instituía PIS/Pasep e Cofins (Contribuição para o Financiamento da Seguridade Social) sobre quaisquer receitas, editada sob a proteção da Constituição, que autorizava apenas a instituição de contribuição incidente sobre o faturamento, não poderia dar suporte a essa cobrança, em face da inconstitucionalidade de origem.

A alteração na Carta Magna não tem, todavia, o poder de validar leis anteriores, nascidas inconstitucionais. A possibilidade de exigência de exação, nos termos da nova redação dada à CF/1988, depende de edição de nova lei.

É dizer, a norma constitucional vigente na data da publicação da Lei nº 9.718/1998 não autorizava a instituição de contribuição senão sobre as fontes ali expressamente elencadas, a saber: "Art. 195. [...] I – dos empregadores, incidente sobre a folha de salários, o faturamento e o lucro".

A Lei nº 9.718/1998 extrapolou os limites estabelecidos pela CF/1988, sendo por isso declarada inconstitucional, pois o Poder Legislativo ultrapassou as fronteiras da competência que lhe foi outorgada.

É interessante vermos os ensinamentos de Paulsen (2002), como sobreposição doutrinária em comentário à jurisprudência da Suprema Corte Nacional:

> *Não podem ser deturpados nem estendidos pelo legislador, os conceitos, institutos e formas de direito privado, tampouco outras expressões utilizadas para definir a amplitude de competência outorgada. Impõe-se cuidado a precisão no trato da linguagem como um todo, pois é o instrumento para a veiculação das normas jurídicas. Desnecessário, aqui, retomar todas as lições da escola de Paulo de Barros Carvalho, que tantos frutos tem gerado a partir dessas premissas. Assim, não apenas os conceitos, institutos e formas de direito privado não podem ser deturpados pelo legislador, como toda e qualquer palavra utilizada pelo Constituinte. Caso haja instituição de imposto em extensão maior, desbordando da competência outorgada nos arts. 153, 155 e 156, estaremos cuidando, no que desbordar, de imposto novo e só a União tem competência residual para instituir novos impostos, observando, com necessária observância do art. 154, I, da CF: por lei complementar, com fato gerador e base de cálculo distintos dos impostos previstos na Constituição, e respeitada a não cumulatividade. O RE 166.722-9/RS, o RE 173.428-1 e a*

ADIn 1.102-2/DF constituem precedentes importantes do STF na análise da extensão da outorga de competência em função dos termos nela utilizados. (Paulsen, 2002, p. 847)

Consequentemente, os comandos dispostos na CF/1988, ao delimitarem o sistema constitucional tributário, estendem obediência não só interpretativa como de aplicação da Lei Tributária. Mais ainda, conforme nos diz Paulsen (2002, p. 606), a Carta Magna "permite que se extraia do seu próprio texto qual o conceito de tributo por ela considerado".

A afirmação anterior de Paulsen (2002) até pode ser considerada óbvia demais no atual tempo da evolução legislativa democrática, mas não tem guardado correspondência com as violações constitucionais que leis infraconstitucionais vêm impingindo, como forma de atingir aos objetivos programáticos da Administração Pública Estatal. As expressões lá contidas, longe de simples orientações, estendem mando de império, de rigidez e exaustividade do sistema constitucional tributário.

Apenas como dado estatístico, tomemos inúmeros exemplos de julgados proclamados pelo STF, nos quais foi declarado a inconstitucionalidade de leis tributárias desde a promulgação da CF/1988: a contribuição sobre o pró-labore, sob a disciplina da Lei nº 7.787, de 30 de junho de 1989 (Brasil, 1989b); Recurso Extraordinário nº 166.772-9/RS, ISS – incidente sobre locação de bens móveis (STF, 1994); Recurso Extraordinário nº 116.121/SP (STF, 2001b), progressividade das alíquotas do Imposto Predial e Territorial Urbano (IPTU) antes da Emenda Constitucional nº 29, de 13 de setembro de 2000 (Brasil, 2000a), que culminou na edição da Súmula nº 668 do STF, de 24 de setembro de 2003 (STF, 2003b); mais recentemente, a contribuição social incidente sobre a receita bruta proveniente da comercialização da produção do empregador rural, Recurso Extraordinário nº 363.852, de 6 de abril de 2010 (STF, 2010); entre outros.

É importante ressaltar, conforme as palavras de Paulsen (2002, p. 16, grifo do original), que:

> *O novo sistema tributário nacional não entrou em vigor na mesma data da Carta Republicana, e sim no primeiro dia do quinto mês seguinte ao da promulgação da Constituição, mantido, até então, o da Constituição de 1967, com a redação determinada pela Emenda nº 1, de 1969, e pelas posteriores, conforme dispôs o art. 34, § 5º, do Ato das Disposições Constitucionais Transitórias – ADCT. Este mesmo artigo, entretanto, determinou a vigência imediata dos arts. 148, 149, 150, 154, I, 156, III, e 159, I,* c, *conforme seu § 1º.*

Desse modo, feitas as considerações pertinentes e relevantes para estabelecer a base da presente investigação, delimitada por meio do sistema constitucional tributário, importa avançar inquietamente para o propósito de conhecer a legislação que se destina ao presente estudo em toda a sua dinâmica.

1.1 Exercício de competência tributária

Uma vez definido o sistema constitucional tributário como estrutura organizada hábil a regular e limitar a força motriz de receitas aos poderes públicos internos (União, estados, Distrito Federal e municípios), convém avançarmos o presente estudo de modo a compreendermos melhor esse exercício. Dessa forma, a Constituição Nacional, além de influir diretamente nas normas emanadas pelos entes tributantes, conferiu a estes a possibilidade de a Administração Pública exigir tributo conforme o modelo previsto constitucionalmente, dentro, obviamente, de sua "alçada". Com tal característica, localiza-se no topo da hierarquia das normas como verdadeira garantia à limitação ao poder de tributar. Além do mais, não tem sentido racional, tampouco lógico, querer promover esforços no sentido de conhecer cada lei tributária, expedida por meio de determinado ente público, para efetivamente dominar o fenômeno tributário, de modo a verificar sua adequação ou não dentro do sistema constitucional tributário. É preciso trabalhar de modo proeminente para compreendê-lo em sua realidade.

Coelho (2001) endossa tal assertiva, quando proclama a repartição vertical de competência, afirmando:

> *A repartição vertical de competências dá-se quando, por exemplo, cabe à União editar normas gerais de Direito Tributário ou de Direito Administrativo ou de Direito Eleitoral, de observância obrigatória pela União, Estados e Municípios, ficando os Entes Políticos de competência para legislar sobre essas matérias, observadas as normas gerais. Assim, no Brasil, o poder-dever da Administração de formalizar o crédito tributário (fazer o lançamento de tributos) é de 5 (cinco) anos, seja ela federal, estadual ou municipal, ou ainda para estatal (INSS).* (Coelho, 2001, p. 282)

Para que você possa perceber melhor o que se entende por *competência tributária*, deve ter como base a premissa de que o legislador constitucional, ao promulgar a CF/1988, conferiu aos entes públicos (União, Distrito Federal, estados e municípios) a autorização para exigirem os tributos que lhe foram dispostos, observando, contudo, as regras gerais e as limitações ao poder de tributar. O exercício da competência tributária, traduzido como **poder de tributar**, além de ser indelegável, revela a possibilidade de a Administração Pública exigir tributo de acordo com as regras estatuídas pela Carta Cidadã. Por outro lado, é possível aos estados,

> *É possível aos estados, aos municípios, à União e ao Distrito Federal transmitir capacidade para fins de arrecadação e de fiscalização de tributos.*

aos municípios, à União e ao Distrito Federal transmitir capacidade para fins de arrecadação e de fiscalização de tributos.

Derzi*, ao atualizar a obra de Aliomar Baleeiro, livro intitulado *Direito Tributário Brasileiro*, e ao comentar o art. 6º do Código Tributário Nacional (CTN), Lei nº 5.172, de 25 de outubro de 1966 (Brasil, 1966c), que trata exatamente do exercício da competência tributária disposto em referido diploma legal, afirma:

> *A competência tributária, no sistema rígido do Brasil, que discriminou as receitas dos três níveis de governos do Estado Federal, retirando qualquer possibilidade de acumulação ou concorrência dum com o outro, é regida pela Constituição Federal. Mas o art. 6º do CTN esclarece que a Pessoa de Direito Público Interno competente para decretar um tributo também é competente para a "legislação plena" sobre o mesmo, desde que qualquer delas não contrarie a Constituição Federal. O dispositivo está em harmonia com os arts. 13, § 1º, e 15 da CF.* (Baleeiro, 2004, p. 75-76)

Mais adiante, ao tratar da expressão *legislação plena*, Derzi esclarece:

> *A "legislação plena", desde que não viole expressa ou implicitamente a Constituição Federal ou as normas gerais do Direito Financeiro da União, pode regular o* quantum *do tributo, a época e forma do pagamento, a competência administrativa dos órgãos e repartições que o devem lançar, cobrar, fiscalizar etc., enfim, todos os pormenores impróprios daquelas normas gerais ou por elas não previstos. No silêncio delas, a norma geral do Estado tem caráter supletivo (CF, art. 8, parágrafo único).* (Baleeiro, 2004, p. 75-76, grifo do original)

---

* Misabel Abreu Machado Derzi é quem atualiza a obra póstuma de Aliomar Baleiro, autor já falecido. Assim, quando citarmos Derzi, será em relação a Baleeiro.

Com efeito, o traço que caracteriza o exercício da competência constitucional tributária assenta-se na atribuição que cada ente público goza perante os poderes extraídos pela CF/1988 para legislar, instituir, cobrar, arrecadar, expedir atos normativos de maneira a salvaguardar seus interesses em determinada área, havendo como critério indissociável o respeito aos comandos gerais emanados pela Magna Carta, "como fonte de validade para todo ordenamento jurídico, por ser norma suprema dentro da estrutura hierárquica normativa, ocupando o patamar mais elevado entre as normas jurídicas" (Pacheco, 2008, p. 17). Carrazza (2005, p. 28) mostra que "a adoção de um sistema rígido de repartição de competências tributárias foi a solução encontrada pelo constituinte para assegurar – pelo menos em tese – a cada pessoa política os recursos financeiros necessários à manutenção de sua autonomia".

Pelos fundamentos apresentados, podemos dizer que a União Federal, os estados, os municípios e o Distrito Federal exercem competência privativa, isto é, poderão instituir impostos dentro da divisão determinada pela CF/1988*. Há, também, a competência comum, ou seja, estão credenciados a instituir tributos, tais como impostos, taxa e contribuição de melhoria, a teor do art. 145 da CF/1988. Há o que chamamos de *competência residual*, tal como previsto no art. 154, I, da CF/1988, o qual confere à União a possibilidade de instituir impostos, mediante lei complementar, desde que não cumulativos e que não tenham fato gerador ou base de cálculo próprios dos discriminados na Constituição de 1988. Por último, o art. 154, II, da CF/1988 prevê a denominada *competência extraordinária*, também chamada *especial*, conferida à União para instituir impostos na iminência ou no caso de guerra externa, compreendidos ou não em sua competência tributária, os quais serão suprimidos, gradativamente,

* Privativa da União, art. 153, privativa dos estados e do Distrito Federal, art. 155, e privativa dos municípios e do Distrito Federal, art. 156, todos da CF/1988.

caso sejam cessadas as causas de sua criação. O CTN, ao tratar da mesma matéria, precisamente nos arts. 6 a 8, apenas segue o modelo estatuído pela Lei Maior, ante natural subserviência. Note-se que a própria CF/1988 confere à lei complementar dispor sobre conflitos de competência, em matéria tributária, entre os poderes públicos internos, a teor do art. 146, I.

Do mesmo modo, verificamos que a Carta Republicana conferiu imunidade recíproca à União, ao Distrito Federal, aos estados e aos municípios sobre bens, rendas e serviços (art. 150, VI, "a", da CF/1988). Da mesma maneira, a CF/1988 estabeleceu imunidade aos templos de qualquer culto, sobre patrimônio e renda dos partidos políticos, inclusive suas fundações, das entidades sindicais dos trabalhadores, das instituições educacionais e de assistência social, sem fins lucrativos, atendidos os requisitos da lei (art. 150, VI, "b" e "c", da CF/1988). Também instituiu imunidade a livros, jornais, periódicos e papel destinado a sua impressão (art. 150, VI, "d" da CF/1988). Com efeito, está-se a tratar de absoluta incompetência imposta aos poderes públicos para exigir tributos incidentes sobre pessoas, atividades e objetos. É diferente do que ocorre com a isenção tributária, matéria a ser disciplinada por meio de lei infraconstitucional. Trata-se de renúncia fiscal imunizatória que não pode ser alvo sequer de emenda à Constituição, que tem como característica a perenidade de seus postulados. Já no caso de isenção, a qualquer momento pode haver revogação da lei que conferiu abdicação fiscal ao "jogo" tributário, deixando, desse modo, de existir alguma economia ao contribuinte diante dessa postura.

Dada tal particularidade, mais do que falar sobre a legislação tributária, é necessário dirigir nossas atenções ao que proclama a CF/1988. Por isso, é fundamental trabalharmos os conceitos lá dispostos e as suas características, como ferramentas adequadas ao rigoroso controle de receitas derivadas da atuação do Poder Público.

Sendo assim, os princípios constitucionais tributários, como a legalidade, a anterioridade, a igualdade, a capacidade contributiva, a vedação ao confisco, devem ser estudados e compreendidos justamente para que a base de eventual exigência fiscal, ao ser analisada, esteja de acordo com os mencionados princípios. É bom ressaltar que o legislador constitucional, ao impor a regra vertida no *caput* do art. 150 da CF/1988, deixou claro que outras garantias podem ser asseguradas ao contribuinte. Por isso, as limitações constitucionais ao dever de tributar não se esgotam nos princípios anteriormente arrolados, ou seja, outras garantias existem, muitas vezes atreladas diretamente a algum tributo. Por exemplo, o princípio da solidariedade no que toca às contribuições à seguridade social ou que podem ser prescritas com tal finalidade – como a convenção internacional na qual o Brasil for signatário, conforme o art. 5º, § 2º, da Constituição Federal de 1988 –, não esquecendo os postulados constitucionais que regem a ordem econômica, que poderão servir a tal propósito. De qualquer sorte, importa estudarmos aqueles diretamente atrelados à legislação tributária, conferindo, portanto, grande importância pelo que representam, conforme opinião notável de Carvalho (2000, p. 140): "irradiam por toda a ordem jurídica, ativando e ao mesmo tempo tolhendo o Estado nas relações com seus súditos, e princípios constitucionais especificamente canalizados para o terreno dos tributos, conhecidos como princípios constitucionais tributários".

Com o estudo de cada princípio, será apresentada uma respectiva argumentação ao final de cada capítulo a seguir, como forma de explicar e fixar o assunto em foco. Sendo assim, e isso por uma questão de axiologia e semântica, convém ponderar sobre o que se entende por *princípio*, dada sua relevância no presente contexto.

Síntese

O ponto de partida para o estudo da legislação tributária tem ancoragem na Constituição Federal de 1988, isto é, todo e qualquer esforço de compreensão das normas e dos comandos insertos desse sistema representam verdadeira medida para a correta interpretação e aplicação de leis infraconstitucionais voltadas à tributação, absolutamente servis ao comando maior.

O exercício da competência tributária, por sua vez, além de representar a legitimidade para cada ente público interno disciplinar tributos relativos à sua "alçada", regula a forma pela qual os tributos deverão ser exigidos. A mencionada competência é indelegável. No entanto, é possível transferir a capacidade em arrecadar e fiscalizar alguma espécie de tributo, tal como está estampado no art. 7º do CTN*.

---

* Art. 7º A competência tributária é indelegável, salvo atribuição das funções de arrecadar ou fiscalizar tributos, ou de executar leis, serviços, atos ou decisões administrativas em matéria tributária, conferida por uma pessoa jurídica de direito público a outra, nos termos do § 3º do artigo 18 da Constituição. § 1º A atribuição compreende as garantias e os privilégios processuais que competem à pessoa jurídica de direito público que a conferir. § 2º A atribuição pode ser revogada, a qualquer tempo, por ato unilateral da pessoa jurídica de direito público que a tenha conferido. § 3º Não constitui delegação de competência o cometimento, a pessoas de direito privado, do encargo ou da função de arrecadar tributos.

Questões para revisão

1) (Vunesp – Exame 131-SP – 2009) A Constituição Federal estabelece que:

a) compete exclusivamente à União legislar sobre direito tributário.

b) os Estados podem legislar sobre direito tributário, desde que autorizados pelo Senado Federal.

c) compete à União, aos Estados e ao Distrito Federal legislar concorrentemente sobre direito tributário.

d) os Municípios não têm competência para legislar sobre direito tributário

2) (Questão elaborada com base nas provas da Esaf (AFTN – 1996 e PFN – 1998) e do Cespe/UnB (INSS – Procurador – 1998))

Assinale certo (C) ou errado (E) nas afirmativas a seguir:

( )Entidades não estatais, como o SENAI e o SENAC, por exemplo, podem ter o poder de tributar, desde que a lei lho conceda. (Esaf – PFN – 1998)

( )A competência tributária pode ser transferida, mediante lei, para entidade estatal distinta ou para pessoa jurídica não estatal. (Esaf – PFN – 1998)

( )Diferentemente da capacidade tributária ativa, que é passível de delegação, a competência tributária é absolutamente indelegável. (Cespe/UnB – Procurador – INSS – 1998)

( )União, Estados, Municípios e Distrito Federal podem delegar capacidade para instituir, arrecadar e fiscalizar um tributo. (Esaf – AFTN – 1996)

( )União, Estados, Municípios e Distrito Federal podem delegar capacidade para arrecadar e fiscalizar um tributo. (Esaf – AFTN – 1996)

( )União, Estados, Municípios e Distrito Federal não podem delegar capacidade tributária ativa. (Esaf – AFTN – 1996)

3) (Questão elaborada com base na prova da Esaf – AFRF – TI – 2005) Competência tributária é o poder que a Constituição Federal atribui a determinado ente político para que este institua um tributo, descrevendo-lhe a hipótese de incidência, o sujeito ativo, o sujeito

passivo, a base de cálculo e a alíquota. Sobre a competência tributária, avalie o acerto das afirmações adiante e marque com (C) as corretas e com (E) as erradas; em seguida, marque a opção correta.

( ) A competência tributária é indelegável, salvo atribuição das funções de arrecadar ou fiscalizar tributos, ou de executar leis, serviços, atos ou decisões administrativas em matéria tributária, conferida por uma pessoa jurídica de direito público a outra.

( ) O não exercício da competência tributária por determinada pessoa política autoriza a União a exercitar tal competência, com base no princípio da isonomia.

( ) A pessoa política que detém a competência tributária para instituir o imposto também é competente para aumentá-lo, diminuí-lo ou mesmo conceder isenções, observados os limites constitucionais e legais.

a) E, C, E.
b) E, E, C.
c) E, C, C.
d) C, E, C.

4) (Questão elaborada com base na prova da Esaf – Auditor-Fiscal da Receita Estadual – MG – 2005) Considerando os temas "limitações constitucionais ao poder de tributar", "competência tributária", "princípios constitucionais tributários" e "imunidades", marque com (C) a assertiva correta e com (E) a errada, assinalando ao final a opção correspondente.

( ) Decreto que reduz o prazo de recolhimento de imposto é inconstitucional, porque o prazo integra as exigências do princípio da legalidade.

( ) A competência tributária não exercida por um ente da Federação poderá ser delegada a outro.

( ) O imposto sobre produtos industrializados – IPI e o imposto sobre operações relativas à circulação de mercadorias e prestações de serviços de transporte interestadual e intermunicipal e de comunicação – ICMS estão sujeitos ao princípio da não cumulatividade, em função da essencialidade do produto.

( ) É vedado aos estados instituírem contribuição de melhoria.

a) C, E, E, E.
b) C, E, E, C.
c) E, C, E, E.
d) E, E, C, E.
e) E, E, E, E.

5) (Cespe/UnB – Promotor de Justiça – MPE-RR – 2008) A competência tributária abrange o poder de legislar plenamente, incluindo-se o estabelecimento de normas gerais em matéria tributária, desde que não existam normas gerais impostas pela União sobre a mesma matéria.
( ) Certo.
( ) Errado.

6) Discorra sobre todas as competências para instituir tributos da União Federal.

7) Diferencie a *indelegabilidade de competência* da *transferência de capacidade de arrecadar e fiscalizar tributos.*

Questões para reflexão

1) (FCC – Analista em Planejamento, Orçamento e Finanças Pública – Sefaz-SP – 2010) A competência tributária pode ser conferida apenas aos entes federados? Por quê?

2) (Questão elaborada com base na prova da OAB-SP – Exame 109 – 2006) Qual é a norma jurídica encarregada de dispor sobre conflitos de competência em matéria tributária entre a União, os estados, o Distrito Federal e os municípios?

3) (Questão elaborada com base na prova da Fundação Carlos Chagas – Agente Fiscal de Rendas/Gestão Tributária – Sefaz-SP – 2009) Em relação à competência tributária, cabe à União instituir impostos. Quais são eles?

4) (Questão elaborada com base na prova da Fundação Carlos Chagas – Defensor Público – PA – 2009) A competência tributária é indelegável, inalienável, imprescritível, irrenunciável e inalterável? Justifique sua resposta.

5) (Cespe/UnB – Procurador do Estado de Alagoas – PGE/AL – 2009) Discorra acerca da competência tributária, abordando, necessariamente, a sua definição, bem como a identificação e a definição das suas características, estabelecidas na Constituição Federal e no Código Tributário Nacional, detalhando cada uma delas.

Consultando a legislação

Para desenvolver mais o conteúdo estudado neste capítulo, leia os arts. 145 a 162, todos da Constituição Federal de 1988, e os arts. 6°, 7° e 8°, do Código Tributário Nacional.

II

Conceito de princípio jurídico

Conteúdos do capítulo:

» Conceito e relevância dos princípios constitucionais tributários;
» Medida provisória em matéria tributária;
» Casos práticos.

Dando continuidade ao que foi estudado no capítulo anterior e aproveitando, por conseguinte, os argumentos lá contidos como sequência coerente do tema proposto, o presente capítulo irá dissertar sobre princípio jurídico: os tipos existentes e suas respectivas relevâncias dentro do subsistema constitucional tributário. Os tópicos seguintes terão como base esse fundamento.

O significado da palavra *princípio* deve ser bem avaliado no presente estudo, sobretudo porque traz em nossos sentidos a ideia de origem de algo, ou ainda, como causa primária. Assim, quando se está a tratar de princípio jurídico, isto é, daquilo que deve ser relacionado como ponto de partida do que é relevante ao mundo jurídico, há de se empregar elevada capacidade valorativa em seu conteúdo e alcance, para nortear não só nossas convicções, como também para examinar se determinada norma está de acordo ou não com sua causa descendente.

Carrazza (2007, p. 39), ao citar Eduardo Couture sobre o princípio jurídico, esclarece:

> *II – Segundo pensamos, princípio jurídico é um enunciado lógico, implícito ou explícito, que, por sua grande generalidade, ocupa posição de preeminência nos vastos quadrantes do Direito e, por isso mesmo, vincula, de modo inexorável, o entendimento e a aplicação das normas jurídicas que com ele se conectam.*

José Eduardo Soares de Melo, quando raciocina sobre os princípios constitucionais, em igual rumo, afirma: "O sistema escalonado de normas, como se apresenta a Constituição, representa uma autêntica pirâmide jurídica, que, visualizada de baixo para cima, compreende, num patamar inicial, seu próprio alicerce, denominado 'princípios'" (Melo, 2006, p. 19).

A propósito, Celso Antônio Bandeira de Mello apresenta que *princípio*

> *é, por definição, mandamento nuclear de um sistema, verdadeiro alicerce dele, disposição fundamental que se irradia sobre diferentes normas compondo-lhes o espírito e servindo de critério para sua exata compreensão e inteligência exatamente por definir a lógica e a racionalidade do sistema normativo, no que lhe confere a tônica e lhe dá sentido harmônico. É o conhecimento dos princípios que preside a intelecção das diferentes partes componentes do todo unitário que há por nome sistema jurídico positivo.* (Mello, 1999, p. 922-923)

Com base em tais constatações, podemos dizer que o princípio jurídico exerce força de estrutura lógica do sistema, cuja finalidade é o correto entendimento e a aplicação das normas e que, necessariamente, deve guardar *harmonia* com o(s) princípio(s) que a(s) norteia(m).

Quando se fala em *axioma*, Paulo de Barros Carvalho assegura:

> *Sendo objeto do mundo da cultura, o direito e, mais particularmente, as normas jurídicas estão sempre impregnadas de valor. Esse componente axiológico, invariavelmente presente na comunicação normativa, experimenta variações de intensidade da norma, de tal sorte que existem preceitos fortemente carregados de valor e que, em função do seu papel sintático no conjunto, acabam exercendo significativa influência sobre grandes porções do ordenamento, informando o vetor de compreensão de múltiplos segmentos. Em Direito, utiliza-se o termo "princípio" para denotar as regras de que falamos, mas também se emprega a palavra para apontar normas que fixam importantes critérios objetivos, além de ser usada, igualmente, para significar o próprio valor, independentemente da estrutura a que está agregado e, do mesmo modo, o limite objetivo sem a consideração da norma.* (Carvalho, 2000, p. 141-142)

Com base nas descrições doutrinárias citadas, destacamos o quanto há de ser considerado o princípio constitucional, literal bússola de orientação, credenciado a servir de referência no exame da norma prescritiva. O que se está a grifar é a validade ou invalidade da norma no seio do sistema tributário nacional com base em axioma de maior envergadura e musculatura, o qual se denomina de *princípio*.

Feita tal exposição conceitual, interessa-nos examinar os principais princípios constitucionais tributários.

2.1 Princípio da legalidade

O art. 150, I, da Constituição Federal, de 5 de outubro de 1988 (Brasil, 1988a), encerra enunciado absolutamente necessário como imitação ao poder de tributar: é o chamado *princípio da legalidade*.

O referido postulado apresenta-se já no art. 5º, II, da Magna Carta de 1988 como a garantia geral de que ninguém é obrigado a fazer ou deixar de fazer alguma coisa senão em virtude de lei, isto é, significa dizer que "nenhum tributo pode ser criado, aumentado, reduzido ou extinto sem que o seja por lei" (Machado, 2010, p. 87).

> *"O princípio da legalidade é uma das mais importantes colunas sobre as quais se assenta o edifício do Direito Tributário."* (Carrazza, 2007, p. 243)

Na mesma linha, Carrazza (2007, p. 243) traçou importantes ensinamentos sobre a legalidade da tributação, conforme segue: "O princípio da legalidade é uma das mais importantes colunas sobre as quais se assenta o edifício do Direito Tributário. A raiz de todo ato administrativo tributário deve encontrar-se numa norma legal, nos termos expressos do art. 5º, II, da Constituição da República".

Carrazza (2007, p. 245-246) afirma mais adiante que

> *criar um tributo é descrever abstratamente sua hipótese de incidência, seu sujeito ativo, seu sujeito passivo, sua base de cálculo e sua alíquota. Em suma: é editar, pormenorizadamente, a norma jurídica tributária. Esta norma, por injunção do princípio da legalidade, repitamos, há que ser sempre vinculada à lei ordinária (só as normas jurídicas dos empréstimos compulsórios, dos impostos da competência residual da União e das novas contribuições sociais, a que alude o art. 195, § 4º da CF, devem ser veiculadas por intermédio de lei complementar). Portanto, as exigências do princípio da legalidade tributária são cumpridas quando a lei delimita, concreta e exaustivamente, o fato tributável.*

O autor conclui que

> *o princípio da legalidade, no Direito Tributário, não exige, apenas, que a atuação do fisco rime com uma lei material (simples preeminência da lei). Mais do que isto,*

determina que cada ato concreto do Fisco, que importe na exigência de um tributo, seja rigorosamente autorizado por uma lei. É o que se convencionou chamar de reserva absoluta de lei formal (Alberto Xavier) ou de estrita legalidade (Geraldo Ataliba).

[...]

Como se viu, todos os elementos essenciais do tributo devem ser erigidos abstratamente pela lei, para que se considerem cumpridas as exigências do princípio da legalidade. Convém lembrar que são elementos essenciais do tributo os que, de algum modo, influem no an *e no* quantum *da obrigação tributária.* (Carrazza, 2007, p. 243-246; 251-252, grifo do original)

Dessa forma, o Código Tributário Nacional (CTN), Lei nº 5.172, de 25 de outubro de 1966 (Brasil, 1966c) – que possui *status* de lei complementar e dispõe sobre as normas gerais, notadamente sobre fatos geradores, bases de cálculo, sujeitos passivos, obrigação, lançamento, crédito, prescrição e decadência tributários, por força da redação contida no art. 146, III, "a" e "b" da Carta Cidadã –, contempla o princípio da legalidade, pormenorizando-o com as devidas adaptações na seguinte redação:

Art. 97 – Somente a Lei pode estabelecer:
I – a instituição de tributos, ou a sua extinção;
II – a majoração de tributos, ou sua redução, ressalvado o disposto nos arts. 21, 26, 39, 57 e 65;
III – a definição do fato gerador da obrigação tributária principal, ressalvado o disposto no inciso I do § 3° do art. 52, e do seu sujeito passivo;
IV – a fixação da alíquota do tributo e da sua base de cálculo, ressalvado o disposto nos arts. 21, 26, 39, 57 e 65;
V – a cominação de penalidades para as ações ou omissões contrárias a seus dispositivos, ou para outras infrações nela definidas;
VI – as hipóteses de exclusão, suspensão e extinção de créditos tributários, ou de dispensa ou redução de penalidades.

Para Hugo de Brito Machado (2002, p. 88), a redação do art. 97 do CTN nada mais é do que a "explicitação do princípio da legalidade, afastando qualquer dúvida que ainda pudesse existir".

Machado (2002, p. 88) diz ainda que:

> *Criar tributo é estabelecer todos os elementos essenciais. [...] Não basta que na lei esteja dito que o tributo fica criado. Na lei devem estar todos os elementos necessários a que se possa identificar a situação de fato capaz de criar a obrigação tributária e, diante de tal situação, poder determinar o valor atribuído correspondente.*

Sendo assim, tal princípio, sem a menor dúvida, desautoriza qualquer cobrança sem a estrita obediência, pois dele decorre a conclusão de que inexiste lastro legal tampouco constitucional à eventual tributação que não preserve para tal mandamento.

Essa deve ser a interpretação conjunta dos princípios da legalidade e da tipicidade, que se entrelaçam formando um exegético feixe de limitação ao poder estatal de tributar. Aliás, sobre o princípio da tipicidade, importa abordá-lo a seguir.

2.2 Tipicidade cerrada – desdobramento do princípio da legalidade

O princípio da tipicidade está implícito ao princípio constitucional da legalidade. Aires F. Barreto, ao tratar sobre o tema, quando discorreu sobre a ausência de subsunção diante de fato insuficiente, à luz do princípio da estrita legalidade em matéria de tributos, como decorrência inafastável do princípio em tela, assim se expressa:

> *Deveras, o princípio da estrita legalidade em matéria de tributos, em cujas dobras se encontra o princípio da*

tipicidade tributária, exige, para que se afirme a subsunção do fato concreto à norma, uma cabal correspondência entre esta e aquele.

O postulado da tipicidade tributária não exige, apenas, que a lei, em sentido orgânico-material, descreva, exaustivamente, todos os aspectos da hipótese de incidência do tributo; exige mais: que seja possível reconhecer, nos fatos concretamente ocorridos, todos e cada um desses aspectos. Se, nada obstante a minudência da lei em descrever todos os critérios, não se pode reconhecer todos eles nos fatos que se pretende alcançar, um só que falte impede o nascimento da obrigação tributária. [...]

Em suma, a incidência da norma tributária (como de toda e qualquer norma jurídica) depende, como ensina Pontes de Miranda, da ocorrência de suporte fático suficiente; ou seja, somente haverá incidência da norma jurídica tributária quando, num dado ponto do tempo, coexistirem: a) formulação normativa íntegra, completa, ou seja, hipótese de incidência consistente na descrição de fato hipotético com todos os seus aspectos e respectivo mandamento; e b) fato concreto, sucedido no mundo fenomênico, que exiba todos os aspectos descritos, abstratamente, na norma jurídica tributária. (Barreto, 1993, p. 264-265)

Desde o ano 1978 Alberto Xavier, por sua vez, ao tratar do princípio da legalidade tributária sob a égide da Constituição Federal de 24 de janeiro de 1967 (Brasil, 1967a), estudo este ainda muito atual, demonstra claramente a relação entre a tipicidade e a legalidade:

O princípio da tipicidade não é, ao contrário do que já uns sustentaram, um princípio autônomo do da legalidade: antes é a expressão mesma deste princípio quando se manifesta na forma de uma reserva absoluta de lei, ou seja, sempre que se encontra construído por estritas considerações de segurança jurídica.

> *A técnica da tipicidade é, porém, a mais adequada à plena compreensão do próprio conteúdo da reserva absoluta e, portanto, dos limites que a lei impõe à vontade dos órgãos de aplicação do direito em matéria tributária. É precisamente pela análise da origem normativa dos tipos, do objeto da tipificação e dos caracteres da tipologia tributária, que resulta com nitidez o alcance da regra* nullum tributum sine lege *e que se poderá traçar com rigor o âmbito das matérias que, pelo princípio da legalidade, estão reservadas à lei e as que, eventualmente, estejam confiadas à vontade dos seus órgãos de aplicação.* (Xavier, 1978, p. 69-70, grifo do original)

Portanto, o princípio da tipicidade, que se confunde com o princípio da legalidade (art. 150, I, da Constituição Federal de 1988 e art. 97 do CTN), como bem demonstrado pela doutrina, impõe que a lei disponha de modo inequívoco e exaustivo sobre todos os aspectos da hipótese tributária e que a ocorrência de um evento concreto esteja em perfeita correspondência com o fato hipoteticamente descrito pela norma jurídica tributária.

Medida provisória em matéria tributária

Faz-se necessário tratar de medida provisória em matéria tributária neste item, sobretudo porque irradia consequências jurídicas decorrentes de nosso sistema. Assim, fazemos a seguinte pergunta: Medida provisória é lei? Ora, se se está a tratar da legalidade tributária, nada mais pertinente o questionamento. Por conseguinte, pelo que se pode extrair do art. 62 da CF/1988, a medida provisória tem força de lei, no entanto, não é lei. O que deverá ocorrer é a apreciação pelo Congresso Nacional para que possa ser

A medida provisória tem força de lei, no entanto, não é lei.

votada e aprovada para ser convertida em lei. Por isso, o princípio da legalidade obviamente tem sua comunicação com medida provisória, motivo este razoável o bastante para melhor conhecê-la.

O art. 62 da CF/1988, com a redação dada pela Emenda Constitucional nº 32, de 11 de setembro de 2001 (Brasil, 2001a), notadamente em seu § 2º, prevê a adoção de medidas provisórias em matéria tributária, devendo para tanto submetê-las de imediato ao Congresso Nacional. Conforme apresentamos a seguir:

> Art. 62. Em caso de relevância e urgência, o Presidente da República poderá adotar medidas provisórias, com força de lei, devendo submetê-las de imediato ao Congresso Nacional. (Redação dada pela Emenda Constitucional nº 32, de 2001)
>
> [....]
>
> § 2º Medida provisória que implique instituição ou majoração de impostos, exceto os previstos nos arts. 153, I, II, IV, V, e 154, II, só produzirá efeitos no exercício financeiro seguinte se houver sido convertida em lei até o último dia em que foi editada.

A redação contida no § 2º do art. 62 da CF/1988 é de evidente clareza, não havendo margem de interpretação diversa, ou seja, com exceção dos impostos incidentes sobre a importação, exportação, produtos industrializados, operações de crédito, câmbio e seguro relativas a títulos ou valores imobiliários e, ainda, a previsão contida no art. 154, II, da CF/1988, é possível disciplinar matéria tributária por meio de medida provisória.

Revelamos notar, outrossim, se é relevante e urgente, como pode produzir efeitos somente no ano seguinte, nos casos previstos anteriormente (art. 62, § 2)? Por acaso, a urgência e a relevância podem ser diferidas? É evidente que as expressões em avaliação – *relevância* e *urgência* – devem ser devidamente motivadas e fundamentadas por ato do chefe do Poder Executivo, para bem justificar o porquê desse expediente, uma vez que pode existir certa dose de incompatibilidade técnica.

2.3 Mitigações ao princípio da legalidade

A CF/1988 prevê algumas hipóteses em que o princípio da legalidade deverá ser atenuado como forma de atender às questões destinadas à política econômica governamental. Essa ação está arrolada no art. 153, § 1º, em que se faculta ao Poder Executivo, "atendidas às condições e limites estabelecidos em lei", alterar as alíquotas dos impostos sobre: importação de produtos estrangeiros; exportação, para o exterior, de produtos nacionais ou nacionalizados; produtos industrializados, operações de crédito, câmbio e seguro, ou relativas a títulos ou valores mobiliários. Há mais: o art. 177, § 4º, I, "b" – contribuição de intervenção no domínio econômico sobre combustíveis – e art. 155, § 4º, IV – tratando do Imposto sobre Operações relativas à Circulação de Mercadorias e Prestação de Serviços (ICMS) incidente sobre combustíveis.

Fala-se em atenuação porque a redação contida no artigo sob análise, qual seja, art. 153, § 1º, autoriza a alteração das alíquotas dos impostos lá arrolados desde que atendidas às condições estabelecidas em lei. Como vemos, há freios para que o Poder Público competente possa promover a alteração de alíquota, isto é, deve necessariamente estar amparado em legislação criada a disciplinar condições e limites, de modo a ocorrer intervenção estatal nesse sentido.

Yonne Dolácio de Oliveira confirma a assertiva anterior da seguinte maneira:

> *Entendo que ocorre apenas atenuação ao princípio da legalidade, pois a Carta Magna antes autoriza o Poder Legislativo a editar lei, fixando condições e limites, para facultar ao Executivo alterar as alíquotas. Em consequência, a majoração efetiva desses impostos é reservada à lei formal, que, previamente, fixará condições e limites determinadores de uma escala, de modo a*

legitimar o ato do Executivo que irá aumentar ou diminuir as alíquotas. (Oliveira, 1998, p. 18)

Na mesma linha de raciocínio, Carrazza (2007) defende a argumentação de que as exceções previstas no § 1º do art. 153 da CF/1988 são aparentes ao pontificar:

Com o devido acatamento, laboram em equívoco. Não há, neste dispositivo constitucional, qualquer exceção ao princípio da legalidade. Apenas o Texto Magno permite, no caso, que a lei delegue ao Poder Executivo a faculdade de fazer variar, observadas determinadas condições e dentro dos limites que a lei estabelecer, as alíquotas (não as bases de cálculo) dos mencionados impostos. (Carrazza, 2007, p. 295-296)

Como podemos verificar, não se está a cuidar de exceções ao princípio constitucional da legalidade, e, sim, de atenuações ao apontado postulado, obedecidos os parâmetros legais a justificar a variação de alíquota em determinadas circunstâncias de política econômica.

A pergunta que podemos fazer é: As ressalvas observadas dizem respeito a que forma de veiculação, lei ordinária ou complementar? O Supremo Tribunal Federal (STF) já se manifestou sobre o assunto, concluindo por entender a lei ordinária como o veículo adequado a conduzir parâmetros para fixar variação de alíquota, como instrumento de política econômica nos casos previstos no art. 153, § 1º, da CF/1988. Esses julgados ocorreram em 1998 e em 2006.

Imposto de importação: alteração das alíquotas, por ato do Executivo, atendidas as condições e os limites estabelecidos em lei: CF, art. 153, § 1º. A lei de condições e de limites é lei ordinária, dado que a lei complementar somente será exigida se a Constituição, expressamente, assim determinar. No ponto, a Constituição excepcionou a regra inscrita no

> art. 146, II. A motivação do decreto que alterou as alíquotas encontra-se no procedimento administrativo de sua formação, mesmo porque os motivos do decreto não vêm nele próprio. Fato gerador do imposto de importação: a entrada do produto estrangeiro no território nacional (CTN, art. 19). Compatibilidade do art. 23 do DL 37/1966 com o art. 19 do CTN. Súmula 4 do antigo T.F.R. O que a Constituição exige, no art. 150, III, a, é que a lei que institua ou que majore tributos seja anterior ao fato gerador. No caso, o decreto que alterou as alíquotas é anterior ao fato gerador do imposto de importação. (STF, 2001a)

No mesmo sentido, temos o Recurso Extraordinário nº 441.537-AgR, de 5 de setembro de 2006 (STF, 2006c). Interessa, também, retirar do julgado a orientação da Corte Suprema para a aplicação de lei complementar em matéria tributária, quando tiver de regular as limitações constitucionais ao dever de tributar (art. 146, II), hipótese em que efetivamente deverá existir exigência explícita na Carta Cidadã. Todavia, nada impede que o STF tenha decidido assim; há casos em que implicitamente a lei complementar deverá disciplinar limitações ao dever de tributar. Isso, porém, será tratado na seção intitulada "Contornos gerais da lei complementar em matéria tributária – hierarquia de leis".

Princípio da irretroatividade e anterioridade

O princípio da irretroatividade é norteador do momento em que o Texto Maior desautoriza os agentes políticos instituírem tributos de sua competência. Por conseguinte, não basta observar a legalidade como elemento a ser servil ao que está a determinar a Lei Maior. Há mais amarras que deverão ser obedecidas. Estamos a falar da redação do art. 150, III, "a", da CF/1988, o qual proíbe a cobrança de tributos, "em relação a fatos geradores ocorridos antes do início da vigência da lei que os houver instituído ou aumentado".

A rigor, já existe princípio constitucional que afasta a incidência da lei em fatos passados. Essa afirmação encontra assento no art. 5º, XXXVI, da CF/1988, no qual se lê: "a lei não prejudicará o direito adquirido, o ato jurídico perfeito e a coisa julgada". A seu turno, a Constituição Federal ratifica aludida limitação explicitamente dentro do sistema constitucional tributário.

O princípio da irretroatividade é norteador do momento em que o Texto Maior desautoriza os agentes políticos instituírem tributos de sua competência.

Francisco Pinto Rabello Filho, a respeito do ponto em questão, manifesta-se assim:

> *A Carta Política, de 1988, consagra a irretroatividade como direito fundamental do cidadão em seu artigo 5º, inciso XXXVI, proclamando que "a lei não prejudicará o direito adquirido, o ato jurídico perfeito e a coisa julgada".*
>
> *O princípio surge visando conferir segurança e certeza às relações intersubjetivas, estabelecendo a regra de que a lei não se aplica a fatos e atos de outrora; só dispõe para o futuro. Daí a parêmia latina* Lex prospicit, non respicit, *indicando que a lei se volta sempre para frente (futuro) e não para trás (passado).* (Rabello Filho, 2002, p. 83, grifo do original)

Esse notável autor, entretanto, faz considerações pertinentes sobre a retroação da lei (retroatividade autêntica e inautêntica), embora acredite serem inviáveis para o sistema brasileiro, quando menciona a doutrina de Misabel Abreu Machado Derzi:

> *Fala-se em retroatividade autêntica ou própria como sendo aquela em que a lei nova derrama efeito para o passado, alcançando-o (*ex tunc*). É a aplicação da nova lei a fatos pertencentes ao passado e definitivamente*

> *estabilizados. Como explica Misabel Derzi, forte no doutrinador alemão Hans Spanner, "A retroatividade própria ou autêntica apresenta-se quando a lei alcança fatos e relações jurídicas inteiramente ocorridos no passado, ou seja, anteriormente à sua vigência".* (Rabello Filho, 2002, p. 83, grifo do original)

Porém, há situações, como a remissão (perdão da dívida) e a anistia tributária (perdão de multa), em que a lei deve surtir efeitos em fatos passados. Da mesma maneira, há casos nos quais existe o chamado efeito *ex tunc*, ou seja, retroação dos efeitos da lei de modo a beneficiar o agente econômico. Explicamos melhor: a lei pode retroagir com o propósito de reconhecer direito preexistente, como é o caso de entidade beneficente que obteve junto ao Poder Público federal o reconhecimento constitucional de imunidade tributária (art. 195, § 7º, da CF/1988) para fins de recolhimento das contribuições à seguridade social. A explicação para a chamada *retroação* conferida à instituição decorre do argumento de que a entidade nasce com o traço da imunidade, somente reconhecida posteriormente pela autoridade competente. Sendo assim, os valores pagos a título de contribuições à seguridade social eventualmente recolhidos devem retornar à entidade, em razão da apontada condição. Há semelhança, portanto, do que ocorre com a remissão e a anistia, uma vez que a imunidade tributária representa norma negativa de competência tributária.

Consoante previsão da irretroatividade da lei tributária dedicada no tipo constitucional em evidência, o STF, mediante o comentário do Ministro Celso de Melo (STF, 1993a), entende ser possível a retroatividade de leis interpretativas, ou seja, determinada norma criada para esclarecer lei vigente mal concretizada, não expressando legitimamente a vontade do legislador.

As alíneas "b" e "c" do art. 150 da CF/1988 encerram a anterioridade anual acrescida da nonagesimal para a cobrança de tributos "no mesmo exercício financeiro em que os houver instituído ou aumentado". Tomemos o seguinte exemplo: nova lei que majora alíquota de determinado tributo é publicada em 2010. Essa norma, muito embora em vigor, só terá eficácia no exercício subsequente, ou seja, em 2011, desde que publicada no intervalo anterior a 90 dias do término do ano de 2010. Caso seja publicada no interregno nonagesimal, ou seja, após 3 de outubro, o saldo remanescente será computado no ano seguinte para, a partir de então, ter a sua eficácia reconhecida. Essa é a melhor interpretação que se pode extrair da alínea "c", III, do art. 150 da CF/1988.

O questionamento que fazemos é: A revogação de isenção também obedece à anterioridade? Melhor perguntando: O Poder Público, por meio da respectiva Casa Legislativa, institui lei que revoga determinada isenção fiscal, mudança esta desfavorável ao sujeito da obrigação tributária, esta aplica-se imediatamente ou o princípio da anterioridade deve imperar? A Corte Suprema Nacional decidiu que deve imperar o princípio da anterioridade em tal hipótese, porque, se não havia pagamento de tributo em face de benefício fiscal, ou que represente algum aumento da carga tributária, a lei revogadora não poderia produzir efeitos no mesmo exercício em que fora publicada (STF, 2004b).

Em arremate, Rabello Filho (2002), novamente, bem disserta sobre a anterioridade:

> *No contexto deste trabalho, a etimologia do sentido fundamental da palavra segurança é assaz sugestiva (se, no prefixo privativo, síncope de* sine + cura = cuidado, resguardo, cautela, precaução, preocupação*), à proporção que aponta para tranquilidade de ânimo, indica isenção de preocupações, cuidados. É vocábulo que expressa tranquilidade, quietação. É nesse sentido que o sobreprincípio da segurança jurídica emerge como sendo certamente um esteio do Estado Democrático de Direito com uma básica formulação de exigência: previsibilidade da*

> *ação estatal. O Estado deve atuar sempre com lealdade em face das pessoas (físicas e jurídicas), pautar-se invariavelmente de modo a não surpreendê-las (não surpresa) com medidas tomadas.* (Rabello Filho, 2002, p. 100-103, grifo do original)

Como se vê, o valor que arrima o porquê do princípio da irretroatividade e da anterioridade da lei é a segurança jurídica, a estabilidade das relações jurídicas e a previsibilidade da ação estatal.

Exceções ao princípio da anterioridade

O contexto das exceções ao princípio da anterioridade tem como lastro argumentativo os mesmos que norteiam as mitigações ao primado da legalidade. Machado (2004, p. 105) assevera:

> *As exceções ao princípio da anterioridade justificam-se pela necessidade de utilização do tributo com função extrafiscal em situações nas quais se exige providência imediata, que certamente não pode ficar para o ano seguinte, e ainda pela necessidade urgente de atendimento de gastos imprevistos.*
>
> *[....]*
>
> *Os impostos que em razão de serem utilizados com função extrafiscal não se submetem ao princípio da anterioridade são os mesmos que, por idêntica razão, podem ter suas alíquotas alteradas por ato do Poder Executivo. A respeito deles vale, portanto, também no que diz respeito à cobrança imediata de aumentos no curso do exercício, o que se disse a respeito das elevações de alíquotas por ato do Executivo.*

São as seguintes exceções: impostos que recaem sobre importação de produtos estrangeiros (art. 153, I, da CF/1988); exportação de produtos nacionais ou nacionalizados (art. 153, II, da CF/1988); produtos industrializados (art. 153, IV, da CF/1988); operações de crédito, câmbio e seguro, ou relativas a títulos ou valores mobiliados (art. 153, V, da CF/1988).

Igualmente, os impostos extraordinários de guerra (art. 154, II, da CF/1988) e os empréstimos compulsórios nos moldes previstos no art. 148, I, da CF/1988, instituídos para atender a despesas extraordinárias, decorrentes de calamidade pública, de guerra externa ou sua iminência, não estão contemplados à observância do princípio da anterioridade.

Exceções ao princípio da noventena

Vimos, anteriormente, as exceções ao princípio da anterioridade. Agora, o Texto Magno, por meio da Emenda Constitucional nº 42, de 19 de dezembro de 2003 (Brasil, 2003a), instituiu a noventena, por meio da alínea "c", do art. 150, III, da CF/1988. Sendo assim, além das exceções previstas antes, a emenda constitucional excluiu o Imposto de Renda previsto no art. 153, III, da CF/1988, bem como para fins de fixação da base de cálculo do IPVA (Imposto sobre a Propriedade de Veículos Automotores) e do IPTU (Imposto Predial e Territorial Urbano).

Anterioridade nonagesimal – contribuições sociais à seguridade social

Por conta de natureza jurídica diversa, as contribuições sociais destinadas à seguridade social possuem tratamento diferenciado dos impostos. A disciplina geral está estampada no § 6º do art. 195 da CF/1988, na qual se lê:

> Art. 195. A seguridade social será financiada por toda a sociedade, de forma direta e indireta, nos termos da lei, mediante recursos provenientes dos orçamentos da União, dos Estados, do Distrito Federal e dos Municípios, e das seguintes contribuições sociais:

> [...]
> § 6º – As contribuições sociais de que trata este artigo só poderão ser exigidas após decorridos noventa dias da data da publicação da lei que as houver instituído ou modificado, não se lhes aplicando o disposto no art. 150, III, "b".

Extrai-se do artigo em destaque a obrigatoriedade de se atender à chamada *noventena* para as exigências que recaem sobre a folha de salários, a receita ou faturamento e o lucro. Daí que as contribuições previstas na Lei de Custeio da Seguridade Social (Lei nº 8.212, de 24 de julho de 1991 – Brasil, 1991a); na Contribuição Social sobre o Lucro (CSL – Lei nº 7.689, de 15 de dezembro de 1988 – Brasil, 1988c); na Contribuição para o Financiamento da Seguridade Social (Cofins – Lei Complementar nº 70, de 30 de dezembro de 1991 – Brasil, 1991d) e na contribuição para o Programa de Integração Social (PIS – Lei Complementar nº 7, de 7 de setembro de 1970 – Brasil, 1970a) devem obediência ao princípio citado anteriormente.

> *Por conta de natureza jurídica diversa, as contribuições sociais destinadas à seguridade social possuem tratamento diferenciado dos impostos.*

2.4 Princípio da igualdade

A igualdade, como valor incontestável em nosso seio, representa a República como tipo de governo. Ora, a República Federativa Brasileira ancora-se no primado da isonomia entre todos os cidadãos, não havendo espaço para distinções em função de classe social, cor, religião, como bem expressa Carrazza (2007), citando Celso Antônio Bandeira de Mello:

> *De fato, a noção de República não se coaduna com os privilégios de nascimento e os foros de nobreza, nem, muito menos, aceita a diversidade de leis aplicáveis a casos substancialmente iguais, as jurisdições especiais, as isenções de tributos comuns, que beneficiem grupos sociais ou indivíduos, sem aquela "correlação lógica entre a peculiaridade diferencial acolhida [...] e a desigualdade de tratamento em função dela conferida", de que nos fala Celso Antônio Bandeira de Mello.*
> *Aceitando que todos os homens, indistintamente, possuem condições de preencher os mesmos direitos políticos, a República impõe o princípio da igualdade, como fulcro da organização política. E o princípio da igualdade, como é pacífico, tem um conteúdo prevalentemente negativo: a abolição e o afastamento dos privilégios. Evidentemente, essa igualdade é formal, e não substancial.* (Carrazza, 2007, p. 59)

A igualdade, como valor incontestável em nosso seio, representa a República como tipo de governo.

Assim, implícita ou explicitamente imbricado na Constituição Federal de 1988, a igualdade reflete a forma de governo irradiando preceitos republicanos em todos os cantos de nosso ordenamento jurídico, não sendo, obviamente, traço hereditário tão somente do subsistema tributário nacional. Por conta disso, não haveria qualquer necessidade de estar expresso na legislação tributária, havendo como decorrência lógica manifesta inconstitucionalidade ao tratamento diferenciado às pessoas que se encontram na mesma situação jurídica pelo simples fato do que representa a República, fiel tradução do princípio da isonomia.

Desponta no *caput* do art. 5º da CF/1988 como direito à garantia fundamental, por conseguinte insusceptível, até mesmo de proposta de emenda constitucional tendente a aboli-la. No que toca ao sistema constitucional tributário, o art. 150, II, da CF/1988 proíbe "instituir tratamento desigual entre contribuintes que se encontrem em situação equivalente, proibida qualquer distinção em razão de ocupação profissional ou função por eles exercida, independentemente da denominação jurídica dos rendimentos, títulos ou direitos".

Ao examinar o artigo específico em estudo (art. 150, II, da CF/1988), Paulsen (2002) faz considerações de relevo para extrair da lei vigente alguma marca de violação ao princípio da isonomia.

> *A diferença de tratamento entre pessoas ou situações é absolutamente presente em qualquer ramo do Direito, assim como no Direito Tributário. A questão não é a prescrição de tratamento diferenciado que, em si mesma, não evidencia qualquer vício. Há normas, inclusive, vocacionadas à diferenciação, como as normas de isenção, que identificam pessoas ou situações que de outro modo estariam normalmente sujeitas à imposição tributária e excluem, apenas quanto a elas, o respectivo crédito, desonerando-as. O problema está, pois, não em saber se há ou não tratamento diferenciado, mas em analisar a razão e os critérios que orientam a sua instituição. Identifica-se ofensa à isonomia apenas quando sejam tratados diversamente contribuintes que se encontrem em situação equivalente, sem que o tratamento diferenciado esteja alicerçado em critério justificável de discriminação ou sem que a diferenciação leve ao resultado que a fundamenta.* (Paulsen, 2002, p. 194)

Devemos indagar, dadas as lições vistas, as razões pelas quais houve a discriminação, ou seja, os critérios que justificaram o tratamento diferenciado. Mais ainda, Paulsen cita a doutrina de J. A. Lima Gonçalves, na qual o autor propõe um roteiro para aferição de adequação da norma tributária ao princípio da isonomia, dentre os quais se destacam: "[...] 5) Aferir a existência de correlação lógica entre o elemento de discriminação e o tratamento diferenciado; 6) Perquirir a efetiva ocorrência da relação de subordinação e pertinência lógica entre a discriminação procedida e os valores positivados no texto constitucional" (Paulsen, 2002, p. 194).

Somente para melhor explicar, não querendo colocá-la na casuística do tema em observação, vejamos o seguinte julgado do STF:

> A lei complementar estadual que isenta os membros do Ministério Público do pagamento de custas judiciais, notariais, cartorárias e quaisquer taxas ou emolumentos fere o disposto no art. 150, II, da Constituição do Brasil. O texto constitucional consagra o princípio da igualdade de tratamento aos contribuintes. Precedentes. Ação direta julgada procedente para declarar a inconstitucionalidade do art. 271 da Lei Orgânica e Estatuto do Ministério Público do Estado do Rio Grande do Norte – LC 141/1996. (STF, 2007)

Conforme enfatiza o Mello (1999), o vínculo de conexão lógica entre os elementos diferenciais colecionados e a disparidade das disciplinas estabelecidas em vistas daqueles é pressuposto determinante para atestar a validade ou não de uma regra ante a isonomia. Assim, esse autor conclui:

> *tem-se que investigar, de um lado, aquilo que é adotado como critério discriminatório; de outro lado, cumpre verificar se há justificativa racional, isto é, fundamento lógico, para, à vista do traço desigualador acolhido, atribuir o específico tratamento jurídico construído e função da desigualdade proclamada. Finalmente, impende analisar se a correlação ou fundamento racional abstratamente existente é,* in concreto, *afinado com os valores prestigiados no sistema normativo constitucional. A dizer: se guarda ou não harmonia com eles.*
> *Em suma: importa que exista mais que uma correlação lógica abstrata entre o fator diferencial e a diferenciação*

consequente. Exige-se, ainda, [sic] haja uma correlação lógica concreta, ou seja, aferida em função dos interesses abrigados no direito positivo constitucional. E isto se traduz na consonância ou dissonância dela com as finalidades reconhecidas como valiosas pela Constituição. (Mello, 1999, p. 21-22, grifo do original)

Tomando como exemplos o julgado do STF e os fundamentos doutrinários anteriormente citados, podemos verificar que não há qualquer motivo para que lei local, nesse caso lei complementar, oriunda do Estado do Rio Grande do Norte, promova a discriminação em função de cargo público no sentido de conferir isenção de quaisquer emolumentos judiciais aos membros do Ministério Público Estadual, por absoluta falta de critério e correlação lógica entre o *discrimen* e o tratamento diferenciado, por pertinência lógica e pelos valores consagrados na Carta Cidadã.

2.5 Princípio da vedação ao confisco

Como visto anteriormente, o Estado, mediante a instituição de tributos, tem como escopo obter meios para o desempenho de suas funções, programas de governo, executando, com isso, normas programáticas constitucionais aptas a nortear políticas sociais e individuais em seu mais amplo conceito. O legislador constitucional, entretanto, preocupou-se em inibir a instituição de tributos com efeito de confisco. Assim, se atividade tributária representa a entrega de patrimônio do particular/contribuinte/agente econômico para suprir as necessidades do Estado, dentro de regras específicas, não é dado ao "sujeito ativo" (União, estados, Distrito Federal e municípios) exagerar nessa imposição a ponto de representar um verdadeiro confisco o produto dessa sujeição. A regra constitucional está prevista no art. 150, IV, da CF/1988*.

Como podemos observar, o confisco consiste no consumo da propriedade privada pelo Poder Público sem a correspondente indenização. Aparece como medida de caráter sancionatório, excepcionalmente admitida nas hipóteses previstas pela Carta Magna, mas nunca na seara do direito tributário, a traduzir reprimenda por meio de referido expediente, ou seja, não se pode tributar com finalidade confiscatória. O tributo não pode ser sanção.

Sendo o tributo uma prestação pecuniária compulsória, que não se apresenta como sanção de ato ilícito, conforme bem enuncia o art. 3º do CTN**, não pode ser utilizado com efeito confiscatório.

O confisco consiste no consumo da propriedade privada pelo Poder Público sem a correspondente indenização.

Conquanto determinadas vezes as políticas fiscais no manejo dos tributos tenham finalidade diferente da meramente arrecadatória, como é o caso das contribuições de intervenção no domínio econômico, essa política não pode violar inexplicavelmente o direito de propriedade, pois este não deve ser criado de modo a prejudicar a atividade econômica dos contribuintes, tirando de suas propriedades valores consagrados na Carta Cidadã por meio da valorização do trabalho humano e na livre iniciativa (art. 170, CF/1988).

A obra de Aliomar Baleeiro, denominada *Limitações constitucionais*

---

* Art. 150. Sem prejuízo de outras garantias asseguradas ao contribuinte, é vedado à União, aos Estados, ao Distrito Federal e aos Municípios:
[...] IV – utilizar tributo com efeito de confisco [...].

** Art. 3º Tributo é toda prestação pecuniária compulsória, em moeda ou cujo valor nela se possa exprimir, que não constitua sanção de ato ilícito, instituída em lei e cobrada mediante atividade administrativa plenamente vinculada.

ao dever de tributar, atualizada por Misabel Abreu Machado Derzi, faz importantes considerações sobre o assunto. Baleeiro nos diz:

> *Ao vedar a utilização de tributos com efeito de confisco, a Constituição de 1988 encerra tal polêmica. Embora do ponto de vista técnico, em caráter restrito, tributo não seja desapropriação (forma pela qual o Estado se investe originariamente na propriedade), nem confisco (em rigor, forma de sancionar a prática de ato ilícito), a citada norma constitucional do art. 150, IV, reconhece pontos de contato restritos aos efeitos desses institutos diversos. Com isso, nem altera a forma jurídica nem a peculiaridade que toca a cada instituto, mas proíbe instituição de tributos excessivamente onerosos, que acarretem a perda do patrimônio, da propriedade, como aconteceria em caso de confisco. Tecnicamente, tributo e confisco não se confundem, mas o que no art. 150, IV, se veda é que a lei regule tributo de modo que ele gere os mesmos efeitos econômicos que o confisco geraria.* (Baleeiro, 2001, p. 573)

É preciso, no entanto, fazer algumas considerações a respeito do que foi dito, a iniciar pela leitura da citação de Baleeiro (2001). A proibição está voltada à tributação e não à eventual imposição de sanção por ato ilícito. Dessa forma, quando há infração de ordem tributária – ilícito tributário, imposição muitas vezes altamente onerosa ao sujeito passivo –, frequentemente se reputa à multa pecuniária efeito confiscatório. Como se sabe, a multa é decorrência de ação, omissão ou, ainda, comissão por omissão em determinada obrigação tributária, tendo como natureza jurídica o cometimento de infração. Sua natureza jurídica é a ilicitude, diferentemente do tributo, que

> *A proibição está voltada à tributação e não à eventual imposição de sanção por ato ilícito.*

tem como traço caracterizador a prestação pecuniária compulsória não oriunda de ato ilícito. A CF/1988 expressamente prevê a proibição de utilização de tributo com efeito de confisco e não de sanção por ato ilícito em decorrência de infração exacional. Revelam-se, com isso, matérias diversas, com tratamentos evidentemente diferentes. Deveras, não existe espaço constitucional a sustentar multa tributária com efeito confiscatório, pela redação extraída do art. 150, IV, da Magna Carta. Assim, Harada (2010, p. 366) nos ensina: "A expressão é vaga e imprecisa. Porém, é fora de dúvida que tributo de efeito confiscatório não se confunde com aquele confisco relacionado com a infração, que é o único admitido pela doutrina e jurisprudência".

Por conta de referida construção de raciocínio, Harada (2010) observa que há elementos objetivos a evitar confisco tributário e a amparar o princípio constitucional em mira. O autor sustenta o argumento no sentido de avaliar determinada imposição fiscal sob a ótica da capacidade contributiva em consonância com o princípio da moderação ou da razoabilidade, vetores que deverão ser equilibrados com outros princípios constitucionais, tais como direito de propriedade, liberdade de iniciativa, função social da sociedade etc. (Harada, 2010, p. 368).

Sim, a mencionada abordagem poderá ser empregada levando-se em conta outros valores constitucionais não necessariamente voltados à tributação, para o fim de averiguar se determinado tributo está a romper a fronteira da moderação e, com isso, impedir, por meio da vedação ao confisco, o livre exercício da atividade econômica. Certamente, abre-se um ótimo espaço para dissertações enveredarem um estudo aprofundado sobre a citada proibição, uma vez que os parâmetros exemplificados anteriormente ainda conferem alto grau de subjetivismo ao tema. Há de se apurar com maior precisão e mais objetivamente o que quis dizer o legislador constitucional ao determinar essa garantia.

Capacidade contributiva

Retiramos da CF/1988 a redação que marca o princípio da capacidade contributiva, que é a seguinte:

> Art. 145. A União, os Estados, o Distrito Federal e os Municípios poderão instituir os seguintes tributos:
>
> [....]
>
> § 1° – Sempre que possível, os impostos terão caráter pessoal e serão graduados segundo a capacidade econômica do contribuinte, facultado à administração tributária, especialmente para conferir efetividade a esses objetivos, identificar, respeitados os direitos individuais e nos termos da lei, o patrimônio, os rendimentos e as atividades econômicas do contribuinte.

A descrição do legislador constitucional, sem muito esforço conceitual, evidencia que a capacidade contributiva pode ser traduzida como possibilidade do contribuinte de passar parte de seu patrimônio pecuniário ao fisco em virtude de uma relação jurídico-tributária, sem saturá-lo a ponto de impedir sua atividade econômica.

Carrazza (2007) sustenta a comunicação, via derivação, do princípio do não confisco com o princípio da capacidade contributiva:

> *Estamos convencidos de que o princípio da não confiscatoriedade, contido no art. 150, IV da CF (pelo qual é vedado utilizar tributo com efeito de confisco), deriva do princípio da capacidade contributiva. Realmente, as leis que criam impostos, ao levarem em conta a capacidade econômica dos contribuintes, não podem compeli-los a colaborar com os gastos públicos além de suas possibilidades. Estamos vendo que é confiscatório o imposto que, por assim dizer, "esgota" a riqueza tributável das pessoas, isto é, não leva em conta suas capacidades contributivas.* (Carrazza, 2007, p. 100)

A redação constitucional é clara quando delimita a capacidade contributiva tão somente aos impostos, ou seja, as contribuições sociais estão fora do alcance de mencionada garantia constitucional ao dever de tributar. Todavia, essa assertiva não está acomodada na doutrina. Paulsen (2002), citando em primeiro lugar José Maurício Conti, defende a aplicação a qualquer espécie tributária:

> *o princípio da capacidade contributiva é aplicável a todas as espécies tributárias. No tocante aos impostos, o princípio é aplicável em toda a sua extensão e efetividade. Já no caso dos tributos vinculados, é aplicável restritivamente, devendo ser respeitados apenas os limites que lhe são os contornos inferior e superior, vedando a tributação do mínimo vital e a imposição tributária que tenha efeitos confiscatórios.* (Paulsen, 2002, p. 63-64)

Machado, mencionado por Paulsen (2002), destaca a aplicação tão somente para os impostos:

> *É importante, porém, destacar que o princípio da capacidade contributiva só está juridicizado, no Brasil, em relação aos impostos, posto que o § 1º, do art. 145, da Constituição Federal, referiu-se apenas à espécie impostos, e não ao gênero tributos. Assim, no Direito brasileiro, o princípio da capacidade contributiva existe como princípio jurídico constitucional apenas para os impostos, e apenas em relação a estes, portanto, se impõe ao legislador, que o não observando produzirá lei inconstitucional. Em relação às taxas, como em relação a qualquer outro tributo que não se caracterize como imposto, o legislador tem a liberdade de observar, ou não, o princípio em tela.* (Paulsen, 2002, p. 64)

Ora, se atentarmos para o fato de que o princípio da capacidade contributiva é, conforme Carrazza (2007), um desdobramento do princípio da vedação ao confisco, sendo este amplo para atingir todas as espécies de tributo – já que as contribuições sociais são tributos e não há mais dúvida sobre isso, pois pode existir cobrança com tamanha agressividade patrimonial em face desta espécie –, é razoável sustentar a sua inconstitucionalidade à luz da proibição ao confisco e da infração da capacidade contributiva, em todos os tipos tributários.

2.6 Casos práticos

Logo a seguir, para que o estudo não fique tão somente no campo abstrato, apresentamos julgados para que cada um dos itens anteriores tratados sejam melhor compreendidos.

Transgressão ao princípio da legalidade

Calha trazer a lume a decisão do STF, o qual afastou a incidência de taxa judiciária em ação direta de inconstitucionalidade promovida pela Procuradora-Geral da República, pois essa taxa não foi observada pelo Estado de Mato Grosso como o princípio da legalidade. "A instituição dos emolumentos cartorários pelo Tribunal de Justiça afronta o princípio da reserva legal. Somente a lei pode criar, majorar ou reduzir os valores das taxas judiciárias. Precedentes" (STF, 2000).

Por outro lado, o Seguro Acidente de Trabalho (SAT) ou Risco Acidente de Trabalho (RAT), atualizado hoje pelo Fator Acidentário Previdenciário (FAP), gerou grande discussão doutrinária e jurisprudencial, porque, como contribuição prevista no art. 195, I, "a", da CF/1988, não poderia deixar ao desejo do Poder Executivo a fixação de alíquota (1%, 2% ou 3% incidente sobre a folha de salários) de acordo com a atividade preponderante nos termos previstos no art. 22, II, da Lei nº 8.212/1991. Todavia, o STF declarou constitucional a contribuição ao SAT por entender que todos os elementos previstos na lei tributária foram atendidos, só cumprindo ao regulamento, o que foi determinado exaustivamente pela norma.

A Lei nº 10.666, de 8 de maio de 2003 (Brasil, 2003b), art. 10*, alterou a forma de cálculo do SAT, instituindo mediante o FAP nova metodologia no cálculo da contribuição. A forma pela qual ocorreu essa regulamentação (Decreto nº 6.957, de 9 de setembro de 2009 – Brasil, 2009a) gerou muita polêmica no meio empresarial, sobretudo porque, na maioria dos casos, trouxe substancial aumento da carga tributária. Pretendeu-se aumentar o cálculo da contribuição na apuração da alíquota incidente sobre a folha de salários em empresas com acidentes mais graves e em maior número, ao passo em que beneficiaria aquelas que apresentassem índices menores de acidentes de trabalho e de menor ofensa. O problema foi novamente a forma pela qual isso aconteceu, ofendendo o princípio da legalidade, tipicidade cerrada; o FAP, por meio do regulamento, transbordou os limites estabelecidos em lei. Igualmente, os critérios estabelecidos para aumentar a alíquota (erro de cálculo e metodologia) não albergados em lei, como acidentes *in itinere*, codificados como acidentes de trabalho sem qualquer relação com o nexo e com a atividade operacional da empresa ou, ainda, o enquadramento de doença sem estar associada à atividade do sujeito passivo. Com efeito, o princípio da legalidade continua sendo um importante pilar como limitação ao dever de tributar.

---

* Art. 10. A alíquota de contribuição de um, dois ou três por cento, destinada ao financiamento do benefício de aposentadoria especial ou daqueles concedidos em razão do grau de incidência de incapacidade laborativa decorrente dos riscos ambientais do trabalho, poderá ser reduzida, em até cinquenta por cento, ou aumentada, em até cem por cento, conforme dispuser o regulamento, em razão do desempenho da empresa em relação à respectiva atividade econômica, apurado em conformidade com os resultados obtidos a partir dos índices de frequência, gravidade e custo, calculados segundo metodologia aprovada pelo Conselho Nacional de Previdência Social.

Julgamento envolvendo o princípio da anterioridade

Com o propósito de conferir melhor fixação à presente obra, convém aqui apresentarmos um julgado envolvendo a extinção de algum benefício fiscal, como a revogação de isenção. Em tal oportunidade, o STF decidiu ser necessário cumprir o primado da anterioridade (STF, 2006a).

Por outro lado, a decisão a seguir, proferida pelo STF, não reconheceu a infração ao apontado princípio, porque a alteração legislativa determinou a redução ou a extinção de desconto para pagamento do IPVA, em determinadas hipóteses. Nesse sentido, confira a ementa:

> Art. 3° da Lei 15.747, de 24 de dezembro de 2007, do Estado do Paraná, que estabelece como data inicial de vigência da lei a data de sua publicação. Alteração de dispositivos da Lei 14.260/2003, do Estado do Paraná, a qual dispõe sobre o Imposto sobre a Propriedade de Veículos Automotores – IPVA. Alegada violação ao art. 150, III, c, da CF. A redução ou a extinção de desconto para pagamento de tributo sob determinadas condições previstas em lei, como o pagamento antecipado em parcela única, não pode ser equiparada à majoração do tributo em questão, no caso, o IPVA. Não incidência do princípio da anterioridade tributária. Vencida a tese de que a redução ou supressão de desconto previsto em lei implica, automática e aritmeticamente, aumento do valor do tributo devido. Medida cautelar indeferida. (STF, 2009b)

Ainda que exista alguma vantagem em promover pagamento antecipado de determinado tributo, não se está a revogar benefício isencional de maneira a instituir sobrecarga tributária ao contribuinte. Por esse motivo, não há comunicação de argumentos de modo a existir alguma espécie de contradição.

Infração ao princípio da isonomia

Muito embora o julgado do STF possa trazer elementos para uma melhor compreensão do nosso estudo, é interessante apresentar, também, um recente julgamento da mesma Casa Julgadora, quando declarou inconstitucional uma lei ordinária federal que exigia o recolhimento de contribuição à seguridade social ao produtor rural pessoa física empregadora, recolhimento este denominado *Funrural*, diante de infração ao princípio da igualdade, dentre outros bons motivos.

> Em conclusão, o Tribunal deu provimento a recurso extraordinário para desobrigar os recorrentes da retenção e do recolhimento da contribuição social ou do seu recolhimento por sub-rogação sobre a "receita bruta proveniente da comercialização da produção rural" de empregadores, pessoas naturais, fornecedores de bovinos para abate, declarando a inconstitucionalidade do art. 1° da Lei n° 8.540/1992, que deu nova redação aos arts. 12, V e VII, 25, I e II, e 30, IV, da Lei n° 8.212/1991, com a redação atualizada até a Lei n° 9.528/1997, até que legislação nova, arrimada na EC 20/1998, venha a instituir a contribuição. Na espécie, os recorrentes, empresas adquirentes de bovinos de produtores rurais, impugnavam acórdão do TRF da 1ª Região que, com base na referida legislação, reputara válida a incidência da citada contribuição. Sustentavam ofensa aos arts. 146, III; 154, I; e 195, I, e § 4° e § 8°, da CF – v. Informativos 409 e 450. Entendeu-se ter havido bitributação, ofensa ao princípio da isonomia e criação de nova fonte de custeio sem lei complementar. Considerando as exceções à unicidade de incidência de contribuição previstas nos arts. 239 e 240 das Disposições Constitucionais Gerais, concluiu-se que se estaria exigindo do empregador rural, pessoa natural, a contribuição social sobre a folha de salários, como também, tendo em conta o faturamento, da Cofins, e sobre o valor comercializado de produtos rurais (Lei 8.212/1991, art. 25), quando o produtor rural, sem

empregados, que exerça atividades em regime de economia familiar, só contribui, por força do disposto no art. 195, § 8º, da CF, sobre o resultado da comercialização da produção. Além disso, reputou-se que a incidência da contribuição sobre a receita bruta proveniente da comercialização pelo empregador rural, pessoa natural, constituiria nova fonte de custeio criada sem observância do art. 195, § 4º, da CF, uma vez que referida base de cálculo difere do conceito de faturamento e do de receita. O Relator, nesta assentada, apresentou petição da União no sentido de modular os efeitos da decisão, que foi rejeitada por maioria, ficando vencida, no ponto, a Min. Ellen Gracie. (STF, 2010)

Quando se está a tratar de contribuição à seguridade social, o que será estudado com maior pertinácia em tópico específico, "Classificação de tributos", os art. 194 e 195 da CF/1988 emanam comandos inafastáveis que devem ser seguidos como regra pétrea em nosso sistema constitucional tributário.

Na casuística ora debatida, questionou-se a contribuição à seguridade social dos produtores rurais empregadores, ou seja, aqueles que estão a explorar o ramo agropecuário como verdadeiros empresários, muito embora na qualidade de pessoas naturais. A legislação ordinária, por sua vez, ao utilizar a redação contida no art. 195, § 8º, da CF/1988, prescrita às pessoas físicas que exploram a atividade rural em regime de economia familiar, logo, sem empregados, exigiu dos produtores rurais a mesma contribuição incidente sobre o resultado da comercialização da produção rural. Acontece que a redação contida no § 8º do art. 195 da CF/1988, ao determinar a exigência de recolhimento à determinada massa de pessoas* que exploram o

* O produtor, o parceiro, o meeiro e o arrendatário rurais e o pescador artesanal, bem como os respectivos cônjuges, que exerçam suas atividades em regime de economia familiar, sem empregados permanentes, contribuirão para a seguridade social mediante a aplicação de uma alíquota sobre o resultado da comercialização da produção e farão jus aos benefícios nos termos da lei. (Redação do § 8º do art. 195 da CF/1988).

meio rural como verdadeira agricultura de subsistência, já atribui tratamento diferenciado, ou seja, é um traço da realidade brasileira expresso da maneira inequívoca na Carta Magna. Por conseguinte, há pertinência lógica com os valores expressos na Constituição, sobretudo porque se retira do *caput* do art. 195 da CF/1988 a universalidade de financiamento da seguridade social, isto é, obrigatoriedade de financiamento por toda sociedade. No entanto, os empregadores rurais pessoas físicas, excluídos do enquadramento inserto do § 8º do art. 195 da CF/1988 pelo fato de não praticarem suas atividades em regime de economia familiar, deveriam ter o mesmo tratamento conferido àquelas pessoas identificadas no art. 195, I, da CF/1988, à época de sua exigência, ou seja, sem a alteração promovida pela Emenda Constitucional nº 20, de 15 de dezembro de 1998 (Brasil, 1998a), que determinava a incidência da contribuição sobre a folha de salários, faturamento e o lucro. Não havendo tal obediência, vale dizer que, sendo discriminado sem qualquer valor constitucional a justificar o motivo dessa segregação, distinção esta só considerada para fins de arrecadação, obviamente o STF declarou a inconstitucionalidade da lei que instituiu contribuição semelhante à do pequeno produtor rural (regime de economia familiar) para o produtor rural pessoa natural com empregados permanentes por malferir o princípio da igualdade. Há também outros argumentos de relevo para o caso em exame, todavia, está-se a observar a violação ao princípio da igualdade como marco central da República brasileira.

Multa com efeito confiscatório

Ainda que a proposição anterior tenha ficado em silêncio no sentido de não haver espaço explicativo de modo a afastar multa tributária sob o argumento de proibição constitucional ao confisco, o STF já afastou o exposto ônus de origem tributária por considerá-la confiscatória:

> Fixação de valores mínimos para multas pelo não recolhimento e sonegação de tributos estaduais. Violação ao inciso IV do art. 150 da Carta da República. A desproporção entre o desrespeito à norma tributária e sua consequência jurídica, a multa, evidencia o caráter confiscatório desta, atentando contra o patrimônio do contribuinte, em contrariedade ao mencionado dispositivo do texto constitucional federal. (STF, 2003a)

Mais recentemente, o STF, ao decidir sobre a vedação de utilização de tributo com efeito de confisco, proferiu a seguinte orientação:

> Tributação e ofensa ao princípio da proporcionalidade. O Poder Público, especialmente em sede de tributação, não pode agir imoderadamente, pois a atividade estatal acha-se essencialmente condicionada pelo princípio da razoabilidade, que traduz limitação material à ação normativa do Poder Legislativo. O Estado não pode legislar abusivamente. A atividade legislativa está necessariamente sujeita à rígida observância de diretriz fundamental, que, encontrando suporte teórico no princípio da proporcionalidade, veda os excessos normativos e as prescrições irrazoáveis do Poder Público. O princípio da proporcionalidade, nesse contexto, acha-se vocacionado a inibir e a neutralizar os abusos do Poder Público no exercício de suas funções, qualificando-se como parâmetro de aferição da própria constitucionalidade material dos atos estatais. A prerrogativa institucional de tributar, que o ordenamento positivo reconhece ao Estado, não lhe outorga o poder de suprimir (ou de inviabilizar) direitos de caráter fundamental constitucionalmente assegurados ao contribuinte. É que este dispõe, nos termos da própria Carta Política, de um sistema de proteção destinado a ampará-lo contra eventuais excessos cometidos pelo poder tributante ou, ainda, contra exigências irrazoáveis veiculadas em diplomas normativos editados pelo Estado. (STF, 2006b)

Algumas diretrizes importantes, por conta do ilustrado julgado, podem servir para tentar diminuir a vaguidade da palavra *confisco* contida no Texto Republicano, como limitação ao dever de tributar. Uma delas é a *proporcionalidade*, ou seja, o tributo instituído não deve ser insuportável, deve ser proporcional como forma de inibir o abuso do Poder Público no exercício de suas funções. A outra é a *razoabilidade*, como medida limitadora à ação normativa do Poder Legislativo. Tanto uma expressão quanto outra, de alguma forma, lançam parâmetros para combater o tributo com efeito confiscatório, nada obstante, ainda permeado de nebulosidade na fixação de parâmetros específicos para efetivamente estabelecer limites ao poder de tributar.

Saliente-se mais, o caso anterior tratava de uma cobrança de taxa exigida pelo Estado de Minas Gerais, cuja característica é a utilização potencial de serviço público ou posto à disposição do contribuinte. Questionava-se tal instituição e seu excesso por conta da limitação constitucional (vedação de tributo com efeito de confisco). Com efeito, a cobrança de aludida taxa jamais pode ser desproporcional e romper a razoabilidade porque a atuação estatal deve representar o custo da atividade provocada ou demandada pelo contribuinte. Via de consequência, com alguma dose de facilidade, pode-se julgar mencionado caso. O problema muitas vezes ocorre quando determinada imposição fiscal à escassez de vinculação – taxa é tributo vinculado – é instituída de maneira a representar confisco. Qual é o parâmetro? Isto é, qual é a base para invocação do princípio em discussão?

Barreto (2005, p. 21), ao ocupar-se do assunto, cita que doutrina "limita-se a dizer que é confiscatório o imposto que excede a capacidade contributiva", tal como manifestado por Harada (2010, p. 368).

Logo adiante, o autor faz a seguinte crítica:

> *Não fornece critérios, nem bons, nem maus, para restringir essa área de imprecisão e explicar o que pretende dizer com tributo que excede a capacidade contributiva.*

Pensa equacionar a questão, ao afirmar que esse é um problema do Poder Judiciário, a quem cabe resolver a situação diante de cada caso concreto.
Não nos parece correta essa posição. Não que não caiba ao Judiciário resolver os casos concretos que envolvam a questão do confisco. É claro que essa é a função precípua do Poder Judiciário. O que pretendemos dizer é que não pode a doutrina esconder-se, passar ao largo do problema, como se a matéria não existisse, e não dar qualquer contribuição ao Judiciário. (Barreto, 2005, p. 21)

Muito embora Barreto (2005) tenha exposto sua crítica na aferição dos efeitos do confisco, dadas as razões anteriores, implica estudar o princípio da capacidade contributiva com o propósito de poder melhor aplicar o princípio do não confisco, nos termos apresentado a seguir.

Princípio da capacidade contributiva colocada em discussão

Objeto de amplo debate nacional à época, com milhares de ações judiciais, a progressividade do IPTU, antes da Emenda Constitucional nº 29, de 13 de setembro de 2000 (Brasil, 2000a), trouxe à discussão a progressividade das alíquotas em virtude da localização do imóvel, bem como suas características. Todavia, a única progressividade permitida antes da Emenda Constitucional nº 29/2000 tinha como suporte fático preservar a função social da propriedade, nos termos do art. 182, § 4º*, da CF/1988. A progressividade do IPTU

* Art. 182. A política de desenvolvimento urbano, executada pelo Poder Público municipal, conforme diretrizes gerais fixadas em lei, tem por objetivo ordenar o pleno desenvolvimento das funções sociais da cidade e garantir o bem-estar de seus habitantes. [...] § 4º – É facultado ao Poder Público municipal, mediante lei específica para área incluída no plano diretor, exigir, nos termos da lei federal, do proprietário do solo urbano não edificado, subutilizado ou não utilizado, que promova seu adequado aproveitamento, sob pena, sucessivamente, de: [....] II – imposto sobre a propriedade predial e territorial urbana progressivo no tempo [...].

ocorreu em larga escala e em centenas de municípios, com apoio na localização do imóvel, pressupondo capacidade contributiva maior aos proprietários de imóveis cujos critérios tinham como motivo o poder aquisitivo. Em termos de justiça fiscal, o critério não poderia ser o melhor. Porém, a vontade do legislador constitucional, na característica empregada ao IPTU (imposto que recai sobre a coisa, não importando a capacidade contributiva do sujeito passivo), só previa a progressividade em tal circunstância, e não em outro critério. Dessa forma, o STF, ao julgar a progressividade do IPTU com amparo na capacidade do contribuinte, reconheceu a inconstitucionalidade de leis municipais que legislavam dessa maneira, e não em face da função social da propriedade, ocasião em que editou a Súmula nº 668, de 24 de setembro de 2003, com o seguinte verbete: "É inconstitucional a lei municipal que tenha estabelecido, antes da EC 29/2000, alíquotas progressivas para o IPTU, salvo se destinada a assegurar o cumprimento da função social da propriedade urbana" (STF, 2003b).

Após a vigência da Emenda Constitucional nº 29/2000, houve autorização constitucional para os municípios cobrarem o IPTU com apoio na capacidade contributiva. Fica, contudo, a certeza de que o princípio da capacidade contributiva foi à época infringido, sobretudo porque a única possibilidade de progressividade constitucionalmente prevista era de caráter extrafiscal, e não pessoal como exigido pelos municípios brasileiros.

Síntese

Os princípios constitucionais tributários marcam de maneira permanente as garantias que todos devemos defender na correta e imprescindível avaliação da tributação imposta pelos poderes públicos internos, como forma de legitimá-la e, sobretudo, limitá-la. A Constituição Federal de 1988 ainda prevê outras garantias que deverão ser devidamente consideradas como meio a conferir a correta exigência fiscal, ou seja, os postulados apresentados não se esgotam nestes estudados, como podemos extrair da redação do art. 150 da CF/1988, onde se lê: "Sem prejuízo de outras garantias asseguradas ao contribuinte [...]".

Questões para revisão

1) (Fundação Carlos Chagas – Exame 127 – OAB-SP – 2009) Com relação ao Imposto de Importação (II) e ao Imposto de Exportação (IE), que se refere às mitigações ao princípio da legalidade, é correto afirmar:

a) Em ambos os casos (II e IE) há uma mitigação do princípio da legalidade, de tal forma que estes tributos poderão ter a sua alíquota alterada por ato do Presidente da República.

b) Seguem estritamente o princípio da legalidade e tipicidade cerrada.

c) Apenas o II, por força de um desequilíbrio da balança comercial, poderá ter suas alíquotas alteradas por ato do Presidente da República.

d) As alterações de suas alíquotas e base de cálculo somente poderão ocorrer por meio de lei ordinária editada pelo Congresso Nacional.

2) (Cespe/UnB – Exame 134 – OAB-SP – maio/2009) Constitui *exceção* ao princípio da anterioridade:

a) a instituição de contribuição para o custeio do serviço de iluminação pública.

b) a instituição de empréstimos compulsórios no caso de investimento público de caráter urgente e de relevante interesse nacional.

c) a instituição de contribuição de intervenção no domínio econômico.
d) a instituição ou majoração do imposto sobre a exportação, para o exterior, de produtos nacionais ou nacionalizados.

3) (Prova OAB-MG – Exame de Ordem – agosto/2008) Quanto ao princípio da igualdade, é correto afirmar:
a) O princípio da igualdade exige que todos os contribuintes sejam tributados de forma igual, devendo-se aplicar uma única alíquota para todas as faixas de rendimentos.
b) A tributação diferenciada em virtude do valor do faturamento, prevista na Lei Complementar nº 123/2006, que institui o Simples Nacional, fere o princípio da igualdade.
c) A sistemática relativa às alíquotas progressivas, aplicada ao Imposto de Renda das Pessoas Físicas, fere o princípio da igualdade.
d) A Constituição da República proíbe que sejam operadas distinções em razão da ocupação profissional ou função exercida.

4) (Vunesp – Exame 131-SP – julho/2009) O chamado *princípio da capacidade contributiva*, previsto na Constituição Federal, estabelece que:
a) somente a pessoa capaz de direitos e deveres na ordem civil pode revestir-se da condição de contribuinte.
b) os tributos só podem ser cobrados sobre fatos lícitos, pois os fatos ilícitos não revelam a capacidade contributiva do sujeito passivo da obrigação tributária.
c) todos os brasileiros maiores de 18 (dezoito) anos devem apresentar declaração de imposto de renda.
d) sempre que possível, os impostos serão graduados segundo a capacidade econômica do contribuinte.

5) (Esaf – Analista Tributário da Receita Federal do Brasil – 2009) A Constituição Federal, entre outras limitações ao poder de tributar, estabelece a isonomia, vale dizer, veda o tratamento desigual entre contribuintes que se encontrem em situação equivalente. Sobre a isonomia, é correto afirmar que:

a) diante da regra mencionada, o tratamento tributário diferenciado dado às microempresas e empresas de pequeno porte, por exemplo, deve ser considerado inconstitucional.
b) não se permite a distinção, para fins tributários, entre empresas comerciais e prestadoras de serviços, bem como entre diferentes ramos da economia.
c) para que um tratamento tributário diferenciado (isenção, por exemplo) seja justificado, não é necessário haver correlação lógica entre este e o elemento de discriminação tributária.
d) em razão do princípio constitucional da isonomia, não deve ser diferenciado, por meio de isenções ou incidência tributária menos gravosa, o tratamento de situações que não revelem capacidade contributiva ou que mereçam um tratamento fiscal ajustado à sua menos expressão econômica.
e) a isenção, como causa de exclusão do crédito tributário, é, por sua própria natureza, fator de desigualação e discriminação entre pessoas, coisas e situações. Nem por isso, no entanto, as isenções são inconstitucionais, desde que reste demonstrado que se teve em mira o interesse ou a conveniência pública na aplicação da regra da capacidade contributiva ou no incentivo de determinadas atividades de interesse do Estado.

6) O princípio da vedação ao confisco aplica-se também à sanção por ato ilícito tributário? Justifique.

7) O princípio da capacidade contributiva aplica-se em todas as espécies tributárias? Justifique.

Questões para reflexão

1) (Cespe/UnB – Fiscal – INSS – 1997) A vedação constitucional de utilizar tributo com efeito de confisco dirige-se à União, aos estados, ao Distrito Federal e aos municípios?

2) (Cespe/UnB – Fiscal – INSS – 1997) O princípio da não utilização de tributo com efeito de confisco não se aplica às contribuições previdenciárias devidas pelo empregado ao Instituto Nacional do Seguro Social (INSS). Por quê?

3) (Questão elaborada com base na prova da Cespe/UnB – OAB – 2008.1) Consoante o princípio da igualdade tributária, é vedado conferir tratamento desigual a contribuintes que se encontrem em situação equivalente. Por quê?

4) (Questão elaborada com base na prova da Cespe/UnB – OAB – 2008.3) Considerando que Júnior, Júlio e Augusto tenham diferentes ocupações profissionais, exerçam diferentes funções e percebam remunerações de diferentes denominações jurídicas, o que você acha correto à luz do princípio constitucional tributário da isonomia e por quê?

5) (Questão elaborada com base na prova da Cespe/UnB – OAB – 2008.2) O princípio da progressividade tributária se aplica a quais impostos?

Consultando a legislação

Para desenvolver mais o conteúdo estudado neste capítulo, leia os arts. 5°, XXXVI, 62, 145, § 1°, 148, I, 150, I, II, III, "a" e "c", IV, 153, I, II, IV, V, § 1°, 154, II, 195, § 6° da Constituição Federal de 1988 e o art. 97 do Código Tributário Nacional.

III

Contornos gerais da lei complementar em matéria tributária – hierarquia de leis

Conteúdos do capítulo:

- Disciplina geral do sistema constitucional tributário, como forma de viabilizar o exercício da competência de cada ente tributante;
- Lei complementar nacional e lei complementar federal – distinções
- Lei complementar e Lei ordinária – aspectos polêmicos.

Como visto no Capítulo 1 deste livro, sobretudo quanto aos fundamentos e à relevância para sua exata compreensão, foi empregado cuidado o bastante para encontrar a base de validade de determinada lei na Constituição Federal, de 5 de outubro de 1988. Sem essa certeza, ruiria todo o ordenamento legislativo nacional diante da mais completa crise do sistema. Foi observada também a competência outorgada a cada ente político (União, estados, municípios e Distrito Federal) no que toca à legitimidade ativa para instituir tributos, previamente determinados pela Carta Republicana. Em mencionada oportunidade, foi advertida a supremacia da Constituição na ordem legislativa nacional.

Da mesma maneira, nos capítulos anteriores, cuidamos dos fundamentos essenciais a moldar o sistema constitucional tributário, os princípios constitucionais que deverão ser considerados verdadeiros marcos indicativos a dar norte para o perfeito entendimento e adequação da legislação da União, dos estados, do Distrito Federal e dos municípios, neste campo. Sem tal conhecimento, o leitor falhará em examinar a validade na confrontação de qualquer exigência fiscal. Com base nessas premissas, podemos avançar no estudo da legislação tributária, de modo a compreender a dinâmica constitucional dentro desse subsistema.

Sendo assim, podemos dizer que os entes federados, mediante exercício de suas competências constitucionais (competências privativas, comuns, residual e extraordinária), inibidos pelas regras gerais da limitação ao dever de tributar, podem exercer seus direitos subjetivos em criar legislação tributária destinada a transferir patrimônio do particular ao sujeito ativo da respectiva exigência ou ao destinatário de sua arrecadação.

No entanto, há mais amarras que devem ser obedecidas, as quais estão inseridas na Carta Magna, a oferecer um esquema hermenêutico que concorde melhor com a harmonia do conjunto e que não ofenda valores tão preciosos ao sistema constitucional brasileiro (Carvalho, 2000, p. 202). Na verdade, Paulo de Barros Carvalho, quando discorre sobre o referido assunto, considera as competências legislativas da União, dos estados, dos municípios e do Distrito Federal como formas de viabilizar o exercício de suas atividades tributárias, ao tempo em que o constituinte, ao prescrever norma geral sobre tal disciplina, acaba por interferir nas ditas competências. Tudo tem uma razão de ser, por isso Carvalho (2000), ao cuidar da previsão do art. 146 da CF/1988, em determinado ponto afirma:

> *Em poucas palavras, preceituou o legislador constitucional que toda matéria da legislação tributária está contida no âmbito de competência da lei complementar.*

> *[...] Que assunto poderia escapar de poderes tão amplos? Eis aí o aplicador do direito novamente atônito! Pensará: como é excêntrico o legislador da Constituição! Demora-se por delinear, pleno de cuidados, as faixas de competência da União, dos estados, do Distrito Federal e dos municípios e, de entremeio, torna tudo aquilo supérfluo, na medida em que põe nas mãos do legislador complementar a iniciativa de regrar os mesmo assuntos.* (Carvalho, 2000, p. 201)

Dessa forma, a par dessas primeiras considerações convém abordarmos as funções da lei complementar, tanto nacional como federal, dentro do sistema constitucional tributário, uma vez que tem suas atribuições determinadas na Carta Política, justificando, assim, relevância e pertinência dentro desse propósito, que é melhor descrever o objeto de estudo.

Para tanto, convém trazer novamente a lume a doutrina de Carvalho (2000), ocasião em que cita Oswaldo Aranha Banderia de Mello, quando discorre em tópico intitulado "Instrumentos introdutórios de normas tributárias no direito brasileiro – instrumentos primários e secundários", fazendo observações de relevo. Diz ele:

> *Nosso direito positivo compreende quatro distintos plexos normativos: a ordem total, a das regras federais, a das regras estaduais e o feixe de preceitos jurídicos dos Municípios. As três primeiras são próprias do esquema federativo, enquanto a última revela peculiaridade do regime constitucional brasileiro. Tudo pode ser resumido na coalescência de quatro sistemas: a) o sistema nacional; b) sistema federal; c) os sistemas estaduais; e d) os sistemas municipais.*
>
> *Se as diferenças entre a ordem federal, a estadual e a municipal são claramente perceptíveis, fato idêntico não sucede entre a organização do Estado Federal (sistema nacional) e da União (sistema federal). Para tanto,*

em trabalho inexcedível, Oswaldo Aranha Bandeira de Mello apresenta os sinais correspondentes aos dois arranjos, de forma precisa e juridicamente escorreita, dizendo que são ordens jurídicas especiais, posto que as respectivas competências se circunscrevem aos campos materiais que lhes são indicados pela ordem jurídica total, está na Constituição do Estado federal e sua complementação na legislação nacional. A chamada Constituição Federal pode ser desdobrada em duas Cartas distintas: a Constituição total e a Constituição da União. (Carvalho, 2000, p. 54-55)

De fato, pelo que pode ser extraído do ensinamento anterior, as normas podem ser nacionais, federais, estaduais e municipais, pois devem atingir seus limites dentro das correspondentes atribuições. No que toca aos dois primeiros tipos existentes, é preciso fazer algumas considerações na medida em que podem suscitar dúvidas de toda ordem.

Sobre o ponto, José Eduardo Soares de Melo acrescenta:

As leis complementares da Constituição (art. 59, II), que preveem a necessidade de quórum qualificado (maioria absoluta – art. 69), têm, essencialmente, a função e a finalidade de integrar a eficácia das normas constitucionais referentes à estrutura do Estado, à formação dos Poderes e suas relações, revestindo a natureza formal da lei nacional, produto do Estado total (global), que inspira, fundamenta e determina edição de normas federais, estaduais e municipais (ordens parciais do Estado brasileiro). (Melo, 2007, p. 178)

Como se sabe, o Congresso Nacional exerce sua atividade legiferante tanto para trabalhar no processo de elaboração de leis de âmbito nacional quanto de leis federais. A reboque dessa assertiva, o professor Heleno Taveira Tôrres faz coro à doutrina de Melo ao dissertar sobre o assunto:

> *Por determinação constitucional, no Brasil, o Congresso Nacional exerce três funções legislativas (competências) distintas: é i) constituinte derivado, ao discutir e votar Emendas à Constituição, e é o legislador ordinário da União, sob duas modalidades: ii) legislador federal, ao exercer as competências típicas de União, na qualidade de pessoa de direito público interno, plenamente autônoma; e ii) legislador nacional, ao dispor sobre normas gerais aplicáveis às quatro pessoas políticas, nas matérias no art. 24 da CF, e em outras previstas no corpo da Constituição.* (Tôrres, 2002, p. 5)

Mais adiante, em decorrência lógica ao que aduziu, assim asseverou:

> *Retomando a ideia anterior sobre as funções do legislador ordinário, temos que a lei complementar tanto é exigida pela Constituição para servir ao legislador federal (efetivando competências da União), quanto ao legislador nacional, na função de criar as chamadas 'normas gerais'. É dizer, faz parte da demarcação de competências, também, a definição daquelas que só poderão ser exercidas exclusivamente pelo legislador federal (União) mediante lei complementar, assim como a competência do legislador nacional, também mediante lei complementar, para criar as chamadas normais gerais em matéria de legislação tributária.* (Tôrres, 2002, p. 6)

Pelo que pode ser retirado das reflexões retroexpostas, o papel da lei complementar em nosso sistema tanto pode dispor no âmbito nacional, quando cadencia normas gerais de âmbito tributário, quanto disciplinar assuntos afetos à União Federal, uma vez que a Carta Maior assim determina. A fim de tornar mais didático o assunto em observação, podemos dizer que a Constituição Federal prevê que a instituição de imposto incidente sobre grandes fortunas seja necessariamente por meio de lei complementar, conforme art. 153, VII, da CF/1988. Da mesma forma, autoriza a cobrança de contribuições destinadas a garantir a manutenção ou a expansão da seguridade social, por meio de lei complementar, de acordo com a redação estatuída no art. 195, § 4º, da CF/1988, entre outros exemplos. Assim, tais exigências decorrem do exercício de competência conferido à União para legislar sobre tributos discriminados na Magna Carta, por isso denomina-se *lei complementar federal*, porque está exercendo, tão somente, sua atribuição. Já a lei complementar nacional tem como característica dispor sobre linhas gerais em matéria tributária, atingindo indistintamente a União, os estados, o Distrito Federal e os municípios. Essa linha de argumentação justifica a redação prevista no art. 146 da Constituição Federal de 1988, onde se lê:

> *A Constituição Federal prevê que a instituição de imposto incidente sobre grandes fortunas seja necessariamente por meio de lei complementar.*

> Art. 146. Cabe à lei complementar:
>
> I – dispor sobre conflitos de competência, em matéria tributária, entre a União, os Estados, o Distrito Federal e os Municípios;
>
> II – regular as limitações constitucionais ao poder de tributar;
>
> III – estabelecer normas gerais em matéria de legislação tributária, especialmente sobre:
>
> a) definição de tributos e de suas espécies, bem como, em relação aos impostos discriminados nesta Constituição, a dos respectivos fatos geradores, bases de cálculo e contribuintes;
>
> b) obrigação, lançamento, crédito, prescrição e decadência tributários;

> c) adequado tratamento tributário ao ato cooperativo praticado pelas sociedades cooperativas.
> d) definição de tratamento diferenciado e favorecido para as microempresas e para as empresas de pequeno porte, inclusive regimes especiais ou simplificados no caso do imposto previsto no art. 155, II, das contribuições previstas no art. 195, I e §§ 12 e 13, e da contribuição a que se refere o art. 239. (Incluído pela Emenda Constitucional nº 42, de 19.12.2003)
> Parágrafo único. A lei complementar de que trata o inciso III, d, também poderá instituir um regime único de arrecadação dos impostos e contribuições da União, dos Estados, do Distrito Federal e dos Municípios, observado que: (Incluído pela Emenda Constitucional nº 42, de 19.12.2003) [...].

Pronto. A divisão anteriormente praticada, qual seja, lei complementar federal e lei complementar nacional, aspectos diferenciadores, confere margem de juízo hábil o bastante para avançarmos no presente estudo. Sendo assim, a teor da dicção contida no art. 146 da CF/1988, são três as funções da lei complementar de caráter nacional em nosso sistema constitucional: Dispor sobre conflitos de competência, em matéria tributária, entre a União, os estados, o Distrito Federal e os municípios; regular as limitações constitucionais ao poder de tributar e estabelecer normas gerais em matéria de legislação tributária, correto? Não necessariamente. Aqui pairam duas teorias (função dúplice ou tríplice). A primeira sustenta a proposta de que a função da lei complementar é estabelecer normas gerais em matéria tributária e dispor sobre conflitos de competência entre a União, os estados, o Distrito Federal e os municípios nesta área. A segunda, dita tríplice ou tricotômica, interpreta o art. 146 da Magna Carta literalmente, isto é, os três incisos anteriormente arrolados é que delimitam a função da lei complementar nacional dentro do sistema tributário.

A discussão entre a adoção de uma ou de outra tese tem como pano de fundo a autonomia das pessoas políticas internas em exercerem suas atribuições dentro da outorga de suas respectivas competências legislativas. Os que defendem a tese dicotômica sustentam que as normas gerais em matéria tributária conferida à lei complementar, como atribuição constitucional, não inibiria a autonomia conferida aos estados e aos municípios em exercerem suas atividades tributárias legiferantes. Diferentemente, portanto, da teoria tricotômica – que é mais detalhista e incisiva –, certamente invadiria campo legislativo, não autorizado constitucionalmente, uma vez que a atribuição de competência nessa área é matéria concorrente, tal como prescreve o art. 24 da Carta Republicana: "Art. 24. Compete à União, aos Estados e ao Distrito Federal legislar concorrentemente sobre: I – direito tributário, financeiro, penitenciário, econômico e urbanístico; [...]".

Novamente calha trazer as palavras de Tôrres (2002) no momento em que discorre sobre o assunto versado anteriormente. É de sua lavra:

> *Outra vertente de pensamento, todavia, e a que mais prosperou doutrinariamente, deu orientação diversa à questão, alegando que aquela visão tricotômica pecaria por praticar uma hermenêutica literal, ao não delimitar o conteúdo das normas gerais de direito tributário, o que possibilitaria ao legislador da União cometer agressões ao sistema federativo e ao princípio da autonomia dos municípios, na medida em que ficaria permitido à legislação complementar produzir, indiscriminadamente, regras jurídicas que perpetrassem o recinto das competências outorgadas aos Estados-Membros, atingindo o pacto federativo, e invadissem as prerrogativas constitucionais de que usufruem os Municípios, maculando o princípio da autonomia dos municípios. Ademais, porque os direitos fundamentais dos contribuintes não poderiam ser reduzidos no respectivo alcance e conteúdo, a título de 'dispor sobre limitações constitucionais ao*

poder de tributar'. Como visto a prevalecer tal entendimento, aquele da corrente tricotômica, tudo estaria permitido ao legislador complementar, o que decerto não se compatibilizaria com toda a estrutura do sistema implantado pela própria constituição. (Tôrres, 2002, p. 9)

Ora, as razões alimentadas anteriormente, vale dizer, a adoção de uma tese ou de outra, têm lastro de argumentações bastante convincentes, sem sombra de dúvidas, mormente dizer que ainda não se encontram devidamente acomodadas pela doutrina. Acreditamos que a lei complementar prevista no art. 146 da CF/1988 tem função nacional, espraiando diretrizes que deverão ser observadas pela União, pelos estados, pelo Distrito Federal e pelos municípios. Em outras palavras, é possível os estados exercerem suas competências tributárias em caráter concorrente sem ferir o pacto federativo, com olhos sempre voltados às diretrizes dispostas na lei complementar nacional. Assim, compete aos poderes públicos internos legislarem sobre prescrição em matéria tributária, desde que não discrepe da orientação disposta no Código Tributário Nacional (CTN), Lei n° 5.172, de 25 de outubro de 1966 (Brasil, 1966c). Não há porque falar em contrariar o pacto federativo, tampouco a autonomia dos municípios, pois lei complementar nacional está a usurpar competência alheia, na medida em que referidos "Entes" estão sendo devidamente representados pelos deputados federais e pelos senadores. É dizer, se estão a legitimar o exercício da representação popular e estadual, a toda evidência devem trabalhar para defender seus interesses dentro do jogo democrático.

> *Compete aos poderes públicos internos legislarem sobre prescrição em matéria tributária, desde que não discrepe da orientação disposta no CTN.*

A seu turno, Betina Treiger Grupenmacher, ao debruçar-se sobre a função da lei complementar na Constituição Federal, esclarece:

> *As leis complementares são instrumentos introdutórios de normas jurídicas que, por imposição constitucional, só podem versar sobre as matérias que lhes reserva a Magna Carta e necessitam de quórum qualificado, de maioria absoluta, para aprovação, segundo dispõe o art. 69 da CF. [...]*
> *A lei complementar tem, portanto, no âmbito do sistema tributário nacional, dupla função: realiza as competências de legislador federal quando cria empréstimos compulsórios (CF, art. 148), impostos da competência residual da União (CF, art. 154, I) e ainda o imposto sobre grandes fortunas (CF, art. 153, VII). Por outro turno, cumpre as atribuições de legislador nacional quando estabelece normas gerais de direito tributário. [...]*
> *A lei complementar, enquanto lei nacional, tem, como afirmado no direito tributário, função predefenida no art. 146, IIII, da Constituição Federal que lhe reserva, dentre outras, a incumbência de estabelecer normas gerais tributárias e regular os conflitos de competência em matéria tributária. Nessa medida, fica reservado à lei complementar disciplinar aquilo que não foi regulado pelo Texto Constitucional.*
> *Ante tal premissa, não restou ao legislador complementar senão uma margem residual de aptidão para legislar, já que, em matéria tributária, o legislador constitucional foi exaustivo, estabelecendo os vetores e diretrizes que devem nortear a instituição e cobrança dos tributos.* (Grupenmacher, 2006, p. 68-69)

As diretrizes para a harmonização do sistema podem ser extraídas do art. 146 da CF/1988, atentando-se, no entanto, para a influência que a lei complementar nacional deverá impor aos entes federados quando irradia normas gerais de direito tributário. Nesse sentido, a Emenda Constitucional nº 42, de 19 de dezembro de 2003 (Brasil, 2003a), acrescentou a alínea "d" no art. 146 da CF/1988, ao instituir tratamento diferenciado e favorecido para as microempresas e para as empresas de pequeno porte, inclusive regimes especiais ou simplificados no caso do ICMS (competência estadual) e contribuição à seguridade social e ao PIS, ambos de competência da União Federal. O parágrafo único do art. 146 reforça a possibilidade de tratamento diferenciado nas esferas da Administração Pública em regime de arrecadação de impostos e de contribuições da União, dos estados, do Distrito Federal e dos municípios. Somente como reforço de raciocínio, é mister reproduzir ementa de julgado da Suprema Corte Nacional, afastando lei estadual que dispunha sobre prazo decadencial diverso do que propugnado pelo CTN. Confira:

> Norma do Estado de Santa Catarina que estabelece hipótese de extinção do crédito tributário por transcurso de prazo para apreciação de recurso administrativo fiscal. [...]
> A determinação do arquivamento de processo administrativo tributário por decurso de prazo, sem a possibilidade de revisão do lançamento, equivale à extinção do crédito tributário cuja validade está em discussão no campo administrativo.
> Em matéria tributária, a extinção do crédito tributário ou do direito de constituir o crédito tributário por decurso de prazo, combinado a qualquer outro critério, corresponde à decadência.
> Nos termos do Código Tributário Nacional (Lei 5.172/1996), a decadência do direito do Fisco ao crédito tributário, contudo, está vinculada ao lançamento extemporâneo (constituição), e não, propriamente, ao decurso de prazo e à inércia da autoridade fiscal na revisão do lançamento originário. Extingue-se um crédito que resultou de lançamento indevido, por ter sido realizado fora do prazo, e que goza de presunção de validade até a aplicação dessa regra específica de decadência.

> O lançamento tributário não pode durar indefinidamente, sob risco de violação da segurança jurídica, mas a Constituição de 1988 reserva à lei complementar federal aptidão para dispor sobre decadência em matéria tributária.
> Viola o art. 146, III, b, da CF, norma que estabelece hipótese de decadência do crédito tributário não prevista em lei complementar federal. (STF, 2009a)

Muito bem. Fixadas essas orientações, podemos ir além no estudo aqui delimitado, pois há outras observações a serem promovidas, a saber: eventual hierarquia entre lei complementar e lei ordinária e o que deve ser disciplinado por meio de lei complementar, uma vez que a Constituição Federal explicitamente assim determina e em outras ocasiões não, sendo justamente aqui que habitam mais divergências doutrinárias.

3.1 Hierarquia da lei complementar nacional e da lei ordinária

As linhas traçadas anteriormente tiveram como elemento central do discurso verificar a disciplina geral da lei complementar em matéria tributária, bem como identificar as diferenças entre a lei complementar de característica nacional e a de traço federal. A primeira lançando orientações de império aos entes tributantes de modo a cumprirem a legislação tributária tal como encartado pelo art. 146 da Carta Maior. A segunda, de competência da União Federal, que deverá observar o exercício de suas atribuições para legitimar sua eventual instituição.

Tanto a lei complementar de âmbito nacional quanto a federal possuem naturezas *material* (ontológica nos dizeres de Carvalho – 2000, p. 203) e *formal*, que deverão ser observadas. O primeiro pressuposto exige que determinadas matérias sejam veiculadas por meio de lei complementar. O segundo aspecto trata da forma pela qual a lei complementar deverá ser aprovada, isto é, por maioria absoluta (art. 69 da CF/1988).

Com efeito, somente a lei complementar nacional é que deve primazia às leis ordinárias, sejam elas federais, estaduais, distritais ou municipais. Essa afirmação tem suporte na sempre percuciente dicção de Tôrres (2002). Vejamos:

> *E como já salientamos, a relação hierárquica que eventualmente possa existir entre lei complementar e as leis ordinárias, ou mesmo outras leis complementares, dependerá, tão só, da função que ela exerça no sistema, i.e., das competências. E assim, caso a função seja constitutiva de algum fundamento de validade, formal ou material, a lei complementar sempre terá prevalência sobre qualquer outra lei.*
> *Como dito acima, às normas gerais aplica-se também o primado da reserva de lei complementar, e pelos fincões pertinentes à Constituição Nacional, impõe-se a necessária preeminência dessas leis complementares em relação às demais leis, mesmo que complementares, quando tenham por objeto o exercício de competência para instituição de tributos. Por conseguinte, prevalecerão, sempre, sobre a legislação federal, estadual, distrital ou municipal, na medida [sic] que estas legislações passam a ter que admiti-las (as leis complementares que veiculam normas gerais) como fundamento de validade material.* (Tôrres, 2002, p. 13)

Por sua vez e intelecção, Carvalho (2000) ao tratar de hierarquia formal e material das leis complementares, acrescenta que:

> *No que concerne ao campo material a situação continua a mesma da ordem jurídica anterior, vale dizer, muitas normas introduzidas no sistema por lei ordinária, da União, dos Estados, do Distrito Federal e*

dos Municípios deverão procurar o âmbito de validade material de seu conteúdo prescritivo em normas da legislação complementar. O exemplo eloquente está nas regras que dispõem sobre conflitos de competência entre as entidades tributantes. Instalando-se a possibilidade, o legislador complementar expedirá disposição normativa cujo conteúdo deverá ser observado e absorvido pelas pessoas políticas interessadas. Trata-se da hipótese de hierarquia material, em que a regra veiculada por lei complementar submete suas inferiores hierárquicas: as introduzidas por lei ordinária. Não nos esqueçamos, contudo, de que existem porções privativas para atuação da lei complementar tributária e o exemplo típico é o das limitações constitucionais ao poder de tributar. (Carvalho, 2000, p. 206)

Então, os relevantes argumentos doutrinários revelam hierarquia entre normas de natureza complementar nacional e ordinária, pois devem obediência de validade quando a lei complementar disciplina normas gerais em matéria de legislação tributária, de acordo com a regra disposta no art. 146, III, da Superlei. Carvalho (2000), todavia, ressalva que as limitações constitucionais ao poder de tributar (art. 146, II, da CF/1988) é matéria afeta à lei complementar, uma vez tratar-se de disciplina que está diretamente atrelada à sua função.

3.2 Norma complementar explícita ou implícita

Conforme foi dito anteriormente, e feita a divisão entre lei complementar nacional e lei complementar federal, em algumas situações o Texto Constitucional reclama a veiculação explícita de determinada matéria por meio de lei complementar, como é a hipótese anterior (art. 146, I, da CF/1988), e de outras matérias, como a criação de empréstimo compulsório (art. 148 da CF/1988); imposto sobre grandes fortunas (art. 153, VII, da CF/1988); instituição de impostos ditos residuais (art. 154, I, da CF/1988); e expansão da seguridade social (§ 4º do art. 195 da CF/1988). Entretanto, existem outros assuntos que, muito embora a Magna Carta não indique abertamente a disciplina por meio de lei complementar, devem assim ser disciplinados como instrumentos válidos a produzir efeitos no mundo jurídico. É justamente aí que repousa a grande discussão sobre o tema.

José Souto Maior Borges, quando expôs o estudo *Hierarquia e sintaxe constitucional da lei complementar tributária*, assim se manifestou:

> *1.2 Afirmar que determinadas e específicas matérias são reservadas à lei complementar (correto) não é, em absoluto, o mesmo que sustentar só caberem leis complementares onde expressamente previstas no texto constitucional (incorreto). A exigência de Lei Complementar pode estar implícita na CF, a depender da matéria versada no ato legislativo.* (Borges, 2008, p. 67)

Como visto, Borges (2008) defende a proposta de existir implicitamente na Carta Republicana a necessidade de instituição de lei complementar, nesse caso de âmbito nacional, para veicular determinado assunto. Não é sem razão que sustenta sua linha de convicção em decorrência do contido no art. 150, VI, "c", da CF/1988, no qual há regra de imunidade, desde que atendidos aos requisitos da lei. Confira a redação:

> Art. 150. Sem prejuízo de outras garantias asseguradas ao contribuinte, é vedado à União, aos Estados, ao Distrito Federal e aos Municípios:
>
> [...]
>
> VI – instituir impostos sobre:
>
> [...]

> c) patrimônio, renda ou serviços dos partidos políticos, inclusive suas fundações, das entidades sindicais dos trabalhadores, das instituições de educação e de assistência social, sem fins lucrativos, atendidos os requisitos da lei; [...].

Diz Borges (2008, p. 68, grifo do original):

> *Deveras: a CF atribui à lei complementar regular as limitações constitucionais do poder de tributar (art. 146, II). Ora o art. 150, IV[*], "c", dispõe sobre a imunidade das entidades que adnumera,* "atendidos os requisitos da lei". *Como essa lei é, por expressa determinação constitucional, limitação do poder de tributar, embora a CF não a adjetive como "complementar", neste texto, é de lei complementar que se trata. Equivocado pretender que, em tal hipótese, o Congresso Nacional poderá dispor sobre essa matéria quer em lei complementar, quer em lei ordinária. Se coubesse tal alternativa no exercício da competência congressual, estaria indiscriminado o que é discriminado pela CF. O dualismo expresso/implícito provocará estragos consideráveis na exegese constitucional quando se afirme, sem suporte constitucional, que lei complementar é apenas a expressamente prevista.*

Com base na citação anterior, podemos dizer que as limitações constitucionais ao poder de tributar decorrem da leitura do inciso II do art. 146 da Magna Carta, isto é, a norma que disponha sobre os requisitos para o gozo da imunidade deve ser a lei complementar. Devemos ressaltar que o dito favor constitucional dirige-se a impostos, de acordo com a leitura do art. 150, VI, "c", da CF/1988.

No mesmo sentido, concorda Carvalho (2000), para quem:

* Equivocadamente, Borges indicou o inciso IV, "c", do art. 150 da CF/1988. Na verdade, trata-se do inciso VI do mesmo artigo.

parece-nos de cristalina evidência que a lei a que se reporta o comando constitucional é a complementar, mais precisamente aquela prevista no art. 146, II, da Constituição Federal. E o Código Tributário Nacional, extraindo com acerto o autêntico de sua competência, oferece, no art. 14, os pressupostos para o implemento do desígnio do constituinte. (Carvalho, 2000, p. 186)

O Supremo Tribunal Federal (STF), por sua vez, no Julgamento nº 1.802/DF, de 27 de agosto de 1998 (STF, 2004a) – no qual impugnou os arts. 12 a 14 da Lei nº 9.532, de 10 de dezembro de 1997 (Brasil, 1997c), ou seja, arguiu a inconstitucionalidade dos artigos ora indicados porque desprezavam o art. 146, II, da Lei Suprema –, reconheceu a inconstitucionalidade parcial da Lei nº 9.532/1997. O STF decidiu que compete à lei ordinária a fixação de normas sobre a constituição e o funcionamento de entidade educacional e assistencial imune, não podendo tratar dos limites da imunidade, reservados à lei complementar.

Há, também, outra benesse tributária, de igual envergadura, conferindo imunidade às contribuições à seguridade social, conforme podemos apreender do art. 195, § 7º, da CF/1988:

> Art. 195. A seguridade social será financiada por toda a sociedade, de forma direta e indireta, nos termos da lei, mediante recursos provenientes dos orçamentos da União, dos Estados, do Distrito Federal e dos Municípios, e das seguintes contribuições sociais:
>
> [...]
>
> § 7º – São isentas[*] de contribuição para a seguridade social as entidades beneficentes de assistência social que atendam às exigências estabelecidas em lei.

* A isenção tratada na Constituição Federal deve ser entendida como imunidade. A isenção decorre de lei infraconstitucional. A impropriedade praticada pelo legislador constitucional ao tratar de isenção, o que realmente é imunidade, está devidamente acomodada pela melhor doutrina e jurisprudência pacificada nesse sentido.

Quanto à veiculação de lei na disciplina da proibição à tributação, consoante redação contida no § 7º do art. 195 da CF/1988, tanto doutrina quanto jurisprudência ainda não chegaram ao denominador comum. Da mesma forma, o STF ainda não se pronunciou efetivamente sobre isso. Está pendente de julgamento, o chamado *leading case*, que irá julgar especificamente sobre que tipo de lei deve disciplinar o art. 195, § 7º, da Constituição Federal de 1988.

Afirma-se aplicação de lei complementar porque o próprio Texto Maior (art. 146, II) prevê a competência de lei complementar nacional a regular as limitações constitucionais ao poder de tributar. Ora, como o CTN é a lei geral em matéria tributária* e prevê regras para o gozo e a fruição de imunidade, verdadeira limitação constitucional ao dever de tributar, deve ser atendido em sua integralidade. Assim sendo, os requisitos para enquadramento imunizatório a instituições com essa atividade profissional estão dispostos no art. 14 da Lei nº 5.172/1966:

> I – não distribuírem qualquer parcela de seu patrimônio ou de suas rendas, a qualquer título;
> II – aplicarem integralmente, no País, os seus recursos na manutenção dos seus objetivos institucionais;
> III – manterem escrituração de suas receitas e despesas em livros revestidos de formalidades capazes de assegurar sua exatidão.

Obviamente, no momento em que aprovam lei ordinária regrando a matéria para atender aos propósitos imunizatórios, as exigências legais são maiores e mais difíceis de ser alcançadas, devido à flagrante renúncia fiscal a que a União Federal está sujeita. Não foi sem razão que a Lei Ordinária nº 8.212, de 24 de julho de 1991** (Brasil, 1991a), precisamente em seu art. 55, enumerou inúmeros

---

* Lei nº 5.172/1966 – Foi recepcionada pela atual Constituição como lei complementar, sobretudo porque à época de sua edição não existia a figura constitucional *lei complementar*.

** Artigo revogado pela Lei nº 12.101, de 27 de novembro de 2009 (Brasil, 2009c).

requisitos para atingir-se a imunidade tributária. Vamos esclarecer melhor: por imposição constitucional, o quórum para aprovação de lei complementar depende de maioria absoluta (metade mais um dos membros do Congresso Nacional); a lei ordinária, por sua vez, depende para aprovação de maioria simples. Por isso, naturalmente é mais fácil veicular determinado assunto por meio de lei ordinária do que por meio de lei complementar.

Essa discussão tem como escopo levar ao seu conhecimento, leitor, a forma pela qual as normas gerais tributárias devem ser examinadas, porque frequentemente são editadas leis que, como vimos, desafiam a ordem constitucional.

> *O Texto Máximo prevê normas explícitas e implícitas que devem ser veiculadas mediante lei complementar.*

Tomemos como outro exemplo a Lei nº 8.620, de 5 de janeiro de 1993 (Brasil, 1993), precisamente o art. 13, que dispôs sobre a responsabilidade dos sócios de sociedades limitadas por dívidas previdenciárias e que está em flagrante confronto com as regras dispostas nos arts. 134 e 135 do CTN, no qual havia* previsão de responsabilização solidária e subsidiária dos sócios no âmbito tributário, em caso de liquidação de sociedades de pessoas, conflitando, portanto, com a redação do art. 146, II, da Lei Maior**.

* A Lei nº 11.941, de 27 de maio de 2009, revogou expressamente o art. 13 da Lei nº 8.620/1993, mediante a publicação do art. 79, VII. (Brasil, 2009b)

** Em julgamento ocorrido em 3 de novembro de 2011, o Supremo Tribunal Federal, em Recurso Extraordinário nº 562.276/PR, de 3 de novembro de 2010 (STF, 2011), reconheceu a inconstitucionalidade do art. 13 da Lei nº 8.620/1993, na parte em que determinou que os sócios das empresas por cotas de responsabilidade limitada responderiam solidariamente, com seus bens pessoais, pelos débitos junto à Seguridade Social. Conforme expresso em ementa: "O art. 13 da Lei 8.620/93 não se limitou a repetir ou detalhar a regra de responsabilidade constante do art. 135 do CTN, tampouco cuidou de uma nova hipótese específica e distinta. Ao vincular à simples condição de sócio a obrigação de responder solidariamente pelos débitos da sociedade limitada perante a Seguridade Social, tratou a mesma situação genérica regulada pelo art. 135, III, do CTN, mas de modo diverso, incorrendo em inconstitucionalidade por violação ao art. 146, III, da CF" (STF, 2011).

Dessa forma, o Texto Máximo prevê normas explícitas e implícitas que devem ser veiculadas mediante lei complementar. Nesse caso, é preciso sempre avaliar a propedêutica material e formal, bem como perquirir se determinada norma deveria ser objeto de veiculação complementar ou ordinária, conforme estudado neste item.

3.3 Lei complementar materialmente ordinária – consequências práticas

Apenas para delimitar o campo de avaliação do presente tópico, firmemos nossos conceitos dentro do que foi trabalhado anteriormente. Vimos, portanto, que a lei complementar tem o seu campo marcado no sistema constitucional tributário, seja de índole nacional, seja federal. Com base nessas premissas, enveredamos esforços no sentido de reconhecer a hierarquia da lei complementar nacional em face de leis federais, estaduais, distritais ou municipais, tudo em razão do art. 146 da Carta Republicana. No mesmo eito, discorremos sobre as teorias que repousam sobre as funções da lei complementar no sistema tributário, como também as matérias que deverão ser tratadas por meio de referido veículo normativo e do quórum de votação.

Mas o legislador brasileiro é auspicioso, sobretudo porque o Congresso Nacional, como se sabe, é composto por profissionais com formações diversas, fruto obviamente do Estado democrático de direito. Logo, é natural ocorrer algumas impropriedades técnicas. A par dessa indefectível realidade, é de bom alvitre perguntarmos: É possível lei complementar revogar lei ordinária? O contrário é possível? Ou seja, lei ordinária pode revogar lei complementar? Certamente não são poucas as reflexões decorrentes das mencionadas perguntas.

Sacha Calmon Navarro Coelho, ao tratar da lei complementar e seu relacionamento jurídico com a CF/1988 e as leis ordinárias, faz relevantes afirmações:

> *A lei complementar na forma e no conteúdo só é contrastável com a Constituição (o teste de constitucionalidade se faz em relação à Superlei) e, por isso, pode apenas adentrar área material que lhe esteja expressamente reservada. Se porventura cuidar de matéria reservada às pessoas políticas periféricas (estado e município), não terá valência. Se penetrar, noutro giro, competência estadual ou municipal, provocará inconstitucionalidade, por invasão de competência. Se regular matéria da competência da União reservada à lei ordinária, ao invés de inconstitucionalidade, incorre em queda de status, pois terá valência de simples lei ordinária federal. Abrem-se ensanchas ao brocardo processual "nenhuma nulidade, sem prejuízo", por causa do princípio da economia processual, tendo em vista a identidade do órgão legislativo emitente da lei. A lei ordinária excederá se cuidar da matéria reservada à lei complementar. Não valerá. Quem pode o menos não pode o mais.* (Coelho, 2006, p. 78-79)

A toda evidência, Coelho (2006) faz considerações de relevo quando afasta a validade de lei complementar não consentida por meio da Carta Maior. Por isso, com esteio no que foi exposto, é possível enfrentarmos os questionamentos lançados, pois podemos entender que tanto a lei complementar quanto a lei ordinária cuidam de conteúdos diversos. Quanto à possibilidade de revogação veiculada mediante lei complementar em matéria tratada por meio de lei ordinária, o autor afirma ser possível a validade de lei complementar ser compreendida como lei ordinária. Em outro vértice, entretanto, assevera não ser possível lei ordinária revogar lei complementar porque excederá à sua competência. "O mais pode o menos", mas "o menos não pode o mais" (Coelho, 2006, p. 78-79). Ora, se para aprovação de lei complementar existe necessidade de quórum absoluto (maioria mais um) e se essa mesma legislação revogar conteúdo de lei ordinária, ordinária esta será. A recíproca, todavia, não é verdadeira, porque *lei ordinária* (LO) nunca poderá ser formalmente *lei complementar* (LC). No primeiro caso (LC revoga LO), diz-se que formalmente é lei complementar, mas, materialmente, é lei ordinária, isso é possível. A segunda hipótese (LO revogar LC) não goza de legitimidade lógica jurídica, porque ainda que a lei ordinária verse sobre matéria a ser tratada mediante lei complementar, foi votada como tal, não existindo, porquanto, lastro de sustentação constitucional.

Sob ângulo diverso, podemos arguir a possibilidade de revogação de lei complementar por meio de lei ordinária, se o conteúdo da lei complementar for de índole ordinária. É o que se chama de *lei complementar materialmente ordinária*.

O STF, ao abordar caso envolvendo lei complementar, lei ordinária e a possibilidade de revogação de isenção, por meio de lei ordinária em matéria versada por meio de lei complementar, decidiu pela sua legitimidade. Os recursos extraordinários tombados sob os números 377.457-3/PR, de 17 de setembro de 2008 (STF, 2008), e 381.964-0/MG, de 17 de setembro de 2008 (STF, 2009e), Relator Ministro Gilmar Mendes, consolidaram o entendimento no sentido da constitucionalidade da revogação – por meio da Lei nº 9.430, de 27 de dezembro de 1996 (Brasil, 1996c), da isenção da Cofins concedida pela Lei Complementar nº 70, de 30 de dezembro de 1991 (Brasil, 1991d) – às sociedades civis prestadoras de serviços profissionais. Somente para ilustrar, observe parte do voto do Ministro Moreira Alves tratando do mesmo assunto:

> essa contribuição poderia ser instituída por lei ordinária. A circunstância de ter sido instituída por lei formalmente complementar – a Lei Complementar n. 70/91 – não lhe dá, evidentemente, a natureza de contribuição social nova, a

que se aplicaria o disposto no § 4º do artigo 195 da Constituição, porquanto essa lei, com relação aos dispositivos concernentes à contribuição social por ela instituída – que são objeto desta ação – é materialmente ordinária, por não tratar, nesse particular, de matéria reservada, por texto expresso da Constituição, à lei complementar.
A jurisprudência desta Corte, sob o império da Emenda Constitucional n. 1/69 – e a Constituição atual não alterou esse sistema –, se firmou no sentido de que só exige lei complementar para as matérias cuja disciplina a Constituição expressamente faz tal exigência e, se por ventura a matéria, disciplinada por lei cujo processo legislativo observado tenha sido o da lei complementar, não seja daquelas para que a Carta Magna exige essa modalidade legislativa, os dispositivos que tratam dela se têm como dispositivos de lei ordinária. (STF, 1995)

Sob esse ângulo de raciocínio, é possível lei ordinária revogar texto de lei complementar se o conteúdo tratado em mencionado veículo legislativo for matéria a ser disciplinada ordinariamente. Logo, e pelo que foi analisado, a lei complementar exerce relevante função normativa dentro do sistema constitucional tributário, conforme podemos verificar por meio do art. 146 da CF/1988, servindo de suporte para dar os contornos gerais em matéria tributária sem, porém, interferir no exercício de competência conferido aos poderes públicos, municipais, estaduais, distritais e federais, desde que não conflitem com a regra geral nacional. As normas gerais de direito tributário, por conseguinte, conferem linhas que deverão ser respeitadas pelos entes tributantes, sob pena de inconstitucionalidade. É o caso, por exemplo, da declaração de inconstitucionalidade do art. 45 da Lei de Custeio da Seguridade

A lei complementar exerce relevante função normativa dentro do sistema constitucional tributário.

Social (Lei Ordinária Federal nº 8.212/1991), que tratou de disciplinar objeto estranho à sua matéria. Pior, cuidou de disciplinar prescrição tributária em contribuições à seguridade social em conflito ao que a Carta Republicana determinou, quando conferiu à lei complementar estabelecer normas, entre as quais obrigação, lançamento, crédito, prescrição e decadência tributários (art. 146, III, "b", da CF/1988).

Em igual sentido, Roberto Ferraz, Luiz Alfredo Boareto e Nelson Souza Neto, quando discorreram sobre o Imposto Sobre Serviços – ISS incidente sobre o *leasing*, notadamente no tópico "A função da lei complementar na concretização da discriminação impositiva", manifestaram a posição do STF sobre o tema:

> *O STF, encarregado de dar a palavra final na interpretação constitucional, acolheu a possibilidade de que a lei complementar estabelecesse regras gerais de Direito Tributário, obrigando sim Estados e Municípios, sendo essa uma manifestação da peculiar federação brasileira, não atentatória a ela. A Constituição de 1988, ao separar em incisos e alíneas as funções da lei complementar, terminando por descrever a de "estabelecer normas gerais em matéria de legislação tributária", visou claramente eliminar definitivamente essa discussão.* (Ferraz; Boareto; Souza Neto, 2000, p. 80)

Como podemos perceber, o espaço destinado à lei complementar em matéria tributária está bem definido na CF/1988, não havendo, no entanto, maior dificuldade de conflito nesse campo. Existe, porém, no âmbito da Constituição Federal, artigo que trata da possibilidade da lei complementar em termos de legislação concorrente promover a suspensão de lei local. É em que nos ocuparemos no tópico seguinte.

3.4 Disciplina concorrente: lei ordinária federal e lei local

Enveredando um pouco no âmbito do direito constitucional, é importante registrarmos a redação contida no art. 24, § 4º, da CF/1988: "Art. 24. Compete à União, aos Estados e ao Distrito Federal legislar concorrentemente sobre: [...] § 4º – A superveniência de lei federal sobre normas gerais suspende a eficácia da lei estadual, no que lhe for contrário".

Borges (2008), ao interpretar o artigo constitucional em evidência, apresenta:

> *No campo da legislação concorrente, dá-se uma supremacia hierárquica da lei federal sobre normas gerais com base em autônomo critério: "A superveniência de lei federal sobre normas gerais suspende a eficácia da lei estadual, no que lhe for contrário" (CF, art. 24, parágrafo 4º). É uma supremacia de eficácia. A lei ordinária federal não funciona aí como fundamento da validade da lei estadual, mas de suspensão da sua eficácia no que a lei estadual se lhe contrapuser. A validade da lei estadual funda-se na outorga constitucional de competência ao Estado-membro.* (Borges, 2008, p. 69)

Celso Ribeiro Bastos e Ives Gandra Martins, ao comentarem o mesmo artigo, manifestam igual opinião, citando, para tanto, José Cretella Júnior:

> *O § 4º contempla a hipótese natural da competência concorrente hierárquica. Sempre que a União não produzir normais gerais, pelo veículo simples da lei ordinária, e os Estados produzirem-nas suplementarmente – e após os Estados também os Municípios assim agirem – à nitidez, tal legislação provisória e precária prevalecerá.*

A geração, todavia, da lei federal sobre a matéria suspende, de imediato, a eficácia da lei estadual e da municipal (art. 30, II) no que estas contrariem aquela. (Bastos; Martins, 1988, p. 80-82)

A discussão apresentada no presente tópico tem como ponto de exame a reflexão de ordem constitucional, uma vez que as normas veiculadas na Carta Republicana, como podemos perceber, têm o condão de serem harmônicas entre si. Não há, sob esse aspecto, qualquer inadequação de conteúdo tampouco de forma, uma vez que tanto a interpretação literal quanto a sistemática leva-nos ao comando de que determinada lei regional ou local poderá ter sua eficácia suspensa se outra lei federal vier a legislar sobre o mesmo assunto. A competência concorrente faz com que ocorra essa adequação. Quando Coelho (2006) discorreu sobre a impossibilidade de a lei complementar invadir competência conferida às pessoas políticas periféricas, adentrando em área material reservada aos estados e aos municípios, certamente referiu-se à competência legislativa exclusiva conferida aos mencionados entes federados, não conflitando, portanto, na devida adequação interpretativa do artigo constitucional comentado.

Síntese

O legislador constitucional previu a competência de lei complementar, nos termos do art. 146 da CF/1988, ao dispor sobre conflitos de competência, em matéria tributária, entre a União, os estados, o Distrito Federal e os municípios, ao regular as limitações constitucionais ao poder de tributar e ao estabelecer normas gerais em matéria de legislação tributária, nos moldes lá expostos.

Para bem compreender a figura da lei complementar em nosso sistema, é preciso entendermos a figura da lei complementar nacional e da federal, cada qual com suas respectivas particularidades. Outrossim, ainda não está devidamente pacificada a teoria dicotômica ou tricotômica para definir as funções da lei complementar dentro do campo tributário. De qualquer sorte, há hierarquia material entre lei complementar nacional que verse suas atribuições de acordo com a redação do art. 146 da Carta Maior e leis federais, estaduais, distritais e municipais. Também é preciso atentar às exigências explícitas e implícitas contidas na Constituição Federal de 1988, que estão a exigir a disciplina por intermédio de lei complementar. Em tópico derradeiro, não bastassem as avaliações descritivas impostas pelo nosso sistema, muitas vezes deparamo-nos com leis complementares com conteúdo de leis ordinárias, o que, certamente, justifica a adoção de critérios e fundamentos constitucionais a varrer determinada norma porque inconstitucional ou a adequá-la ao nosso ordenamento de acordo com a melhor hermenêutica empregada.

Nesse contexto, é possível delimitar o campo de atuação da lei complementar naquilo que foi previsto pela CF/1988, sem, portanto, conflitar com o que pode ser normatizado por meio de lei ordinária. O problema, muitas vezes, repousa nas exigências implícitas de veiculação por meio de lei complementar, uma vez que a própria Constituição silencia a respeito disso, isto é, quando exatamente determinada matéria deve ser tratada por tal veículo legislativo. Agora, caso lei complementar disponha sobre matéria afeta à lei ordinária, ordinária será, podendo ser alterada/revogada por uma lei ordinária. Por outro lado, caso discipline matéria afeta à lei complementar, essa lei ordinária deverá ser julgada inconstitucional, porque está viciada em sua forma, isto é, o quórum exigido para a votação deve ser de maioria absoluta.

Questões para revisão

1) (Exame da OAB-SP – nº 111 – abril/2010) A lei complementar difere da lei ordinária no seguinte aspecto:

a) Aprovação pela maioria qualificada de 2/3 dos membros de cada Casa.

b) Existência de campo material estabelecido pela Constituição Federal.

c) Necessidade de discussão e votação em dois turnos, em cada uma das Casas.

d) Não pode ser objeto de iniciativa popular.

2) (Exame da OAB-MG – julho/2009) Segundo a Constituição Federal, cabe à lei complementar:

a) conceder isenção de tributos estaduais e municipais, em casos de relevante interesse público nacional.

b) fixar as alíquotas máximas e mínimas do imposto sobre serviços de qualquer natureza.

c) criar taxas residuais.

d) dispor sobre derrogações parciais do princípio da noventena (ou anterioridade nonagesimal).

3) (Cespe/UnB – PGE-PB – 2008) De acordo com a CF, constitui exigência de lei complementar, no âmbito do direito tributário, a:

a) instituição de contribuição social sobre a remuneração paga aos autônomos.

b) concessão de isenção pela União no caso de imposto sobre circulação de mercadorias e serviços.

c) instituição de contribuição de melhoria quando a obra pública que implique valorização imobiliária referir-se a localidade que beneficie dois estados da Federação.

d) instituição de empréstimo compulsório por estado da Federação com o objetivo de atender despesas extraordinárias decorrentes de calamidade pública.
e) instituição, pela União, de imposto sobre grandes fortunas.

4) (Exame da OAB-SP – nº 127 – 1ª fase/2007) A lei complementar deve ser aprovada por quórum de maioria:
a) simples, diferente da Emenda à Constituição.
b) absoluta, como a lei ordinária.
c) simples, como a lei ordinária.
d) absoluta, diferente da lei ordinária.

5) (Questão elaborada com base na prova da Esaf – Analista de Finanças e Controle – CGU – 2004) Analise as assertivas a seguir, relativas às normas constitucionais e inconstitucionais, poder de reforma e revisão constitucional e princípio hierárquico das normas, e marque com (C) as corretas e com (E) as erradas; em seguida, assinale a alternativa correta:
( ) Segundo o STF, é possível a declaração de inconstitucionalidade de normas constitucionais resultantes de aprovação de propostas de emenda à Constituição, desde que o constituinte derivado não tenha obedecido às limitações materiais, circunstanciais ou formais, estabelecidas no texto da CF/1988, pelo constituinte originário.
( ) A distinção doutrinária, entre revisão e reforma constitucional, materializou-se na CF/1988, uma vez que o atual texto constitucional brasileiro diferencia tais processos, ao estabelecer entre eles distinções quanto à forma de reunião do Congresso Nacional e quanto ao quórum de deliberação.
( ) A extrapolação, pelo Poder Executivo, no uso do seu poder regulamentar, caracteriza, segundo a jurisprudência do STF, uma ilegalidade e não uma inconstitucionalidade, uma vez que não há ofensa direta à literalidade de dispositivo da Constituição.

( ) Segundo a jurisprudência do STF, se uma lei complementar disciplinar uma matéria não reservada a esse tipo de instrumento normativo, pelo princípio da hierarquia das leis, não poderá uma lei ordinária disciplinar tal matéria.

( ) Segundo a CF/1988, a Constituição Estadual deverá obedecer aos princípios contidos na Constituição Federal, porém, nas matérias em que não haja setores legislativos concorrentes entre União e Estados, não haverá subordinação das leis estaduais às leis federais.

a) C, C, C, E, C.
b) E, E, E, E, C.
c) E, C, E, E, E.
d) C, C, E, C, E.
e) C, C, C, C, C.

6) Existe distinção entre lei complementar de caráter nacional e federal? Justifique.

7) A CF/1988 prevê explicitamente casos de veiculação em matéria tributária por meio de lei complementar. Há casos de exigência implícita?

Questões para reflexão

1) Uma lei ordinária federal é hierarquicamente superior a uma lei ordinária estadual?

2) (Cespe/UnB – Promotor de Justiça – MPE-RR – 2008) Se, no corpo de uma lei complementar destinada ao estabelecimento de normas gerais em matéria tributária, a União inserir norma aplicável apenas a ela própria e que se destine a definir

os contribuintes de certo impostos, poderá ela revogar aquela norma por meio de lei ordinária?

3) (Cesgranrio – Advogado – Petrobras – 2010) Compete exclusivamente à lei complementar, no direito tributário, regular as limitações constitucionais ao poder de tributar? Por que compete somente a essa lei e não à lei ordinária?

4) (Questão elaborada com base na prova da Fundação Carlos Chagas – Auditor-Fiscal de Tributos Estaduais – Sefin-RO – 2010) A Constituição Federal dispõe sobre lei complementar em matéria tributária dentro do Sistema Tributário Nacional. Quando isso compete à lei complementar?

5) (Questão elaborada com base na prova da Fundação Carlos Chagas – Agente Técnico Legislativo Especializado – AL-SP – 2010) Alguns tributos só podem ser instituídos por lei complementar, por disposição constitucional expressa. Quais desses tributos se enquadram nesta hipótese e por quê?

Consultando a legislação

Para desenvolver mais o conteúdo estudado neste capítulo, leia os arts. 24, § 4°, 69, 146, I, II, III, "a", "b", "c" e "d", 148, 150, VI, 153, VII, 154, I, 156, III, IV, "c", 195, § 4° da Constituição Federal de 1988, e da Lei Complementar n° 116/2003, art. 3°, I a XXII, e art. 4°, e, na íntegra, a Lei n° 8.620/1993 e a Lei n° 9.430/1996.

IV

Classificação dos tributos

Conteúdos do capítulo:

- » A importância de promover a classificação dos tributos;
- » Consequências jurídicas subordinadas a essa classificação;
- » Teorias quadripartida e quintipartida.

Os capítulos anteriores tiveram como objetivo levar ao conhecimento do leitor o sistema constitucional tributário, as garantias conferidas pelo legislador máximo nesta área e o importante papel que a lei complementar deve exercer dentro desse contexto. O presente capítulo, em consequência ao que foi estudado, tem o propósito de conhecer os tipos tributários existentes não só em face de suas pertinências, mas também pela avaliação de conformação de determinada exigência fiscal no seio do sistema constitucional. Portanto, promover a classificação tributária como forma de indagar o exato tratamento é medida relevante aos propósitos aqui encartados, isto é, na hipótese de determinado tributo ser tipificado como contribuição para o financiamento da seguridade social, certamente lhe será imputado regime jurídico específico, como a instituição somente por meio de lei complementar, conforme o art. 195, § 4º, da Constituição Federal, de 5 de outubro de 1988 (Brasil, 1988a). Não só isso. Nas palavras de José Eduardo Soares de Melo (2006, p. 146), "as classificações têm também peculiar implicação no que concerne aos princípios norteadores das figuras tributárias (capacidade contributiva para os impostos; remunerabilidade para as taxas; e proporcionalidade para as contribuições de melhoria)". Havendo classificação fiel aos preceitos constitucionais, você, leitor, da mesma forma, terá condições de avaliar se o veículo normativo utilizado está conforme tais diretrizes ou afronta a Carta Republicana. Logo, os tópicos "Classificação de acordo com a Constituição Federal de 1988", "Utilidade das teorias quadripartida/quintipartida" – precedente do Supremo Tribunal Federal (STF), "As espécies tributárias" (impostos, contribuições sociais, empréstimos compulsórios e taxas) com as respectivas características, bem como figuras anômalas, como preço público e pedágio, darão conta da extensão deste capítulo, como método para melhor identificar o que se entende por *legislação constitucional tributária*.

Por conseguinte, mais do que classificar, está-se a munir você, leitor, de outra ferramenta útil na eventual conformação da norma tributária impositiva em atenção aos ditames constitucionais.

Octávio Campos Fischer, ao discorrer sobre a devida atenção em classificar as espécies tributárias, revela a congruência científica do objeto de estudo na construção de conceitos:

> *Diante desse quadro de possibilidades, o jurista, ao analisar o seu objeto de estudo, deve perceber que não pode flutuar de uma concepção doutrinária para outra, a seu bel-prazer. Também, tem que estar consciente de que se faz necessário fixar um eixo sobre o qual irá construir todo o seu edifício de conceitos, visando torná-lo cada vez mais aperfeiçoado e completo.*

> *Ora, se, por um lado, a escolha dos mesmos não é livre para o cientista do Direito, pois deve manter-se fiel à postura teórica que delineou ao início de suas indagações. Tudo isso, sob pena de provocar-se um verdadeiro congestionamento de ideias, incompatíveis entre si.*
> *É bem verdade, no entanto, que, ao longo de suas teorizações, pode o cientista verificar que aquele ponto de partida inicialmente escolhido é inviável ou incorreto para uma boa elaboração científica. Aí, então, sempre terá a possibilidade de retornar a escolher outro. Entretanto, jamais sobre a mesma estrutura deverá colocar novas construções científicas.*
> *O mesmo se passa no campo das classificações dos tributos. O cientista do Direito não pode classificar as espécies tributárias misturando os critérios que tem ao seu dispor. Se escolher o critério da discriminação de rendas, não poderá no meio do caminho tentar fazer distinções entre os tributos com base no critério da competência.* (Fischer, 1999, p. 53)

Igualmente, Nicolau Konkel Júnior diz:

> *No Brasil, o interesse na classificação dos tributos não é apenas de ordem acadêmica, distante das consequências práticas que o tema pode despertar. O próprio Texto Constitucional adota uma classificação por elementos que entende relevantes e faz, daí, resultar consequências relativamente ao seu regime jurídico.* (Konkel Júnior, 2005, p. 119)

Aproveitando o conteúdo pedagógico de Fischer e de Konkel Júnior, inclinamo-nos a aceitar os tipos tributários dispostos na Constituição Republicana, de onde derivam os comandos norteadores de súdita legislação. O Código Tributário Nacional – CTN Lei nº 5.172, de 25 de outubro de 1966 (Brasil, 1966c), ao conceituar tributo, art. 3º* , deve, por esforço exegético sistemático, adequar-se à Magna Carta. Em mesmo rumo, os arts. 4º** e 5***, nos quais há indicação para investigar a natureza do tributo, mediante o fato gerador e a base de cálculo, havendo desprezo da denominação, da destinação legal e dos tipos tributários arrolados em apontado diploma legal, da mesma forma, devem se submeter ao que a Constituição Federal prescreve.

Leandro Paulsen, ao citar Geraldo Ataliba sobre a forma mais acertada em eleger esse critério, ressalta:

> *Geraldo Ataliba, no seu clássico Hipótese de Incidência Tributária, após dizer que o conceito de tributo cunhado pelo CTN adequa-se à noção de tributo que se pode extrair da análise do texto constitucional, critica o fato de o CTN tê-lo conceituado porque tal dá a impressão de que poderia tê-lo feito de forma diversa, alterando sua essência, quando, em verdade, o legislador não tem esse poder.* (Paulsen, 2002, p. 606)

Luciano Amaro, em igual sentido, ao cuidar das espécies tributárias, das inúmeras dificuldades encontradas em promover suas peculiaridades e distinções, bem como das variáveis utilizadas como traço distintivo, aponta o critério constitucional como veículo válido a promover a especificidade de cada exação:

> *Ademais, há situações em que a destinação do tributo é prevista pela Constituição como aspecto integrante*

---

* Art. 3º Tributo é toda prestação pecuniária compulsória, em moeda ou cujo valor nela se possa exprimir, que não constitua sanção de ato ilícito, instituída em lei e cobrada mediante atividade administrativa plenamente vinculada.

** Art. 4º A natureza jurídica específica do tributo é determinada pelo fato gerador da respectiva obrigação, sendo irrelevantes para qualificá-la: I – a denominação e demais características formais adotadas pela lei; II – a destinação legal do produto da sua arrecadação.

*** Art. 5º Os tributos são impostos, taxas e contribuições de melhoria.

> *do regime jurídico da figura tributária, na medida em que se apresenta como condição, requisito, pressuposto ou aspecto do exercício legítimo (isto, é constitucional) da competência tributária. Nessas circunstâncias, não se pode, ao examinar a figura tributária, ignorar a questão da destinação, nem descartá-la como critério que permita distinguir de outras a figura analisada.* (Amaro, 2006, p. 61)

E, ainda:

> *Em verdade, se a destinação do tributo compõe a própria norma jurídica constitucional definidora da competência tributária, ela se torna um dado jurídico, que, por isso, tem relevância na definição do regime jurídico específico da exação, prestando-se, portanto, a distingui-la de outras.* (Amaro, 2006, p. 77)

Ora, se é com base na Constituição Federal que se deve empreender os esforços argumentativos aptos a indagar a natureza jurídica dos tributos no sistema nacional, com as características de cada espécie tributária quando de sua juridicização, deve ser, de igual modo, fonte não só para examiná-los, mas também para classificá-los.

De qualquer maneira, não se está a negar outros critérios de classificação. Podemos, por exemplo, utilizar a hipótese de incidência aos tributos vinculados e não vinculados à atuação estatal. Dizemos *vinculados* quando há atividade estatal específica a justificar a ocorrência da hipótese de incidência (por exemplo: taxa e contribuição de melhoria) e não vinculado, quando não existe a contraprestação do Estado, na exigência de determinado tributo (por exemplo: imposto). Luiz Emygdio Franco da Rosa Júnior, ao mencionar Ricardo Lobo Torres, observa outro critério de classificação, utilizando como fundamento tributos contributivos e retributivos. Nesse sentido:

> *Ricardo Lobo Torres, levando em conta o princípio que preside os tributos, divide-os em contributivos e retributivos, nestes termos: "Tributo* contributivo *é o que encontra a sua justificativa primordial na capacidade contributiva (imposto); quando se basear no princípio custo/benefício ou da equivalência, como acontece com as taxas e as contribuições, classificar-se-á como tributo* comutativo *ou* retributivo". (Rosa Júnior, 2005, p. 487, grifo do original)

Muito embora descreva a doutrina de Ricardo Lobo Torres ao mencionar tal classificação, Rosa Júnior (2005) afirma que o jurista comentado adota a teoria quadripartida dos tributos, tomando como esteio os comandos emanados da CF/1988.

Considerando ainda outras classificações, Rosa Júnior (2005) aponta existirem outras, que podem utilizar outros critérios. Por exemplo: quanto à "discriminação de rendas: Tributos Federais, Estaduais e Municipais; quanto à competência impositiva: tributos privativos, comuns e residuais; quanto ao fim" (Rosa Júnior, 2005, p. 487-491).

Sendo assim, não se está a fazer qualquer avaliação extrajurídica, e, sim, acomodação às linhas constitucionais prescritas. Resta-nos, por conseguinte, examiná-la para promover a classificação tributária em razão de apontada e justificada atribuição. Dessa forma, o STF, como guardião da Superlei, por meio do escólio do Ministro Carlos Velloso (STF, 1992a), promoveu a classificação tributária com esses olhos, ou seja, partindo-se do topo da hierarquia das leis.

4.1 Classificação de acordo com a Constituição Federal de 1988

Os argumentos mencionados no tópico anterior revelam que o marco inicial deve ser a Carta Republicana para a melhor adequação de classificação. Não estamos a assegurar ser o julgamento mais correto nem tampouco sugerir equivocada a eleição de outros critérios para dividir os tipos tributários, trata-se apenas de um parâmetro de maior utilidade aos propósitos aqui avaliados.

Melo (2006) observa que a classificação tributária, tomando como apoio a Carta Magna, "não pode consistir na simples leitura do específico preceito do texto constitucional, impondo-se ao agente classificador o conhecimento amplo das espécies tributárias, segundo suas notas características, mediante harmônica e adequada sistematização" (Melo, 2006, p. 145).

Justificando o porquê dessa atenção, Melo (2006, p. 145) pontifica:

> *A circunstância de a Constituição de 1988 dispor (art. 145) que os tributos são "impostos, taxas e contribuições de melhoria" não é o suficiente para apreender todas as espécies tributárias contidas na Carta Magna. O texto contém diversos tipos de exações fiscais, com características especiais, como "empréstimos compulsórios" (art. 148, I e II) e contribuições especiais (arts. 7º, III, 149, 149-A, 195, § 1º, 212, § 5º, 239 e 240 e Emendas nºs 37/02, 39/02 e 42/03).*

Paulsen (2002), no mesmo sentido, relata:

> *O art. 145 da CF – que diz da competência da União, Estados, DF e Municípios para a instituição de impostos, taxas e contribuições de melhoria – não arrola taxativamente todas as espécies de tributos, que abrangem,*

ainda, o empréstimo compulsório e as contribuições especiais (sociais, de intervenção no domínio econômico e de interesse de categorias profissionais ou econômicas), conforme os arts. 148 e 149. (Paulsen, 2002, p. 32)

Sem dúvida, há tributos que, em razão de suas particularidades inatas – afetação, intervenção, destino e finalidade –, possuem tratamento constitucional diferenciado. Logo, se existem exações que estão a receber tratamento tributário diverso pela vontade do legislador constitucional, devem ter a sua classificação distinta das demais espécies. Como podemos verificar, a teoria quadripartida (impostos, taxas, contribuições e empréstimos compulsórios) atende à observação extraída do Texto Maior por sua melhor conveniência, uma vez que o art. 145 da CF/1988, ao prescrever a instituição de impostos, taxas e contribuição de melhoria, por meio da União, dos estados, do Distrito Federal e dos municípios, não encerra totalmente os tipos tributários existentes.

Paulsen (2002), lembrando Alberto Xavier quando tratou de raciocinar sobre os traços constitucionais da classificação dos tributos, observa:

A Constituição não procedeu, pois, a uma classificação, mas a uma tipologia de tributos, definindo uns por características atinentes à estrutura (impostos, taxas), outros por características ligadas à função (contribuições), outros por traços referentes simultaneamente a um ou outro dos citados aspectos (contribuição de melhoria) e outros ainda por aspectos de regime jurídico alheios quer à estrutura, quer à função, como é o caso dos empréstimos compulsórios. (Paulsen, 2002, p. 31-32)

Amaro (2006), por sua vez, endossa os fundamentos tecidos anteriormente ao afirmar:

O problema não é sobre qual seja o 'verdadeiro' critério técnico ou jurídico. É claro que, se o direito positivo ditar um critério, esse será o critério jurídico (positivo), o que não nos impedirá de examinar se ele é útil, técnico, adequado etc. Já vimos que o artigo 4º do Código Tributário Nacional quis dar um critério (e proibir outros), e demonstramos que esse preceito, além de não resistir à própria sistematização levada a efeito pelo Código, é insuficiente para distinguir todas as diferentes figuras previstas na Constituição. (Amaro, 2006, p. 68)

A citação de Amaro (2006) indica claramente não ser o CTN o meio mais adequado a promover a perfeita classificação a que estamos a querer identificar, ainda que no art. 5º identifique os tributos como impostos, taxas e contribuições de melhoria. De qualquer maneira, o que importa é promover a devida segregação das espécies tributárias, na exata medida de características próprias, isto é, adequada uniformização, no sentido de afastar qualquer incongruência de verdade.

4.2 Utilidade das teorias quadripartida/quintipartida – precedente do Supremo Tribunal Federal (STF)

O STF, como guardião da Carta Cidadã, teve a oportunidade de decidir sobre os tipos de contribuições. Desse modo, por influência jurisprudencial dessa Corte Suprema, utilizaremos mencionada classificação, muito embora como já dito, existam doutrinadores externando opiniões diversas sobre o tema, quando, por vezes, utilizam outros métodos de investigação para promover a devida classificação dos tributos.

Ainda que possamos revelar o grau de utilidade na adequação das espécies tributárias, é preciso promover seu enquadramento à carga de valorativa constitucional justamente para apurarmos com exatidão qual o regime tributário a que determinada exação deve se sujeitar.

Em consequência, isto é, retomando a escolha da corrente doutrinária classificatória quadripartida, convém, portanto, melhor esmiuçá-la, aproveitando o voto do então ministro do STF, Carlos Velloso, quando decidiu no Recurso Extraordinário nº 138.284/CE, de 1º de julho de 1992 (STF, 1992a):

> As diversas espécies tributárias, determinadas pela hipótese de incidência ou pelo fato gerador da respectiva obrigação (CTN, art. 4º) são as seguintes: a) os impostos (CF, arts. 145, I, 153, 154, 155 e 156); b) as taxas (CF, art. 145, II); c) as contribuições, que podem ser assim classificadas: c.1. de melhoria (CF, art. 145, III); c.2. parafiscais (CF, art. 149), que são: c.2.1. sociais, c.2.1.1. de seguridade social (CF, art. 195, I, II ,III), c.2.1.2. outras de seguridade social (CF, art. 195, § 4º), c.2.1.3. sociais gerais (o FGTS, o salário-educação, CF, art. 212, § 5º, contribuições para o Sesi, Senai, Senac, CF art. 240); c.3. especiais: c.3.1. de intervenção no domínio econômico (CF, art. 149) e c.3.2. corporativas (CF, art. 149). Constituem, ainda, espécie tributária: os empréstimos compulsórios (CF, art. 148).

Com efeito, a teoria quadripartida, conforme vimos, separa os tipos tributários em *impostos*, *taxas*, *contribuições* e *empréstimos compulsórios*. As contribuições de melhoria encaixam-se como subespécie de contribuições, divergindo, portanto, da teoria quinquipartida, que a coloca em tipo diverso. Aliás, somente como reforço de argumentação, o STF, por meio do Recurso Extraordinário nº 146.733-9, de 29 de junho de 1992, Relator Ministro Moreira Alves (STF, 1992b), acabou por abraçar a tese da teoria quintipartida, quando destacou a seguinte classificação: impostos, taxas, contribuição de melhoria, contribuições sociais e empréstimos compulsórios.

> *A teoria quadripartida separa os tipos tributários em* impostos, taxas, contribuições e empréstimos compulsórios.

De qualquer maneira, os comandos gerais emanados da CF/1988 conferem respostas pertinentes ao estudo da legislação tributária. Escolhido o critério e promovida a divisão, as consequências oriundas de referida escolha devem ser úteis a essa finalidade.

Assim exemplificando, as contribuições à seguridade social submetem-se ao princípio da anterioridade mitigada, necessária destinação do produto de arrecadação, as quais não partilham das receitas com estados, Distrito Federal e municípios, como ensinam Carlos César Sousa Cintra e Juraci Mourão Lopes Filho, ao tratarem das contribuições no sistema tributário brasileiro:

> *Uma análise do perfil das contribuições de que trata a CF/88 ratifica o nosso entendimento. A seguridade social (a que estão vinculadas as contribuições do art. 195) é um direito de segunda geração. Também relacionadas com direitos de segunda geração são as contribuições institucionais de categoria econômica e profissional (art. 149). Já a intervenção do domínio econômico (a que está ligada uma das contribuições do art. 149), com vistas a construir uma sociedade livre, justa e solidária, garantir o desenvolvimento nacional, erradicar a pobreza e a marginalização e reduzir as desigualdades sociais e regionais, promover o bem de todos, sem preconceitos de origem, raça, sexo, cor, idade e quaisquer outras formas de discriminação, apresenta-se como um direito fundamental de terceira geração.*
>
> *Então, sendo uma verdadeira espécie tributária autônoma, além dos preceitos inerentes ao que chamamos de "regime jurídico-constitucional-tributário mínimo", as contribuições sujeitar-se-ão a peculiaridades, regras e princípios (anterioridade nonagesimal, necessária destinação do produto da arrecadação, não partilha de receitas com estados, DF e municípios e etc.), ou seja, há um "regime jurídico-constitucional tributário específico".* (Cintra; Lopes Filho, 2003, p. 130-131)

Além de terem um regime específico, como ressaltado, há previsão constitucional, precisamente no art. 195, § 4º, de que poderá haver criação de nova contribuição para garantir a manutenção ou a expansão da seguridade social, desde que observada a redação do art. 154, I, da CF/1988, isto é, seja instituída mediante lei complementar.

Referida competência, dita residual, é bem apresentada na obra de Paulsen (2002, p. 532):

> *Competência residual: requisitos para o seu exercício. Remissão ao art. 154, I. O art. 195, § 4º, da Constituição Federal também autoriza a instituição de outras contribuições que não encontrem suporte nos incisos I a IV, desde que respeitada a técnica de exercício da competência residual posta no art. 154, I, da CF. Após acirrada discussão sobre o sentido da remissão feita pelo § 4º do art. 195 ao inciso I do art. 154 da CF, a matéria restou pacificada pelo Supremo Tribunal Federal que deixou claros os requisitos para instituição das novas contribuições de seguridade social residuais: 1) exigência de lei complementar; 2) não cumulatividade; 3) fato gerador e base de cálculo distintos das contribuições de seguridade já previstas no art. 195 (incisos I a IV).*

Trata-se, portanto, de mais um traço constitucional que deverá ser observado pelo legislador infraconstitucional, quando houver necessidade de promover alguma criação de contribuição à seguridade social.

Feitas as citadas considerações, ou seja, os fundamentos constitucionais para classificação tributária, levando-se em conta as linhas do subsistema constitucional respectivo e as interpretações decorrentes dessa premissa, convêm observarmos os tipos tributários e suas particularidades.

Impostos

Retira-se da CF/1988 o rol de impostos, a começar por aqueles de competência federal (art. 153):

» II – Imposto sobre Importação*;
» IE – Imposto sobre Exportação**;
» IR – Imposto sobre a Renda e Proventos de Qualquer Natureza***;
» IPI – Imposto sobre Produtos Industrializados****;
» IOF – Imposto sobre Operações de Crédito, Câmbio e Seguro, ou relativas a título ou valores mobiliários*****;
» ITR – Imposto sobre a Propriedade Territorial Rural******;
» IGF – Imposto sobre Grandes Fortunas, nos termos de lei complementar.

Com exceção do IGF, que está a ser instituído por meio de lei complementar, os impostos arrolados de competência da União Federal estão em pleno vigor. Há também as chamadas *competências residual* e *extraordinária*, impostos previstos no art. 154, I e II, respectivamente. Isto é, a União Federal poderá instituir, mediante lei complementar,

---

* Artigos 19 a 22 do Código Tributário Nacional. Decreto-Lei nº 37, de 18 de dezembro de 1966 (Brasil, 1966a). Decreto-Lei nº 2.472, de 1º de setembro de 1988 (Brasil, 1988b) e inúmeras leis esparsas.

** Artigos 23 a 28 do Código Tributário Nacional. Decreto-Lei nº 1.578, de 11 de outubro de 1977 (Brasil, 1977b).

*** Artigos 43 a 45 do Código Tributário Nacional. IRPF – Leis nº 7.713, de 22 de dezembro de 1988 (Brasil, 1988e), e nº 9.250, de 26 de dezembro de 1995 (Brasil, 1995f). IRPJ – Leis nº 8.981, de 20 de janeiro de 1995 (Brasil, 1995a), e nº 9.430, de 27 de dezembro de 1996 (Brasil, 1996c). Decreto nº 3.000, de 26 de março de 1999 (Brasil, 1999b), que regulamenta as referidas leis.

**** Artigos 46 a 51 do Código Tributário Nacional. Decreto nº 4.544, de 26 de dezembro de 2002 (Brasil, 2002e). Lei nº 4.502, de 30 de novembro de 1964 (Brasil, 1964b).

***** Artigos 63 a 67 do Código Tributário Nacional. Lei nº 5.143, de 20 de outubro de 1966 (Brasil, 1966b), Lei nº 7.766, de 11 de maio de 1989 (Brasil, 1989a), Lei nº 8.033, de 12 de abril de 1990 (Brasil, 1990c), Lei nº 8.894, de 21 de junho de 1994 (Brasil, 1994c), Lei nº 9.532, de 10 de dezembro de 1997 (Brasil, 1997c), Lei nº 9.718, de 27 de novembro de 1998 (Brasil, 1998c), Lei nº 9.779, de 19 de janeiro de 1999 (Brasil, 1999c), e Decreto nº 4.494, de 3 de dezembro de 2002 (Brasil, 2002d), regulamentam o IOF.

****** Artigos 29 a 31 do Código Tributário Nacional. Lei nº 9.393, de 19 de dezembro de 1996 (Brasil, 1996a). Decreto Regulamentador nº 4.382, de 19 de setembro de 2002 (Brasil, 2002c).

impostos não previstos no art. 153, desde que sejam não cumulativos e não tenham fato gerador ou base de cálculo próprio dos discriminados na CF/1988; o segundo (extraordinário), conforme o art. 154, II, em caso de "iminência ou no caso de guerra externa, impostos extraordinários, compreendidos ou não em sua competência tributária, os quais serão suprimidos, gradativamente, cessadas as causas de sua criação".

Os impostos de competência estadual e do Distrito Federal estão discriminados no art. 155 da CF/1988. São eles:

» ITCMD – Imposto sobre Transmissão *Causa Mortis* e Doação de quaisquer bens ou direitos*;
» ICMS – Imposto sobre Circulação de Mercadorias e Serviços e sobre prestações de serviços de transporte interestadual e intermunicipal e de comunicação**;
» IPVA*** – Impostos sobre a Propriedade de Veículos Automotores.

Os impostos municipais e do Distrito Federal estão previstos no art. 156 da CF/1988. São eles:

» IPVA – Impostos sobre a Propriedade de Veículos Automotores;
» IPTU**** – Imposto sobre a Propriedade Territorial e Urbana;
» ITBI – Imposto sobre a Transmissão *Inter Vivos* de Bens Imóveis por ato oneroso*****;
» ISSQN****** – Imposto Sobre Serviços de Qualquer Natureza, não compreendido o ICMS, definidos em lei complementar.

* Artigos 35 a 42 do Código Tributário Nacional. Dentro da outorga conferida a cada estado, há legislação específica.

** Leis Complementares nº 87, de 13 de setembro de 1996 (Brasil, 1996d), nº 100, de 22 de dezembro de 1999 (Brasil, 1999d), nº 102, de 11 de julho de 2000 (Brasil, 2000f), nº 114, de 16 de dezembro de 2002 (Brasil, 2002i), e nº 122, de 12 de dezembro de 2006 (Brasil, 2006a), e respectivas legislações estaduais e distrital.

*** Leis locais.

**** Leis locais.

***** Leis locais.

****** Lei Complementar nº 116, de 31 de julho de 2003 (Brasil, 2003d).

Características

Ainda que a Carta Cidadã possa autorizar a extração do conceito de tributo, como abordado no tópico do "Sistema constitucional tributário", nada impede de observarmos a redação contida no art. 16 do CTN, como norma geral credenciada a definir tributos e suas espécies, de acordo com o que foi estudado no Capítulo 3, caracterizando-os deste modo: "Art. 16. Imposto é o tributo cuja obrigação tem por fato gerador uma situação independente de qualquer atividade estatal específica, relativa ao contribuinte".

Verifica-se que a característica do imposto é a inexistência de qualquer contraprestação estatal, ou seja, não há ao contribuinte qualquer benefício específico ou vinculação orçamentária. É o que Eliana Calmon, sob a coordenação de Vladimir Passos de Freitas, ao comentar o art. 16 do CTN, bem elucida:

> *E isto porque o imposto tem caráter geral, sem vantagem específica para contribuinte. Essa é uma característica mais marcante da espécie de que se cuida, como manifestação maior do poder político que impõe um dever, de caráter geral, sem gerar, em contrapartida, benefício específico ou vinculação orçamentária.* (Calmon, 2004, p. 51)

Quando perguntado: O que diferencia as contribuições dos impostos, das taxas e das contribuições de melhoria? Paulsen (2002), discorrendo sobre a característica dos impostos, arrolando-os conforme disposição da CF/1988, afirma: "Em todos estes casos, temos referência à materialidade do fato gerador, consubstanciada em situações que dizem respeito exclusivamente ao contribuinte e não a qualquer atividade estatal" (Paulsen, 2002, p. 373).

Sim. Verdadeiramente, os impostos prescritos na Carta Magna notabilizam-se como exações voltadas à capacidade contributiva do agente econômico, não havendo qualquer contrapartida estatal a justificar sua cobrança. Em outras palavras, os "olhos" do sujeito ativo, autorizado a instituir determinado imposto, estão voltados ao sujeito passivo da relação tributária "mediante arrolamento de bases econômicas a serem tributadas, ou seja, de situações relativas ao contribuinte, reveladoras de capacidade contributiva" (Paulsen, 2002, p. 372).

Contrariamente às contribuições sociais marcadas pela finalidade, como critério de validação constitucional, novamente Paulsen (2002) reafirma esse entendimento. Diz ele:

As contribuições podem ter ou não vinculação, importando, para tanto, somente suas "finalidades".

> *Já no artigo 149 da Constituição Federal, há outorga de competência à União para a instituição de contribuições sociais, de intervenção no domínio econômico e de interesse das categorias profissionais ou econômicas, como instrumento de sua atuação nas respectivas áreas. Note-se que, no art. 149, inexiste referência à materialidade do fato gerador, mas, tão somente às finalidades que autorizam a instituição das contribuições especiais, de maneira que não há impedimento a que tenham fato gerador vinculado a uma atividade estatal nem a que tenham fato gerador não vinculado.* (Paulsen, 2002, p. 373)

Portanto, a diferença substancial entre impostos e contribuições, como já visto, é efetivamente a finalidade para suas respectivas instituições, ou seja, a destinação do produto arrecadado. É contrário ao traço que caracteriza os impostos em que a materialidade do fato gerador assenta-se no sujeito passivo da relação tributária. Observemos que, da mesma forma, a *contribuição* está para a finalidade, mas isso não significa dizer que haverá vinculação para sua criação. Melhor explicando, a vinculação está atrelada à atuação estatal, por isso se diz que, para a criação dos impostos, não existe dependência de qualquer atividade do Estado. As contribuições podem ter ou não vinculação, importando, para tanto, somente suas "finalidades".

Contribuições sociais *lato sensu*

Contrariamente ao que acontece com os impostos cuja topografia está bem identificada no Texto Constitucional, as contribuições sociais não gozam da mesma sorte, ou seja, estão na Carta Republicana, mas não necessariamente localizadas em seção específica dentro do sistema tributário nacional, com exceção de grande parte das contribuições à seguridade social assentadas no art. 195 da CF/1988, não exauridas nesse artigo. Prova disso é o PIS (Programa de Integração Social), prescrito no art. 239 da CF/1988. Da mesma maneira, como contribuição social geral, temos o salário-educação, disposto no art. 212, § 5º, da CF/1988, e a contribuição do adicional vinculado ao Fundo de Garantia do Tempo de Serviço – FGTS*. As contribuições de intervenção no domínio econômico, no mesmo rumo das outras, permeiam a Carta Republicana com artigos não sucessivos, como o Adicional ao Frete para a Renovação da Marinha Mercante – AFRMM e o Fundo Nacional de Desenvolvimento Científico e Tecnológico – FNDCT, prevendo determinada instituição conforme a possibilidade e a adequação nos termos da Carta Cidadã.

Pelo fato de se notabilizarem pela finalidade de suas instituições, há quem sustente a possibilidade de novas criações com esse perfil. Sendo assim, hipoteticamente, o Estado, ao demonstrar necessidade em instituir outras contribuições sob a justificativa propagada em razões sociais, desde que atendidos preceitos constitucionais afetos à espécie, pode criar novas contribuições? As respostas são inúmeras.

Hugo de Brito Machado, quando coordenou a coletânea de estudos jurídicos a respeito das contribuições no sistema tributário brasileiro, logo na apresentação de tais trabalhos ponderou sobre a possibilidade de admissão de criação de novas contribuições sociais gerais, além de outras expressamente previstas nos arts. 149,

* Instituição por meio da Lei Complementar nº 110, de 29 de junho de 2001 (Brasil, 2001h).

195, 212, § 5º, 239 e 240, opinando não ser possível a mencionada criação em face das redações dispostas nos arts. 154, I, e 195, § 4º, do Texto Maior. Esse autor afirma:

> *Não obstante já tenha o Supremo Tribunal Federal, a propósito das contribuições instituídas pela Lei Complementar nº 110, admitido a validade da instituição de contribuições sociais gerais, pensamos que a razão está com os que negam essa possibilidade.*
> *Afinal, o próprio Estado tem função social. Tudo o que o Estado realiza, pelo menos no plano do* dever ser, *volta-se para o social. Assim, é extremamente fácil para o governo justificar qualquer ação estatal com o argumento de que elas são desenvolvidas no interesse social. Em consequência, é extremamente fácil para o governo instituir as mais diversas contribuições sociais, passando a tê-las como fonte de custeio de quase todas as atividades estatais, de sorte a tornar praticamente prescindíveis os impostos.*
> *[...]*
> *Com a hipertrofia das contribuições, de cuja arrecadação não participam os estados nem os municípios, tende-se a abolir a Federação. E se caminha no sentido de tornar inútil o sistema de garantias constitucionais tributárias.*
> *Por isto pensamos que a Constituição Federal deve ser interpretada sem desconsideração para os elementos sistêmico e teleológico, atribuindo-se a seus dispositivos significados e alcance que não possibilitem tornar inúteis alguns deles. Em outras palavras, não devemos atribuir ao artigo 149 da Constituição Federal sentido e alcance capaz de permitir a inutilização de diversos dos mais importantes dispositivos dessa mesma Constituição.* (Machado, 2003, p. 9-10, grifo do original)

Assim, vemos que Machado (2003) tem razão, pois o Estado tem a função de promover o desenvolvimento social, ou seja, fazer valer as normas constitucionais programáticas sob tal contexto. Por isso, o art. 149 da CF/1988, como fonte de contribuições sociais gerais, deve ser compreendido com limitações. Caso não entendam dessa maneira, estará aberto um verdadeiro vertedouro para a criação de uma infinidade de contribuições com o mesmo escopo, sob o simples fundamento de que se trata de mais uma contribuição para atingir objetivos sociais do Estado, sem qualquer comprometimento em promover o repasse aos estados e aos municípios, ante a inexistência de suas participações. Logo, não se está a proibir novas fontes de custeio por meio de contribuições sociais, entre as quais estão aquelas destinadas à seguridade social, mas, sim, temperamentos no uso dessa competência.

É importante fazermos uma subdivisão das contribuições sociais *lato sensu*, com base na leitura do art. 149 da Superlei:

> Art. 149. Compete exclusivamente à União instituir contribuições sociais, de intervenção no domínio econômico e de interesse das categorias profissionais ou econômicas, como instrumento de sua atuação nas respectivas áreas, observado o disposto nos arts. 146, III, e 150, I e III, e sem prejuízo do previsto no art. 195, § 6°, relativamente às contribuições a que alude o dispositivo.

Justificamos contribuição social *lato sensu* porque comporta divisões, a teor do art. 149 da CF/1988. É dizer, existem cinco tipos de contribuições: contribuições sociais *stricto sensu*, subdividindo-se em contribuições sociais gerais e contribuições à seguridade social; de intervenção no domínio econômico; de interesse das categorias profissionais ou econômicas. Há, ainda, outra contribuição – quarto tipo – instituída mediante a Emenda Constitucional nº 39, de 19 de dezembro de 2002 (Brasil, 2002a), em que se lê*: "Art. 149-A.

* Leis locais municipais. Veja a doutrina de Pimenta (2003).

Os municípios e o Distrito Federal poderão instituir contribuição, na forma das respectivas leis, para o custeio do serviço de iluminação pública, observado o disposto no art. 150, I e III [Introduzindo o art. 149-A na CF/1988]".

Por último, há de considerar as contribuições de melhoria (CF/1988, art. 145, III) colocadas como espécie por conta dessa característica.

Quanto ao regime tributário, não há qualquer dúvida nessa assertiva. Melo (2003), ao citar Américo Lacombe, arremata:

> *o regime jurídico tributário dessas contribuições não se discute mais. Ora, tudo aquilo que está sujeito ao regime jurídico tributário é tributo. Se vamos classificar as instituições pelo regime jurídico ao qual elas são submetidas, e, evidentemente, essas contribuições têm a natureza jurídica de tributos.* (Melo, 2003, p. 82)

É superada, por conseguinte, a polêmica antes existente sobre a natureza jurídica das contribuições sociais. Importa, consequentemente, avançarmos nessa etapa de estudo, no sentido de dividi-las para melhor compreendê-las. Infere-se da Carta Magna, ao tratar das contribuições assim intituladas, que ela determinou regime tributário diferenciado, motivo pelo qual toda e qualquer avaliação de eventual tributação com esse perfil deve ser detalhadamente esmiuçada dentro de tais exigências e particularidades. Sendo assim, tomando de empréstimo a referida divisão, é necessário arrolá-las a fim de identificá-las no contexto da CF/1988, caracterizando-as de acordo com suas espécies e subespécies.

Contribuições sociais stricto sensu

As contribuições sociais em sentido menos abrangente, por isso, *stricto sensu*, subdividem-se em duas categorias – contribuições sociais gerais e contribuições destinadas à seguridade social –, em cujos estudos nos ocuparemos a seguir.

Contribuições sociais gerais

As contribuições a seguir discriminadas podem ser enquadradas como contribuições sociais gerais:

» Salário-educação (art. 15 da Lei nº 9.424, de 26 de dezembro de 1996 – Brasil, 1996b) – art. 212, § 5º, da CF/1988;

» Adicional ao Fundo de Garantia do Tempo de Serviço (Lei Complementar nº 110/2001)– art. 149 da CF/1988.

Características

As contribuições sociais gerais não estão sujeitas aos mesmos postulados dedicados às contribuições destinadas à seguridade social. Via de consequência, elas se submetem aos princípios gerais dos impostos, como princípios da legalidade e da anterioridade, nos mesmos termos das regras aplicáveis aos impostos. Marco Aurélio Greco é quem melhor sustenta a referida assertiva ao ponderar: "O artigo 149 impõe às contribuições não apenas a legalidade geral (artigo 5º, II), mas a legalidade estrita (artigo 150, I) tal como exigido para impostos, taxas e contribuição de melhoria. Impõe este grau maior de controle sobre a instituição, modificação e aumento de contribuições" (Greco, 2000, p. 171).

Com efeito, a relevância de classificação e a subdivisão das contribuições sociais aportam justamente na correta adequação na integração e na aplicação da norma constitucional voltada à espécie.

Contribuições sociais de seguridade social

As contribuições sociais destinadas à seguridade social são as seguintes:

» Contribuição para o Financiamento à Seguridade Social – Cofins – art. 195, I, "b", com a redação da Emenda Constitucional nº 20, de 15 de dezembro de 1998 (Brasil, 1998a);*
» Contribuição aos trabalhadores e segurados da previdência – art. 195, I, "a", com a redação da Emenda Constitucional nº 20/1998;**
» Contribuição Social sobre o Lucro – CSL*** – art. 195, I, "c";
» Contribuição sobre receitas de concurso e prognóstico – art. 195, III;****
» Contribuição sobre atividades rurais e pesca artesanal – art. 195, § 8º, com a redação da Emenda Constitucional nº 20/1998;*****
» Contribuição ao Programa de Integração Social – PIS – art. 239 da CF/1988;******
» Contribuição ao Programa de Integração de Formação do Patrimônio do Servidor Público – PASEP – art. 239, § 3º, da CF/1988;*******

* Lei Complementar nº 70, de 30 de dezembro de 1991 (Brasil, 1991d), Lei nº 9.718, de 27 de novembro de 1998 (Brasil, 1998c), Lei nº 10.833, de 29 de dezembro de 2003 (Brasil, 2003c) e Lei nº 10.865, de 30 de abril de 2004 (Brasil, 2004a).

** Lei nº 8.212, de 24 de julho de 1991 (Brasil, 1991a).

*** Lei nº 7.689, de 15 de dezembro de 1988 (Brasil, 1988c), Lei nº 8.981, de 20 de janeiro de 1995 (Brasil, 1995a), e Lei nº 9.065, de 20 de junho de 1995 (Brasil, 1991c).

**** Veja a doutrina de Velloso (2005).

***** Lei nº 8.212/1991, Lei nº 8.540, de 22 de dezembro de 1992 (Brasil, 1992b), e Lei nº 9.528, de 10 de dezembro de 1997 (Brasil, 1997b) (redação dada pela Lei nº 10.256, de 9 de julho de 2001 – Brasil, 2001e).

****** Lei Complementar nº 7, de 7 de setembro de 1970 (Brasil, 1970a), e Leis nº 7.691, de dezembro de 1988 (Brasil, 1988d), nº 7.689/1988, nº 7.714, de 29 de dezembro de 1988 (Brasil, 1988f), nº 8.019, de 11 de abril de 1990 (Brasil, 1990a), nº 8.218, de 29 de agosto de 1991 (Brasil, 1991b), nº 8.383, de 30 de dezembro de 1991 (Brasil, 1991c), nº 8.398, de 7 de janeiro de 1992 (Brasil, 1992a), nº 8.850, de 28 de janeiro de 1994 (Brasil, 1994a), nº 9.065/1995, nº 9.004, de 16 de março de 1995 (Brasil, 1995b), e nº 9.069, de 29 de junho de 1995 (Brasil, 1995d).

******* Lei Complementar nº 8, de 3 de dezembro de 1970 (Brasil, 1970b).

» Contribuição à previdência e assistência do funcionalismo público estadual, distrital e municipal – art. 149, § 1º;*
» Contribuição ao PIS não cumulativo, instituído por meio da Emenda Constitucional nº 42/2003;**
» Contribuição a COFINS não cumulativo, instituído por meio da Emenda Constitucional nº 42/2003.***

Características

Muito embora no item "Impostos", subitem "características", tenhamos feito breves considerações sobre a diferenciação entre um tipo tributário e outro, promovendo abordagem como o elemento diferenciador, importa, agora, focarmos na topografia constitucional e nas suas características, a fim de melhor conhecê-las.

As mencionadas contribuições sociais destinadas à seguridade social têm como finalidade promover o custeio da seguridade social, nas áreas voltadas à saúde, à previdência e à assistência social. Portanto, o princípio da anterioridade nonagesimal (Capítulo 2 – "Anterioridade nonagesimal – contribuições sociais à seguridade social") deve ser observado nessa categoria tributária. Ainda, caso ocorra nova instituição para fins de manutenção ou expansão da seguridade social, chamada de *competência residual da União Federal*, devemos observar o art. 195, § 4º, da CF/1988, ou seja, o veículo normatizador a promover a exigência tributária deve ser lei complementar. Outrossim, a marca permanente que dá suporte às contribuições sob exame é a sua finalidade. Sobre o tema (finalidade-afetação),

* Leis locais.
** Lei nº 10.637, de 30 de dezembro de 2002 (Brasil, 2002h).
*** Lei nº 10.833/2003.

Konkel Júnior, citando Hugo de Brito Machado, quando discorreu a respeito da inadequação da redação do art. 4º do CTN/1966* para fins de identificação classificatória das contribuições sociais, faz observações de destaque:

> *Com razão Hugo de Brito Machado quando diz que não faz sentido "...invocar a regra do art. 4º, do Código Tributário Nacional. Primeiro, porque não se trata de* destinação legal do produto da arrecadação, *mas de vinculação de órgãos específicos do Poder Público à relação jurídica com o respectivo contribuinte. Segundo porque, seja como for, não se pode contestar a prevalência da Constituição sobre o Código".*
> *Enfim, o que discrepa as demais espécies tributárias (com exceção do empréstimo compulsório) e as contribuições especiais é justamente o fato de que, enquanto em relação àquelas há vedação Constitucional (artigo 167, IV) e legal (artigo 4º, II, CTN) de afetar a receita, estas últimas só se legitimam pela destinação do produto de suas arrecadações a fins específicos que a própria Constituição impõe (artigo 149).* (Konkel Júnior, 2005, p. 130-131, grifo do original)

Do mesmo modo, não bastasse a finalidade como característica reconhecida pela Carta de 1988, esta estabeleceu, mediante o art. 195, materialidades e limitações a serem rigorosamente observadas pelo legislador ordinário, para legitimar eventual instituição de contribuições com tal característica. Nesse rumo, confira a doutrina de Márcio Severo Marques, para quem:

---

* O artigo em referência trata da irrelevância para sua qualificação, dentre outras descrições, a destinação legal do produto de sua arrecadação. Veja a redação: "Art. 4º. A natureza jurídica específica do tributo é determinada pelo fato gerador da respectiva obrigação, sendo irrelevantes para qualificá-la: [...] II – a destinação legal do produto da sua arrecadação".

> *As contribuições sociais, dentre outras, são aquelas destinadas ao financiamento da seguridade social. Sua razão de ser (não mencionada no art. 149), bem como a específica destinação do produto de sua arrecadação, estão explicitados pelo transcrito dispositivo constitucional, que também nos fornece outras diretrizes necessárias à identificação desta (sub)espécie tributária, no âmbito do sistema positivo brasileiro.*
> *Deveras, o referido art. 195 (seus incisos e parágrafos) veicula normas de estrutura que informam e delimitam competência impositiva outorgada à União para a instituição de contribuições destinadas à seguridade social, de forma que devem ser atendidas pelo legislador ordinário para a legítima imposição do gravame.*
> *Realmente, quanto a esta sub(espécie) impositiva, a Constituição estabeleceu, dentre outras diretrizes, as materialidades e bases de cálculo autorizadas, além de exigir, como condição de validade da norma tributária, a previsão legal da destinação do produto de sua arrecadação para a seguridade social, visando seu financiamento e expansão.* (Marques, 2000, p. 197)

Sob esse raciocínio, portanto, devemos empreender o conhecimento dessa complexa teia tributária nacional e, acima de tudo, perceber se existem outras diretrizes afetas às contribuições em foco, ou seja, ainda que o art. 149 da CF/1988 faça referência às contribuições sociais, há outras, como é o caso em estudo, cujos tratamentos constitucionais são diversos daqueles tidos como gerais. Não só isso. Paulo Ayres Barreto, ao discorrer a respeito de tais características, alerta sobre a carga valorativa que se deve considerar tão somente às contribuições à seguridade social, ao invocar o princípio da solidariedade, para quem:

> *O artigo 195 da Constituição Federal de 1988 preceitua que a seguridade social será financiada por toda a sociedade, de forma direta ou indireta, nos termos da lei, mediante recursos orçamentários dos entes tributantes e das contribuições que elenca. Dessa dicção constitucional deflui o princípio da solidariedade.* (Barreto, 2006, p. 132)

Pelo que podemos estudar da citação em destaque, Barreto (2006) sugere a aplicação do princípio da solidariedade como forma de justificar o custeio de toda a sociedade, sendo que a responsabilidade social permeia o sacrifício de todos ao financiá-la, pelo valor que representa. É dizer, vetor dessa forma, que a União poderá instituir contribuições com tal perfil, sustentando a solidariedade como valor a ser preservado. Mais adiante, todavia, Barreto (2006) ressalta a mitigação desse princípio às limitações ao dever de tributar. Confira:

> *O vetor solidariedade que, ressalte-se, só vem referido para as contribuições destinadas à seguridade social, tem sua abrangência reduzida por uma série de prescrições constitucionais que enfeixam as condições para se instituir e exigir contribuições. Se se pretende exigir verdadeira contribuição, é forçoso verificar se aqueles traços mínimos reconhecidos para essa espécie tributária estão presentes, se o grupo está identificado, se a fonte de custeio total é compatível com o benefício ou serviço (artigo 195, § 5º da Constituição Federal); se o critério de rateio desse custo é adequado, e assim por diante.* (Barreto, 2006, p. 133)

Não há como dissociar os princípios gerais expressos na CF/1988 em relação às contribuições à seguridade social, ainda que a solidariedade venha a calibrar os valores constitucionais limitadores ao poder de tributar. Em outras palavras, a ponderação na incidência do princípio da solidariedade deve ser considerada em face de seu contexto geral, ainda que tenha alto valor significativo, assim como os princípios de proteção ao exercício de tributação. Tal tarefa realmente não é fácil de equilibrar. Sob esse prisma, veja a lição de Greco (2000, p. 167):

> *O primeiro ponto a considerar diz respeito à maneira pela qual vemos a tributação. Se visualizarmos o tributo como um fenômeno de agressão ao patrimônio individual, a concepção relativamente às limitações é uma. Desta ótica, seriam amarras que devemos pôr contra um agressor.*
> *Por outro lado, se enxergarmos o tributo como instrumento ou decorrência do princípio da solidariedade social, que está consagrado no artigo 3º da Constituição, que corresponde a um dos princípios fundamentais do Estado Democrático de Direito, então as limitações serão vistas de outra forma.*
> *A meu ver, não se trata nem de um nem de outro; ou, nem é totalmente uma agressão, nem é totalmente um desdobramento da solidariedade. Entendo que não se pode enxergar o tributo apenas como um fenômeno de atingimento do patrimônio individual, independente da nossa vontade, mas também não podemos enxergá-lo só como instrumento, ou decorrência do princípio da solidariedade social. Porque, se fosse assim, tudo poderia ser feito sob a capa da invocação da solidariedade, e nenhuma restrição haveria ao exercício das competências constitucionais.*

O argumento do notável jurista revela a preocupação que se deve ter na instituição de determinado tributo. Notadamente, quanto à contribuição à seguridade social, o princípio da solidariedade tem esse "peso" que deve ser levado em conta, não há dúvida sobre isso. O problema no mais das vezes repousa na contraprestação estatal, isto é, pelo fato de se caracterizar pela finalidade, certamente o contribuinte, ao observar os serviços públicos oferecidos, nas áreas de saúde, assistência e seguridade, percebe que estes não traduzem o grau de expectativa depositada em aludida contraprestação.

Com efeito, conforme as características que carregam – alto grau valorativo e subjetivo –, os princípios gerais e específicos devem ser bem equilibrados, acima de tudo, no tempo, para que o sentimento de justiça social seja aplicado de maneira eficaz. Por outro lado, a solidariedade deve ceder ainda muito campo às limitações constitucionais ao dever de tributar, até que os serviços prestados ou colocados à disposição dos cidadãos, em tais finalidades, sejam atendidos adequadamente.

Contribuições interventivas no domínio econômico

São contribuições de intervenção no domínio econômico:

- » Adicional ao Frete para a Renovação da Marinha Mercante – AFRMM* – CF/1988, art. 149, art. 155, § 2º, IX. Ato das Disposições Constitucionais Transitórias – ADCT, art. 36;
- » Programa de estímulo à integração universidade-empresa para o apoio à inovação – art. 218 da CF/1988;**
- » Fundo de Universalização dos Serviços de Telecomunicações – FUST – art. 21, XI e XII, a, da CF/1988;***
- » Fundo para o Desenvolvimento Tecnológico das Telecomunicações – Funtel – art. 21, XI e XII, a, da CF/1988;****
- » Contribuição ao Sebrae;*****
- » Contribuição ao Incra.******

---

* Lei nº 10.893, de 13 de julho de 2004 (Brasil, 2004b).

** Lei nº 10.168, de 29 de dezembro de 2000 (Brasil, 2000e), e Lei nº 10.332, de 19 de dezembro de 2001 (Brasil, 2001f). Decretos nº 3.949, de 3 de outubro de 2001 (Brasil, 2001d), e nº 4.195, de 11 de abril de 2002 (Brasil, 2002b).

*** Lei nº 9.998, de 17 de agosto de 2000 (Brasil, 2000c). Decreto nº 3.624, de 5 de outubro de 2000 (Brasil, 2000b).

**** Lei nº 10.052, de 28 de novembro de 2000 (Brasil, 2000d). Decreto nº 3.737, de 30 de janeiro de 2001 (Brasil, 2001c).

***** Lei nº 8.029, de 12 de abril de 1990 – Brasil, 1990b (Posteriormente alterada pela Lei nº 8.154, de 12 de abril de 1990 – Brasil, 1990d).

****** Lei nº 2.613, de 23 de setembro de 1955 (Brasil, 1955), e legislações posteriores.

Características

Não se perca de vista, leitor: as mencionadas contribuições igualmente são marcadas pela finalidade específica, havendo, por isso, chancela constitucional apta às respectivas criações por meio de lei ordinária. Melo (2006), ao discorrer sobre as referidas imposições, notadamente quanto ao critério de criação, isto é, a ancoragem para a respectiva instituição deve repousar nos princípios gerais da atividade econômica, dispostos nos arts. 170 a 181 da CF/1988, bem observa:

> *As contribuições interventivas têm por âmbito o domínio econômico, cujo conceito não é de fácil compreensão e delimitação, devendo ser examinadas na Constituição Federal as inúmeras ingerências do Estado na esfera econômica – abrangendo (a) os serviços públicos, (b) o poder de polícia, (c) as obras públicas, (d) as atividades monopilizadas, (e) a excepcional exploração direta da atividade econômica, (f) a regulação da economia –, contrapostas às situações em que se outorga a liberdade para a atuação dos particulares.* (Melo, 2006, p. 107)

Nesse rumo de ideias, os citados tributos devem ser servis ao que está disposto no art. 149 da CF/1988 porque, como já estudado, o exercício da competência tributária outorgada aos entes políticos (União, estados, Distrito Federal e municípios) deve estrita obediência aos limites previstos pelo legislador constitucional, como condição de validade na criação de tributos. Esse fundamento argumentativo marca presença permanente nas contribuições de intervenção de domínio econômico. Sob esse aspecto de raciocínio, Leandro Paulsen e Andrei Pitten Velloso, ao dedicarem estudo em seu artigo intitulado *Controle das contribuições interventivas e sociais pela sua base econômica: a descurada especificação do seu objeto pela EC 33/01 e os seus reflexos tributários*, notadamente no que toca à materialidade possível das contribuições interventivas e sociais gerais no regime da Emenda Constitucional nº 33, de 11 de dezembro de 2001 (Brasil, 2001b), destacam:

> *A técnica da vinculação a uma materialidade específica consiste na especificação da base econômica (objeto) do tributo a ser criado. Ao utilizá-la, a Constituição restringe a competência conferida à tributação de um determinado fato-signo de capacidade contributiva. É por tal razão que, quando se utiliza essa técnica, atribuindo-se competências mediante o emprego de conceitos que indicam as materialidades sujeitas à imposição, a tributação deverá, necessariamente, fundar-se em tais conceitos e, demais disso, ater-se aos seus limites semânticos.* (Paulsen; Velloso, 2008, p. 19)

Delimitada a observação quanto ao traço verdadeiramente originário aplicado às contribuições de intervenção no domínio econômico, convém dizer que, após a EC nº 33/2001, ocorreram modificações de relevo no sistema constitucional tributário. Entre as mudanças ocorridas, a EC nº 33/2001 trouxe em seu conteúdo a base de cálculo para a respectiva incidência tributária, a saber: o faturamento, a receita bruta ou o valor da operação e, ocorrendo a importação, o valor aduaneiro. Reproduzimos, a seguir, o texto constitucional alterado pela EC nº 33/2001:

> Art. 149. Compete exclusivamente à União instituir contribuições sociais, de intervenção no domínio econômico e de interesse das categorias profissionais ou econômicas, como instrumento de sua atuação nas respectivas áreas, observado o disposto nos arts. 146, III, e 150, I e III, e sem prejuízo do previsto no art. 195, § 6º, relativamente às contribuições a que alude o dispositivo.
>
> [...]

> § 2° – As contribuições sociais e de intervenção no domínio econômico de que trata o caput deste artigo: (Incluído pela Emenda Constitucional n° 33, de 2001)
>
> [...]
>
> III – poderão ter alíquotas: (Incluído pela Emenda Constitucional n° 33, de 2001)
>
> a) ad valorem, tendo por base o faturamento, a receita bruta ou o valor da operação e, no caso de importação, o valor aduaneiro; (Incluído pela Emenda Constitucional n° 33, de 2001)
>
> b) específica, tendo por base a unidade de medida adotada. (Incluído pela Emenda Constitucional n° 33, de 2001).

Dessa forma, toda e qualquer contribuição enquadrada como de intervenção no domínio econômico deve, após a EC nº 33/2001, submeter-se à sua confirmação. Não é dado ao legislador ordinário, a pretexto de exercer a competência constitucional de criar contribuição com esse traço, exigir contribuição elegendo como base de cálculo fatos signos presumíveis de riqueza diversos daqueles já registrados (faturamento, receita bruta/valor da operação e valor aduaneiro).

Numa rápida avaliação das contribuições indicadas anteriormente, o AFRMM tem como base de cálculo o frete de mencionada exigência. O frete, segundo a redação do art. 5º da lei instituidora (Lei nº 10.893, de 13 de julho de 2004 – Brasil, 2004b), é a remuneração do transporte aquaviário. O § 1º do mesmo artigo detalha a expressão *remuneração* como sendo:

> § 1° Para os fins desta Lei, entende-se por remuneração do transporte aquaviário a remuneração para o transporte da carga porto a porto, incluídas todas as despesas portuárias com a manipulação de carga, constantes do conhecimento de embarque ou da declaração de que trata o § 2° do art. 6°desta Lei, anteriores e posteriores a esse transporte, e outras despesas de qualquer natureza a ele pertinentes.

Note-se que, além de a lei detalhar o que se entende por *remuneração*, acrescentou todas as despesas constantes no conhecimento de embarque. Com isso, levantamos a seguinte questão: Os serviços de frete e de prestação de serviço de transporte podem ser tipificados como faturamento, receita bruta/valor da operação ou valor aduaneiro, para fins de legitimação de cobrança? Em outras palavras, o valor da operação pode ser entendido como o que se paga a título de frete com todos os encargos? Se você, leitor, entender que sim, a cobrança instituída pela lei será constitucional. Do contrário, será inconstitucional.

O mesmo ocorre com a contribuição destinada a estimular o desenvolvimento tecnológico brasileiro, mediante programas de pesquisas científica e tecnológica cooperativa entre universidades, centros de pesquisa e setor produtivo. A mencionada contribuição, nos termos do art. 2º, § 3º da Lei nº 10.168/2000 (com a redação da pela Lei nº 10.332/2001), incidirá sobre os valores pagos, creditados, entregues, empregados ou remetidos, a cada mês, a residentes ou domiciliados no exterior, a título de remuneração decorrente das obrigações indicadas no *caput* e no § 2º desse mesmo artigo. Nos mesmos termos avaliados, caso ocorra o entendimento de que o valor da operação prescrito pelo legislador constitucional reflete o que se entende por valor pago a título de transferência de tecnologia, licença de uso ou adquirente de conhecimentos tecnológicos, a cobrança é compatível com os ditames insertos na Constituição Federal. Há de se descartar os fatos signos de riqueza – faturamento e valor aduaneiro – na presente avaliação, porque estranhas à comparação ora trabalhada. É dizer que o que se compara aqui é o valor da operação, como grandeza econômica a justificar a cobrança tal como prevista em lei (Lei nº 10.168/2000 e respectiva alteração) e conforme redação contida no art. 149, III, "a", da Superlei.

As legislações que exigem os chamados *Fundo de Universalização dos Serviços de Telecomunicação* – Fust e *Fundo de Desenvolvimento Tecnológico das Telecomunicações* – Funttel preveem incidências das respectivas contribuições sobre a receita operacional bruta, havendo, para tanto, lastro constitucional para legitimar a sua cobrança, dada a identidade de base de cálculo com o que foi previsto pelo art. 149, § 2º, III, "a", da CF/1988.

As duas últimas contribuições (destinadas ao Serviço Brasileiro de Apoio às Micro e Pequenas Empresas – Sebrae e ao Instituto Nacional de Colonização e Reforma Agrária – Incra) merecem maior atenção, porque as legislações criadoras de mencionadas exigências estabeleceram como base de cálculo a folha de salários (alíquota de 0,6% e 0,2%, respectivamente) como critério material das ditas contribuições. Ora, pelo que foi observado, as contribuições de intervenção no domínio econômico, após a alteração da CF/1988 pela EC nº 33/2001, ao elegerem as bases imponíveis hábeis (faturamento, receita bruta e valor da operação) para serem obedecidas pelo legislador ordinário, não os fez somente a título de orientação sugestiva.

Com efeito, as exigências fiscais criadas antes de promulgação da EC nº 33/2001 não foram por ela recepcionadas, dada a incompatibilidade de base de cálculo. Em outras palavras, a folha de salários não pode ser considerada faturamento, receita bruta ou valor da operação, fatos signos criados por meio da EC nº 33/2001.

Mais uma vez, é importante analisarmos os ensinamentos de Paulsen e Velloso sobre o tema:

> *Sempre que advém uma alteração constitucional, é imperativo que se realize juízo de compatibilidade material do direito anterior com a nova ordem constitucional. Verifica-se, assim, a recepção ou não, pelo novo texto, da legislação infraconstitucional até então vigente. A não recepção implica revogação, de modo que pode ser*

reconhecida por qualquer turma dos tribunais, não estando sujeita à reserva de plenário prevista no art. 97 da CF. Ademais, não admite modulação temporal, ou seja, produz efeitos desde a data de vigência da emenda. Exemplos de contribuições não recepcionadas pela EC 33/01 são as contribuições ao Incra e ao Sebrae, chamadas de contribuições "a terceiros", pois fiscalizadas, lançadas e cobradas pela RFB juntamente com as contribuições previdenciárias, mas destinadas ao Incra e ao Sebrae.

Ambas são consideradas contribuições de intervenção no domínio econômico, conforme entendimento do STJ e do STF (respectivamente), e incidem sobre a folha de salários.

Tendo em conta que foram instituídas anteriormente à EC 33/01 e que com esta não guardam adequação material, não há interpretação possível que as preserve. Dito em outros termos, por sua incompatibilidade com o art. 149, parágrafo 2º, a, da CF, acrescido pela EC 33/01, a incidência de contribuição de intervenção no domínio econômico sobre a folha de salários (que não é faturamento, não é receita bruta nem valor da operação) não foi recepcionada por tal Emenda.

Impende reconhecer, pois, a revogação de tais tributos, sendo certo, ainda que o mesmo juízo de recepção pode e deve ser realizado relativamente às demais contribuições sociais e interventivas vigentes quando do advento da EC 33/01, de modo a verificar se ainda permanecem em vigor ou se restaram revogadas. (Paulsen; Velloso, 2008, p. 24-25)

O ensinamento de Roque Antônio Carrazza, em artigo denominado *Contribuições de intervenção no domínio econômico: perfil constitucional – inexigibilidade da contribuição ao Incra – questões conexas*, adotando um entendimento idêntico no que toca à contribuição ao Incra, atesta:

> *A EC nº 33/2001 detalhou o perfil constitucional das contribuições interventivas, que, agora, devem obedecer a regras mais específicas do que aquelas que vigoravam desde a promulgação da Carta de 1988. Assim, por exemplo, apontou-lhes tanto as bases de cálculo possíveis, como as alíquotas possíveis, restringindo a liberdade de ação do legislador federal (que nesse campo, era ampla), e expulsando, do sistema normativo, as leis que dispunham de forma contrária.*
>
> *Com efeito, a partir da promulgação desta emenda constitucional, as alíquotas e as bases de cálculo das Cides já não podem levar em conta fatores de ordem subjetiva, vale dizer, referentes às pessoas que praticam operações jurídicas, mas, pelo contrário, devem obrigatoriamente submeter-se a precisos critérios de ordem material.* (Carrazza, 2010, p. 121)

Mais adiante, em cristalina afirmação, o autor expõe:

> *II – A partir da entrada em vigor da EC nº 33/2001, as contribuições interventivas, quando tiverem alíquotas* ad valorem, *devem alcançar o faturamento, a receita, o valor da operação ou o valor aduaneiro. Ou se preferirmos, as Cides devem agora ter por base de cálculo apenas estas manifestações de capacidade contributiva do sujeito passivo.*
>
> *Quis o constituinte derivado que o critério quantitativo das contribuições interventivas, quando fosse* ad valorem, *não mais navegasse ao sabor da vontade do legislador ordinário da União, pelo contrário, ficasse circunscrito às precitadas bases tributáveis.* (Carrazza, 2010, p. 121, grifo do original)

Essa deve ser a interpretação mais adequada com os comandos expressos no sistema constitucional tributário, na medida em que inibem o legislador ordinário na instituição de exações, quando fixam parâmetros objetivos aptos a serem obedecidos, sob pena de inconstitucionalidade material.

A discussão, porém, não para por aí. Há quem sustente argumentação diversa, como não poderia deixar de ser. Luciano Dias Bicalho Camargos sustenta a proposta de que, mesmo com o advento da EC nº 33/2001, não foi afastada a contribuição ao Incra, em face de sua inconformidade com a base de cálculo. Para esse autor, a característica da contribuição de intervenção no domínio econômico faz com que o Estado possa instituir tributo com essa característica diante de sua necessidade, ocasião em que cita jurisprudência nesse sentido. Assim, afirma Carmargos:

> *Não é outro entendimento do TRF da 4ª Região, em decisão prolatada nos Embargos Infringentes n. 2005.71.08.005539-6/RS, por sua primeira Seção, que fixa que a EC n. 33/01 não retirou a exigibilidade da contribuição para o Incra, uma vez que não afastou a possibilidade de utilização de outras fontes de receita, em face da sistemática das contribuições interventivas, pois o campo econômico, no qual o Estado poderá necessitar intervir, sempre se mostrou ágil e inovador, modificado-se continuamente os elementos sobre os quais as contribuições poderão incidir.* (Camargos, 2008, p. 76)

A toda evidência, opiniões divergentes sempre existirão. Contudo, o estudo aqui propugnado tem como fundamento expor a você, leitor, a complexa malha da legislação tributária brasileira, os fundamentos que a sustentam e a dinâmica contextual, de maneira a facilitar a compreensão, o estudo e as respectivas argumentações descritivas, em cuja fronteira sempre haverá ponto de tensão entre o Estado e o contribuinte.

Contribuições de interesse das categorias profissionais ou econômicas – arts. 149, *caput*, e 240 da Constituição Federal de 1988

Encaixam-se nas exações com esse perfil as contribuições pagas aos conselhos federais das respectivas profissões liberais, como o Conselho Regional de Odontologia – CRO, o Conselho Regional de Medicina – CRM, a Ordem dos Advogados do Brasil – OAB, o Conselho Regional de Contabilidade – CRC etc. Da mesma forma, contribuições ao Serviço Social do Comércio – Sesc, ao Serviço Nacional de Aprendizagem Comercial – Senac, ao Serviço Social do Transporte – Sest, ao Serviço Nacional de Aprendizagem do Transporte – Senat, ao Serviço Social da Indústria – Sesi, ao Servico Nacional de Aprendizagem Industrial – Senai, ao Serviço Nacional de Aprendizagem do Cooperativismo (Sescoop) e ao Serviço Nacional de Aprendizagem Rural – Senar.

A última contribuição – Senar – tem lá sua incompatibilidade dentro do contexto tributário nacional. É que, como todos os tributos, deve submeter-se aos princípios insertos na Carta Republicana para viabilizar sua validade, ou seja, sua conformação com as regras lá dispostas. Sem esse fundamento, padece do vício da inconstitucionalidade.

Deve-se, porquanto, iniciar a avaliação da contribuição ao Senar com base na redação contida no art. 62 do Ato das Disposições Constitucionais Transitórias – ADCT da CF/1988:

> Art. 62. A lei criará o Serviço Nacional de Aprendizagem Rural (Senar) nos moldes da legislação relativa ao Serviço Nacional de Aprendizagem Industrial (Senai) e ao Serviço Nacional de Aprendizagem do Comércio (Senac), sem prejuízo das atribuições dos órgãos públicos que atuam na área.

As ditas contribuições ao Senai e ao Senac têm como base de cálculo a folha de salários dos sujeitos passivos da relação tributária, ou seja, para aquelas pessoas jurídicas que desenvolvem suas atividades industriais e que não se enquadram como sujeitas ao simples federal, devem recolher ao Senai a alíquota de 1% sobre a folha de salários. Já para as pessoas jurídicas que exercem atividades comerciais, excluindo-se, por conseguinte, as que estão enquadradas no simples, devem recolher ao Senac alíquota de 1% sobre a folha de salários. Ora, quando o legislador constitucional determinou a criação de exigência ao Senar, nos mesmos moldes das contribuições ao Senai e ao Senac, certamente preservou a redação contida no art. 240* da Constituição Federal, em que se prevê a contribuição dos empregadores sobre a folha de salários.

A Carta Republicana goza de franca supremacia diante dos demais veículos normativos.

Sendo assim, a legislação instituidora da contribuição ao Senar só deve prever aludida exigência utilizando como base tributável a folha de salários e, acima de tudo, deve observar os ditames do art. 62 da ADCT em atenção ao que está previsto no art. 240 da CF/1988. No entanto, o empregador rural pessoa jurídica e o empregador pessoa física, nos termos da Leis nº 8.540/1992, nº 8.870, de 15 de abril de 1994 (Brasil, 1994b), e nº 10.256/2001, devem recolher a contribuição ao Senar sobre o resultado da produção agrícola. Vale dizer, houve migração de base de cálculo (folha de salários – resultado da produção agrícola) da examinada contribuição ao sabor de lei infraconstitucional. Diante de tudo o que foi dito nos capítulos anteriores, retira-se que a Carta Republicana goza de franca supremacia diante dos demais veículos normativos. Logo, não se pode conceber que uma lei ordinária possa "alterar" prescrições oriundas do sistema constitucional tributário, quando simplesmente promove a mudança

* Art. 240. Ficam ressalvadas do disposto no art. 195 as atuais contribuições compulsórias dos empregadores sobre a folha de salários, destinadas às entidades privadas de serviço social e de formação profissional vinculadas ao sistema sindical.

de base econômica para outra. Se isso fosse possível, não haveria necessidade em promover alterações na CF/1988 mediante emenda constitucional, porque lei ordinária poderia ocupar-se disso.

A pretensão em referência tem como argumento maior a atenção que você, leitor, deve ter ao debruçar-se sobre qualquer exigência fiscal. Você deve observar e fazer uma avaliação criteriosa para sujeitar-se ao ônus imposto pelo legislador, por meio do tributo cobrado ou irresignar-se, na hipótese de inconformismo com os preceitos tributários constitucionais, promovendo, com isso, a defesa de seus interesses judicialmente. O alerta tem como proposta o desenvolvimento pleno do exercício da cidadania, uma vez que ao Poder Público temos o dever de recolher os tributos a que estamos sujeitos, na mesma proporção em que podemos apresentar insatisfação quando alguma garantia constitucional foi infringida, levando, na maioria das vezes, ao questionamento de determinada exigência fiscal.

Características

Em arremate às contribuições vistas, isto é, as contribuições sociais, de intervenção no domínio econômico e de interesse nas categorias profissionais – previstas no art. 149 da Superlei e chamadas por alguns de *contribuições parafiscais* – elas têm como característica comum a possibilidade de transferência da capacidade ativa à pessoas públicas ou privadas que exerçam finalidades de interesse público. Reforçamos que essa particularidade é comum nessas exações.

Melo (2007), ao falar sobre o tema, invoca a doutrina de Carrazza, ao perfilhar o seguinte ensinamento:

> *A arrecadação tributária é feita, em geral, pelo órgão destinatário do tributo, por meio de seus competentes órgãos. Nada impede, porém, que tal incumbência seja confiada a uma pessoa qualquer (pública ou privada), estranha à organização administrativa do mesmo. Conclui tratar-se do fenômeno da "parafiscalidade",*

definindo-o, mais especialmente, como "a atribuição, pelo titular da competência tributária, mediante lei, de capacidade tributária ativa a pessoas públicas ou privadas (que persigam finalidades públicas ou interesse público) diversas do ente impositor, que, por vontade dessa mesma lei, passam a dispor do produto arrecadado para consecução dos seus objetivos". (Melo, 2007, p. 101)

Como bem ressalta Konkel Júnior (2005, p. 83), "duas são as marcas consagradas no direito pátrio à parafiscalidade: (a) destinação do produto de sua arrecadação e (b) gestão desses recursos por esses mesmos órgãos ou fundos, sendo irrelevante a figura do sujeito ativo".

Segundo Fabiana Del Padre Tomé (2007, p. 325), as ditas contribuições, "também chamadas 'contribuições corporativas', têm por destinação o custeio de entidades que fiscalizem e regulem o exercício de determinadas atividades profissionais ou econômicas, bem como representem e defendam os interesses dessas categorias profissionais".

Na palavra de Tomé (2007) e observando outras exigências com a mesma condição, ressaltamos que os sindicatos, ao exigirem contribuição de seus associados, possuem lastro constitucional válido com base na redação contida no art. 149 da Carta Política, cuja exigência legal está ancorada nos arts. 579* e 580** da Consolidação das Leis Trabalhistas – CLT (Decreto-Lei nº 5.452, de 1º de maio de 1943).

* Art. 579. A contribuição sindical é devida por todos aqueles que participarem de uma determinada categoria econômica ou profissional, ou de uma profissão liberal, em favor do sindicato representativo da mesma categoria ou profissão ou, inexistindo este, na conformidade do disposto no art. 591. (Redação dada pelo Decreto-Lei nº 229, de 28.2.1967) (Vide Lei nº 11.648, de 2008). (Brasil, 1943)

** Art. 580. A contribuição sindical será recolhida, de uma só vez, anualmente, e consistirá: (Redação dada pela Lei nº 6.386, de 9.12.1976) (Vide Lei nº 11.648, de 2008). (Brasil, 1943)

I – Na importância correspondente à remuneração de um dia de trabalho, para os empregados, qualquer que seja a forma da referida remuneração; (Redação dada pela Lei nº 6.386, de 9.12.1976). (Brasil, 1943)

Evidentemente, os arts. 579 e 580 da CLT sujeitam-se, da mesma forma, às normas gerais de direito tributário, porque possuem tal característica. O fato de o sindicato promover a cobrança não lhe retira a higidez tributária, uma vez que isso é possível na qualidade de substituto ativo, sendo a União Federal competente para promover o lançamento fiscal para o propósito executivo, ou até mesmo as entidades de classe.

É bom ressaltarmos, por outro lado, que há vários tipos de contribuições sindicais. Paulsen (2002, p. 147), ao citar o voto de excerto do Desembargador Irineu Mariani, as enumera assim:

> *Fontes de receita dos sindicatos. [...] desde a CF-88, os sindicatos ficaram com quatro fontes de receita: (a) a contribuição parafiscal, também a chamada de imposto sindical: (b) a contribuição confederativa (criada pela CF-88); c) a contribuição assistencial ou contribuição normativa, decorrente de cláusula de contratos coletivos de trabalho; e (d) a contribuição mensal. Para fins didáticos arrisco-me a estruturar o tema – e assim me expresso porque não encontrei essa estruturação nem na doutrina e nem na jurisprudência –, do seguinte modo: contribuição sindical é gênero do qual são espécies a parafiscal e a não parafiscal, sendo que nesta há subespécies, que são a confederativa, a assistencial e a mensal. (excerto do voto do Des. Irineu Mariani por ocasião do julgamento do REO 599211588 pela 1ª Câm. Civ. do TJRS em abr./00).*

Adotamos o entendimento do Desembargador Mariani, nos termos do voto exposto acima, na medida em que, para o presente estudo, importa ressaltarmos a contribuição parafiscal, aquela que é denominada de *imposto sindical*.

Contribuição de melhoria*

Segundo Célio Armando Janczeski (1998, p. 33), a contribuição de melhoria surgiu na Constituição Federal de 16 de julho de 1934 (Brasil, 1934) mediante o art. 124**, muito embora Hugo de Brito Machado tenha opinião de que foi na Constituição Federal de 24 de fevereiro de 1891 (Brasil, 1891) que tal exação tenha aparecido***. Independentemente da evolução histórica envolvendo o citado tributo, o fato é que ambas sustentavam como traço de validade constitucional a valorização do imóvel em consequência de obras públicas. De lá para cá, inúmeras legislações deram conta de sua disciplina, entre as quais a do CTN, art. 81 e 82, e o Decreto-Lei nº 195, de 24 de fevereiro de 1967 (Brasil, 1967b).

Ditas legislações, obviamente anteriores à CF/1988, naturalmente foram recepcionadas pela atual Carta Cidadã, sujeitando-se, portanto, às novas prescrições. Especificamente sobre o assunto, Machado (1997, p. 61) compartilha desse entendimento da seguinte maneira: "Editada uma nova Constituição, esta recepciona todas as normas que não se mostrem com ela incompatível, e de modo nenhum se pode ver incompatibilidade entre a legislação anterior, pertinente à Contribuição de Melhoria, e a vigente Constituição Federal".

Com efeito, a atual redação constitucional que cuida da possibilidade de instituição de contribuição de melhoria está assim redigida: "Art. 145. A União, os Estados, o Distrito Federal e os Municípios poderão instituir os seguintes tributos: [...] III – contribuição de melhoria, decorrente de obras públicas".

* Legislação Nacional – Decreto-Lei nº 195/1967, e leis estaduais, distritais e municipais.

** Art. 124. Provada a valorização do imóvel por motivo de obras públicas, a administração, que as tiver efetuado, poderá cobrar dos beneficiados contribuição de melhoria.

*** Machado (1997, p. 63) mostra que a primeira referência à contribuição de melhoria nas constituições brasileiras aparece na Constituição de 1891. Consta nela a seguinte redação: "Povoada a valorização do imóvel por motivo de obras públicas, a administração que as tiver efetuado poderá cobrar dos beneficiados contribuição de melhoria".

Como podemos perceber, o atual Texto Magno silenciou quanto ao pressuposto de valorização do imóvel como requisito para a instituição legal da cobrança. Numa interpretação literal, a tributação deverá ocorrer em caso de obras públicas a justificar a cobrança de contribuição de melhoria, ou seja, há vinculação de tal exigência para a instituição da respectiva exação, sem a necessária valorização do imóvel, contrariando o que as constituições anteriores determinavam. Diga-se, de passagem, que essa possibilidade de cobrança é conferida à União, aos estados, ao Distrito Federal e aos municípios, ou seja, a competência concorrente.

Voltemos ao assunto. Quanto ao pressuposto da valorização do imóvel, muito embora o atual Texto Magno o tenha omitido, a mais alta Corte Nacional – o STF – entende que deve existir valorização do imóvel beneficiado pela obra pública como fator imprescindível a legitimar o pagamento da contribuição de melhoria. Confira a ementa recente do julgado: "Esta Corte consolidou o entendimento no sentido de que a contribuição de melhoria incide sobre o *quantum* da valorização imobiliária" (STF, 2009c).

Sendo assim, é condição sem a qual não se pode cobrar a valorização do imóvel que foi beneficiado pela contribuição de melhoria. Não basta o Poder Público – entenda aqui União, estados, Distrito Federal e municípios – exigir a cobrança de referida exação, se não houve prova contundente de que o mencionado imóvel foi valorizado pela obra pública. É necessário fazer uma avaliação anterior à obra e, depois, uma posterior, para obter o resultado que servirá de base de cálculo, apto à incidência da alíquota de maneira a quantificar o pagamento do tributo.

Paulsen (2002, p. 60-61) ainda ilustra jurisprudência que afasta o pagamento de contribuição de melhoria quando a municipalidade promove recapeamento asfáltico de via pública.

CONTRIBUIÇÃO DE MELHORIA. FATO GERADOR. RECAPEAMENTO ASFÁLTICO. VALORIZAÇÃO IMOBILIÁRIA. INOCORRÊNCIA. Tributário. Contribuição de melhoria. Fato gerador. Valorização imobiliária. Recapeamento asfáltico. Impossibilidade de cobrança. O fato gerador da contribuição de melhoria é a valorização imobiliária provocada pela realização de uma obra pública. O recapeamento de via pública já asfaltada não acarreta valorização imobiliária, impossibilitando a cobrança da contribuição de melhoria. Ademais, o recapeamento constitui mero serviço de manutenção e não figura entre as hipóteses de incidência previstas nos incisos I a VIII, do art. 2º, do Decreto-Lei nº 195/67. (TAPR, 8ª Câm., AC 73.884-9, rel. Juiz Lopes de Noronha, out./1995).

Interessa examinarmos o apontado julgado por outra razão, já que há imprescindibilidade de valorização do imóvel a justificar a cobrança a título de contribuição de melhoria, conforme determinado pelo STF. O fundamento que chama a atenção é a aplicação do Decreto-Lei nº 195/1967, notadamente art. 2º*, em que efetivamente não existe

* Art. 2º. Será devida a Contribuição de Melhoria, no caso de valorização de imóveis de propriedade privada, em virtude de qualquer das seguintes obras públicas:
I – abertura, alargamento, pavimentação, iluminação, arborização, esgotos pluviais e outros melhoramentos de praças e vias públicas;
II – construção e ampliação de parques, campos de desportos, pontes, túneis e viadutos;
III – construção ou ampliação de sistemas de trânsito rápido inclusive todas as obras e edificações necessárias ao funcionamento do sistema;
IV – serviços e obras de abastecimento de água potável, esgotos, instalações de redes elétricas, telefônicas, transportes e comunicações em geral ou de suprimento de gás, funiculares, ascensores e instalações de comodidade pública;
V – proteção contra secas, inundações, erosão, ressacas, e de saneamento de drenagem em geral, diques, cais, desobstrução de barras, portos e canais, retificação e regularização de cursos d'água e irrigação;
VI – construção de estradas de ferro e construção, pavimentação e melhoramento de estradas de rodagem;
VII – construção de aeródromos e aeroportos e seus acessos;
VIII – aterros e realizações de embelezamento em geral, inclusive desapropriações em desenvolvimento de plano de aspecto paisagístico.

a figura "recapeamento asfáltico" para fins de "enquadramento" do que se entende como obra pública. Vale dizer, não é qualquer obra pública que servirá para promover a cobrança da contribuição de melhoria, conforme redação apresentada no artigo citado anteriormente. Outra questão que leva a ponderar sobre a contribuição de melhoria é a seguinte: Deve-se cobrar por toda a valorização ou o custo da obra deve ser considerado como teto máximo a tal exigência?

Janczeski (1998, p. 33), ao abordar o tema, professa:

> *a única interpretação possível é a que decorre da dicção do artigo 81 do CTN pormenorizado pelo artigo 3º do Decreto-Lei nº 195/1967, ou seja, as duas determinantes para a apuração da base de cálculo da contribuição de melhoria são o custo da obra e a valorização imobiliária.*

Logo adiante, citando Hugo de Brito Machado e Ives Gandra Martins, Janczeski (1998, p. 33) afirma:

> *Aliás, os dois limites legalmente previstos fazem parte do próprio perfil do tributo, implicitamente presente na Carta Constitucional atual.*
> *Com acerto observa Hugo de Brito Machado, aplaudindo posicionamento de Silva Martins, que cobrar mais do que o custo da obra, a título de contribuição de melhoria, tendo-se como limite apenas a valorização imobiliária, é cobrar imposto sobre aquela valorização, sem previsão constitucional. Só a União poderia fazê-lo, atendidos os requisitos constitucionais para o exercício de sua competência residual. [...] a modificação do texto constitucional operou-se apenas para excluir o que era desnecessário, porque implícito, em virtude da própria especificidade da exação em tela.*

De fato, a valorização do imóvel (requisito constitucionalmente implícito), a medida do custo – como teto de exigência da contribuição de melhoria– e o tipo de obra que se realiza, conforme o Decreto-Lei nº 195/1967, devem servir de baliza para o Poder Público legitimar a cobrança da contribuição de melhoria, sem os quais compromete o ingresso desse tipo de receita, ante a infração de ordem legal e constitucional.

Características

Conforme avaliado, a contribuição de melhoria tem como característica a realização de obra pública. Dizemos ***obra pública*** porque, se fosse serviço público específico e divisível ou decorrente de exercício de poder de polícia, a real tipificação seria chamada de *taxa*, notabilizada como tributo vinculado a uma atividade estatal.

Aliás, sobre a diferenciação entre taxa e contribuição de melhoria, convém trazer a lume a dissertação de Aliomar Baleeiro (2004, p. 580):

> *A diferenciação entre taxa e contribuição começa, assim, na hipótese da norma. Sendo ambos tributos vinculados a uma atuação estatal, distinguem-se pelo fato de que a atuação estatal necessária nas taxas é o serviço público específico e divisível ou o exercício do poder de polícia, enquanto na contribuição de melhoria somente obra pública beneficiadora do imóvel pode configurar a atuação estatal, imprescindível ao surgimento da obrigação.*

Ora, temos aqui a mesma natureza das contribuições sociais e de melhoria, pois ambas têm finalidade específica para suas exigências, diferenciando-as da taxa, ante a necessidade para sua criação de serviço público específico e divisível ou o exercício regular de poder de polícia. Da mesma forma, não há como falarmos em classificá-las como impostos, porque elas estão vinculadas a uma atividade estatal.

A contribuição de melhoria tem como característica a realização de obra pública.

Contribuição para custeio de iluminação pública

A contribuição para o custeio de iluminação púbica foi criada com base na Emenda Constitucional nº 39/2002. Na verdade, essa emenda veio suprir a ausência de permissão constitucional para legitimar essa cobrança. Dizemos isso porque, tal como antes era exigida, a taxa de iluminação pública com esteio no art. 145, II, da CF/1988 era incompatível com as exigências atreladas à sua satisfação. Embora iremos tratar desse tipo tributário logo adiante, justificamos a afirmação anterior, isto é, a maneira como essa contribuição era cobrada não se enquadrava em nenhum critério constitucionalmente previsto, pois não consistia em remuneração em face de exercício do poder de polícia ou pela utilização, efetiva ou potencial, de serviços públicos específicos e divisíveis prestados ao contribuinte ou posto à sua disposição. Ora, ainda que se possa determinar a utilização de algum serviço público a justificar a taxa como contraprestação estatal, não há como medir e dimensionar o que cada contribuinte usou a título de iluminação pública. Não foi sem razão, por isso, que o STF, por meio da Súmula nº 670, de 24 de setembro de 2003, pontificou: "O serviço de iluminação pública não pode ser remunerado mediante taxa" (STF, 2003c).

> *A contribuição para o custeio de iluminação púbica foi criada com base na Emenda Constitucional nº 39, de 19 de dezembro de 2002.*

Por esse motivo, o legislador derivado criou uma nova espécie de contribuição legitimando os municípios e o Distrito Federal a instituírem mencionada exação.

Características

Nos termos da Carta Republicana, a contribuição anterior tem como característica a finalidade de sua destinação, bem como as garantias constitucionais já estudadas, garantias estas típicas conferidas aos tributos em geral, obediência ao princípio da legalidade, da anterioridade e da irretroatividade, podendo, conforme a redação do parágrafo único do art. 149 da CF/1988, ser cobrada na fatura de consumo da energia elétrica.

4.3 Empréstimos compulsórios

Mesmo com o advento da atual Carta Republicana, há quem sustente não ser o empréstimo compulsório tributo. Machado (2002, p. 61) afirma:

> *A vigente Constituição Federal, no capítulo dedicado ao Sistema Tributário, estabelece que a União poderá instituir empréstimos compulsórios, a) para atender a despesas extraordinárias, decorrentes de calamidade pública, de guerra externa ou sua iminência; e b) no caso de investimento público de caráter urgente e de relevante interesse nacional. Neste último caso, a instituição do empréstimo há de respeitar o princípio da anterioridade. Estabelece ainda que a aplicação dos recursos provenientes de empréstimo compulsório será vinculada à despesa que fundamentou sua instituição. Vê-se, portanto, que os empréstimos compulsórios, no Direito positivo brasileiro, têm regime jurídico constitucional próprio. Não se confundem com nenhum dos tributos que integram nosso sistema tributário, sendo razoável, assim, concluir-se que na verdade não são tributos.*

Podemos concluir, portanto, que o empréstimo compulsório tem regime jurídico específico, que não se confunde com o regime jurídico do imposto, nem de qualquer outro tributo.

Opinião diversa é de Paulo de Barros Carvalho, pois em cotejo ao que prescreve o art. 3º* do CTN, vê na figura do empréstimo compulsório a natureza tributária.

> *Nunca será demasiado reafirmar a índole tributária dos empréstimos compulsórios: satisfazem, plenamente, as cláusulas que compõem a redação do art. 3º do Código Tributário Nacional, tido como expressão eloquente daquilo que o próprio sistema jurídico brasileiro entende por "tributo", de nada importando o* plus *representado pela necessidade de restituição, ínsita ao conceito de "empréstimo", porque bem sabemos que o nome atribuído à figura ou o destino que se dê ao produto da arrecadação nada acrescem à natureza jurídica do tributo (CTN, art. 4º). Topologicamente plantado no Capítulo I do Título VI da Constituição Federal de 1988, o empréstimo compulsório há de obedecer ao regime jurídico dos tributos, sotopondo-se, com a ressalva prevista, aos princípios comuns que modelam a atividade impositiva no Brasil. Acerca do nome, como já afirmamos, dissipa dúvida o inc. I do art. 4º do Código Tributário Nacional; e sobre a destinação, fala mais alto a advertência do mesmo dispositivo, porém no seu inc. II. Tudo mais está contido no âmbito do art. 3º do referido Estatuto.* (Carvalho, 2000, p. 33, grifo do original)

Certamente, as razões pelas quais Machado (2002) assentou sua ideia acerca da natureza jurídica do empréstimo compulsório são relevantes e devem promover profunda reflexão. Entretanto, você, leitor, deve ter em mente a baliza mestra que deve nortear nossos sentidos por meio da CF/1988. É justamente por meio da Constituição

* Art. 3º. Tributo é toda prestação pecuniária compulsória, em moeda ou cujo valor nela se possa exprimir, que não constitua sanção de ato ilícito, instituída em lei e cobrada mediante atividade administrativa plenamente vinculada.

Federal de 1988 que firmamos nossas convicções no mundo tributário, de maneira a compreender o fenômeno e dominá-lo com base nessa importante premissa.

Ainda que Carvalho (2000) tenha enfraquecido a ideia de Machado (2002), por entender que os empréstimos compulsórios têm natureza jurídica de tributo, à luz do CTN, o fundamento maior está ancorado na topologia do tributo introduzido no Texto Constitucional, imbricado no Capítulo I, denominado "Sistema tributário nacional", e inserido na Seção I, que cuida dos princípios gerais. Não há como negar, porquanto, a natureza jurídica dos empréstimos compulsórios também por isso.

É bem verdade que o *pedágio* encontra-se dentro do mesmo Capítulo, ainda mais porque está incluído na Seção II, "Das limitações do poder de tributar", onde há limites à tributação, com alusão à referida exceção (art. 150, V, da CF/1988). Porém, dadas as suas particularidades – com frequência iremos tratar disso –, está fora desse regime jurídico, contrariamente ao empréstimo compulsório, em que efetivamente deverá haver lei a exigi-lo, e não contrato, de modo a criar relação jurídica negocial, como no caso do pedágio.

A teor da CF/1988, art. 148*, por conseguinte, o legislador máximo previu a instituição do empréstimo compulsório para atender a despesas extraordinárias, decorrentes de calamidade pública, de guerra externa ou sua iminência, ou em caso de investimento público de caráter urgente e de relevante interesse nacional, observado o disposto no princípio da anterioridade, nos termos do art. 150, III, "b", da Superlei.

---

* Art. 148. A União, mediante lei complementar, poderá instituir empréstimos compulsórios: I – para atender a despesas extraordinárias, decorrentes de calamidade pública, de guerra externa ou sua iminência; II – no caso de investimento público de caráter urgente e de relevante interesse nacional, observado o disposto no art. 150, III, "b". Parágrafo único. A aplicação dos recursos provenientes de empréstimo compulsório será vinculada à despesa que fundamentou sua instituição.

É interessante notarmos: a primeira hipótese não está sujeita ao princípio da anterioridade, seja porque inexiste interpretação extensiva quanto ao alcance do inciso II do art. 148 em face do inciso I, ou porque, num fundamento mais consistente, o legislador determinou a regra de exceção nos moldes previstos no art. 150, § 1º, da CF/1988.

Características

Uma vez tipificado como tributo, o *empréstimo compulsório*, a teor do art. 148 da CF/1988, traz a nossos sentidos elementos de fácil percepção, pelo menos quanto ao inciso I, no qual prevê a instituição para atender a despesas extraordinárias decorrentes de calamidade pública, de guerra externa ou sua iminência.

Agora, no que toca ao inciso II do mesmo artigo, deixa-se a critério do legislador o que entende por investimento público e de relevante interesse nacional. É evidente que, no preenchimento de tais requisitos, há certo grau de subjetivismo; de qualquer sorte, a redação constitucional é clara ao determinar, por meio de parágrafo único do art. 148, que aos recursos provenientes de empréstimo compulsório será vinculada a despesa que fundamentou sua instituição, em qualquer um dos casos anteriormente tratados.

Não podemos esquecer que o princípio da anterioridade deverá ser respeitado, tão somente em caso previsto no inciso II (investimento público e de relevante interesse social).

Quanto à devolução, por tratar-se de empréstimo, digamos, de natureza compulsória, a expressão semântica é cristalina, não havendo falar em norma veiculadora que não atenda à proclama constitucional de respectiva devolução. Portanto, é fundamental conter na lei exigente o modo pelo qual ocorrerá a devida restituição; e caso silencie, será sim inconstitucional.

4.4 Taxas

O art. 145, II*, da CF/1988 prevê a possibilidade de instituição de taxa pela União, pelo Distrito Federal, pelos estados e pelos municípios, em razão do exercício do poder de polícia ou pela utilização, efetiva ou potencial, de serviços públicos específicos e divisíveis prestados ao contribuinte ou postos à sua disposição.

O CTN, por sua vez, ao tratar da matéria, art. 77, repete a redação disposta no artigo constitucional identificado anteriormente. O art. 78, a seu turno, conceitua poder de polícia ao considerá-lo da seguinte maneira:

> Art. 78. Considera-se poder de polícia atividade da administração pública que, limitando ou disciplinando direito, interesse ou liberdade, regula a prática de ato ou abstenção de fato, em razão de interesse público concernente à segurança, à higiene, à ordem, aos costumes, à disciplina da produção e do mercado, ao exercício de atividades econômicas dependentes de concessão ou autorização do Poder Público, à tranquilidade pública ou ao respeito à propriedade e aos direitos individuais ou coletivos. (Redação dada pelo Ato Complementar nº 31, de 28.12.1966)
> Parágrafo único. Considera-se regular o exercício do poder de polícia quando desempenhado pelo órgão competente nos limites da lei aplicável, com observância do processo legal e, tratando-se de atividade que a lei tenha como discricionária, sem abuso ou desvio de poder. (Brasil, 1966b)

Exercendo, da mesma forma, sua função constitucionalmente reconhecida, o CTN, precisamente no art. 79, considera *serviço público* o seguinte:

---

* Art. 145. A União, os Estados, o Distrito Federal e os Municípios poderão instituir os seguintes tributos: [...] II – taxas, em razão do exercício do poder de polícia ou pela utilização, efetiva ou potencial, de serviços públicos específicos e divisíveis, prestados ao contribuinte ou postos a sua disposição [...].

Art. 79. Os serviços públicos a que se refere o artigo 77 consideram-se:

I – utilizados pelo contribuinte:

a) efetivamente, quando por ele usufruídos a qualquer título;

b) potencialmente, quando, sendo de utilização compulsória, sejam postos à sua disposição mediante atividade administrativa em efetivo funcionamento;

II – específicos, quando possam ser destacados em unidades autônomas de intervenção, de unidade, ou de necessidades públicas;

III – divisíveis, quando suscetíveis de utilização, separadamente, por parte de cada um dos seus usuários.

Desse modo, são esses os contornos gerais que deverão ser considerados para a dissecação do que se entende por taxa, não só em face de sua existência como mais um instrumento de arrecadação conferido aos poderes públicos para incrementar suas receitas, mas também para avaliar seus limites, tendo em vista haver outras figuras não tributárias, como o preço público, que não guardam correspondência à figura em exame, ou seja, trata-se de uma relação diversa da obrigação exacional.

Carrazza (2010), ao estudar o tipo tributário em questão, faz observações de relevo:

> *taxas são tributos que têm por hipótese de incidência uma atuação estatal diretamente referida ao contribuinte. Esta atuação estatal – consoante reza o art. 145, II, da CF (que traça a regra-matriz das taxas) – pode consistir ou num serviço público, ou num ato de polícia. Daí distinguirmos as taxas de serviço (vale dizer, as taxas que têm por pressuposto a realização de serviços públicos) das taxas de polícia (ou seja, que nascem em virtude da prática, pelo Poder Público, de atos de polícia).* (Carrazza, 2010, p. 515)

Dessa maneira, Carvalho (2000, p. 38-39) assim considera *taxa*:

> *Taxas são tributos que se caracterizam por apresentarem, na hipótese da norma, a descrição de um fato revelador de uma atividade estatal, direta e especificamente dirigida ao contribuinte. Nisso diferem dos impostos, e a análise de suas bases de cálculo deverá exibir, forçosamente, a medida da intensidade da participação do Estado. Acaso o legislador mencione a existência de taxa, mas eleja base de cálculo mensuradora de fato estranho a qualquer atividade do Poder Público, então a espécie tributária será outra, naturalmente imposto.*

Conforme podemos estudar na legislação constitucional e na doutrina, temos parâmetros bem delimitados para a correta instituição de taxa, seja em face de serviço público regulando ato, seja na abstenção de fato, em razão de igual interesse, ambos específicos e divisíveis, na exata proporção da contraprestação estatal.

Por isso, dizemos *tributo vinculado* porque só poderá ser cobrando mediante prestação de serviço promovido pelo Estado ou posto à disposição do contribuinte. Diferencia-se do imposto, pois, nesse caso, não há qualquer grau de comprometimento do Estado em termos de execução ou disposição de serviço público, como abordado no item anterior. Da mesma maneira, o Poder Público, ao instituir a taxa, deverá cumprir regras gerais de direito tributário, ou seja, deverá observar o princípio da legalidade, da anterioridade, do não confisco, pois, como já estudado (casuística – princípio do não confisco), a cobrança de taxa deve ser diretamente proporcional ao custo da atividade estatal.

O problema, muitas vezes, apresenta-se na divisibilidade, ou seja, o serviço prestado deve ser rigorosamente mensurado para legitimar a sua cobrança.

> *O Poder Público, ao instituir a taxa, deverá cumprir regras gerais de direito tributário.*

Não há como querer medir, por exemplo, a taxa de iluminação pública, porque inexiste divisão do uso desse serviço em sua exata fruição. Em outras palavras, não há como apurar se o contribuinte **A** utilizou o serviço de iluminação de modo a sabermos o quanto deve arcar com o uso de dito serviço. Não foi sem razão que o STF editou a Súmula nº 670* (STF, 2003c), afastando a cobrança de taxa de iluminação pública. Posteriormente, por meio da Emenda Constitucional nº 39/2002, foi instituída nova contribuição social geral, legitimando a cobrança de referido encargo, autorizando inclusive a cobrança na fatura de consumo de energia elétrica.

Características

A taxa, além de ser tributo vinculado a uma atividade estatal, dentro das limitações impostas pela CF/1988, notabiliza-se pela compulsoriedade, ou seja, não se trata de faculdade estatal o exercício de sua prestação. Caracteriza-se pela bilateralidade, ou seja, pagamento do preço na exata medida da contraprestação estatal, na expressão sempre perspicaz de Carvalho (2000, p. 40), quando assevera: "Em qualquer das hipóteses previstas para a instituição de taxas – prestação de serviço público ou exercício do poder de polícia – o caráter sinalagmático deste tributo haverá de mostrar-se à evidência".

4.5 Figuras não tributárias

Não querendo promover muita abstração na descrição do objeto de estudo – a legislação constitucional tributária –, convém fazermos algumas advertências sobre outras figuras jurídicas que, em muitas

* O serviço de iluminação pública não pode ser remunerado mediante taxa.

ocasiões, acabam por confundir sua real natureza. Estamos a falar em *tarifa*, *preço público* e *pedágio*, figuras estas que, embora tenham relação diversa da tributária, são confundidas com taxa. Por isso, é conveniente distingui-las justamente para que a proposta de estudo atenda ao objetivo aqui lançado. Assim, tanto tarifa quanto pedágio devem ocupar as atenções devidas. Quanto ao pedágio (art. 150, V, da CF/1988), este pode assumir feições de taxa ou de preço público. Mas o que é preço público? Mais ainda, o que é tarifa? Veremos essas definições nas seções seguintes.

Tarifa

Inicialmente, convém tratarmos da conceituação de *tarifa* e, depois, avançarmos no estudo ora proposto, cujo objetivo é diferenciar as "entradas públicas", colaborando no sentido de evitar confusões conceituais.

Fabiano Verli, ao estudar profundamente os tipos pecuniários em mira, quando publicou a obra intitulada *Taxas e preços públicos*, à luz da CF/1988, ocasião em que apontou divergências doutrinárias na conceituação da palavra *tarifa*, nos diz o seguinte:

> *nem a Constituição Federal de 1988 nem a legislação definem tarifas, a exemplo do que acontece relativamente às taxas. Vê-se: se o art. 150, § 3º[*], da Carta tende a identificar tarifas com taxas – já que fala em remuneração de serviços públicos por preço ou tarifa –,*

---

* Art. 150. Sem prejuízo de outras garantias asseguradas ao contribuinte, é vedado à União, aos estados, ao Distrito Federal e aos municípios: [...] § 3º – As vedações do inciso VI, "a", e do parágrafo anterior não se aplicam ao patrimônio, à renda e aos serviços, relacionados com exploração de atividades econômicas regidas pelas normas aplicáveis a empreendimentos privados, ou em que haja contraprestação ou pagamento de preços ou tarifas pelo usuário, nem exonera o promitente comprador da obrigação de pagar imposto relativamente ao bem imóvel. (Brasil, 1988a)

reversamente, o art. 175 tende a identificá-las com preços públicos segundo a maior parte da doutrina. Ressalte-se que nada impede que particulares, em exercício de atividade pública, por intermédio de delegação, possam perceber receita tributária via taxas. De resto, a ideia de política tarifária é adequada tanto à prestação direta de serviços pelo Estado – quando indiscutível a admissibilidade de uso de taxas – como à prestação indireta, esta por meio das empresas concessionárias ou permissionárias. Ante a imprecisão do Texto Constitucional, não parece haver outro caminho que considerar a tarifa um termo genérico, vazio de conteúdo jurídico, não sendo, pois, um instituto específico, malgrado opiniões respeitáveis em contrário. (Verli, 2005, p. 42-43)

De fato, se há inconsistência terminológica da palavra *tarifa* retirada da própria Carta Cidadã, quando a utiliza como taxa e, outras vezes, como preço público, não há como traduzi-la em termos jurídicos, de modo a qualificá-la em sua plenitude, isto é, sua exata natureza jurídica. Assim sendo, avancemos quanto ao termo ***preço público*** desconsiderando a expressão *tarifa* pelas razões ora defendidas.

Preço público

Novamente Fabiano Verli (2005, p. 72), ao tratar do assunto "preço público", apresenta: "preços públicos permanecem como prestações contratuais decorrentes do exercício da livre vontade, conforme já consagrado pelos civilistas há séculos, mesmo que relacionados ao pagamento por aquisição de produtos de atividades econômicas submetidas ao monopólio".

Portanto, a diferença fundamental entre taxa e serviço público é marcada pela compulsoriedade, já que se tipifica como a utilização efetiva de serviços públicos específicos e divisíveis. O serviço público é facultativo, ou seja, o usuário pode ou não utilizar os serviços prestados pelo Estado mediante concessão/permissão, como o preço público fixado em energia elétrica. É possível não utilizar esse serviço? A resposta desenganadamente é uma só, sim. Da mesma maneira, é possível deixarmos de utilizar os serviços de comunicação e de transporte, ainda que isso possa representar, na atual época do século, um pensamento quase impossível de se concretizar, quanto mais em centros urbanos.

No intuito de melhorar o exame dessa figura contratual não tributária, o STF, ao decidir sobre a natureza jurídica do encargo de capacidade emergencial, popularmente denominado *seguro-apagão**, criado mediante a Medida Provisória nº 14, de 21 de dezembro de 2001 (Brasil, 2001i), e respectiva Lei de Conversão (Lei nº 10.438, de 26 de abril de 2002 – Brasil, 2002g), decidiu por sua constitucionalidade. O aludido debate ficou sintetizado no Informativo nº 543 da seguinte maneira:

> Informativo nº 543 – Explicou-se que o Encargo de Capacidade Emergencial resultaria do rateio dos custos incorridos com a contratação de capacidade de geração ou de potência pela CBEE; o Encargo de Aquisição de Energia Elétrica Emergencial decorreria do rateio dos custos resultantes da aquisição de energia elétrica pela CBEE, e o Encargo de Energia Livre Adquirida no MAE derivaria do rateio das despesas originadas da compra de energia no âmbito deste pelas concessionárias, permissionárias e autorizadas de geração e de distribuição até dezembro de 2002. Asseverou-se que tais encargos não se enquadrariam

* O Encargo de Capacidade Emergencial, criado pela MP nº 14 e regulamentado pelas Resoluções nº 249, de 6 de maio de 2002 (Aneel, 2002a), nº 351, de 27 de junho de 2002 (Aneel, 2002b), e nº 295, de 25 de junho de 2003 (Aneel, 2003), todas da Agência Nacional de Energia Elétrica – Aneel, chegou a onerar a fatura de energia elétrica em até 6% (seis por cento) do valor cobrado mensalmente a tal título. Deixou de ser cobrado em 23 de dezembro de 2005.

> na definição de tributo contida no art. 3° do Código Tributário Nacional, por não possuírem o requisito de compulsoriedade. Esclareceu-se que os referidos encargos eram cobrados dos consumidores finais de energia elétrica atendidos pelo Sistema Interligado Nacional, com exceção apenas dos consumidores de baixa renda, ou seja, a obrigação de pagar tais encargos estava diretamente ligada à hipótese de tratar-se, ou não, o obrigado de consumidor de energia elétrica provinda daquele sistema. Destarte, esses encargos não seriam de pagamento compulsório, já que os consumidores poderiam se valer de outros meios para a aquisição de energia elétrica que não a proveniente do Sistema Interligado Nacional, estando a corroborar com essa tese o disposto no art. 176, § 4°, da CF e no Decreto 2.003/96, que o regulamentou. Em suma, reputando razoável e legítimo admitir que a energia elétrica consumida por alguém possa originar-se de sistema de geração próprio ou de terceiro, dissociado do Sistema Interligado Nacional, concluiu-se que os encargos instituídos pela Lei 10.438/2002 não apresentariam a compulsoriedade típica das espécies tributárias, não estando sujeitos, por essa razão, aos princípios e regras constitucionais que regem os tributos. Afirmou-se que tais encargos, embora tivessem o caráter de prestações pecuniárias correspondentes à utilização de um serviço público – e, nesse sentido, aproximar-se-iam do conceito de taxas –, na verdade, configurariam tarifas ou preços públicos, em virtude do caráter facultativo da fruição do bem que remuneravam. (STF, 2009d)

Sendo assim, e sob a chancela da Suprema Corte Nacional, o preço público pela faculdade de contratação não se submete ao regime jurídico tributário porque efetivamente não é tributo, ou seja, para sua instituição, pode ser cobrado por ato oriundo da administração, sem qualquer compromisso com os princípios da legalidade, da anterioridade, do não confisco etc.

Pedágio: caso *sui generis*

Quase sempre nos deparamos com manifestações pessoais insurgindo-se contra a implantação de pedágio em determinada parte da rodovia, observando, no mais das vezes, a irresignação quanto ao preço que se paga. Tirando o ranço político eventualmente existente em dado discurso, abstraindo-se, igualmente, de outras obrigações que recaem em veículos automotores, como é o caso do IPVA, o que poderia levar à conclusão de existir recurso suficiente para a perfeita manutenção da respectiva malha rodoviária, sabemos que o IPVA é de competência dos estados. Muitas vezes, a rodovia com pedágio é federal, mas é certo que a conservação de estradas é fundamental ao progresso brasileiro. É uma realidade inconfundível na atualidade, porque não podemos conceber desenvolvimento econômico sem tal infraestrutura. Sobre a correta leitura, isto é, sobre a necessidade que o Poder Público tem em atender às necessidades crescentes de investimentos, Flávio de Azambuja Berti, ao apresentar monografia sobre o tema *Pedágio – natureza jurídica*, afirma:

> *A rodovia com pedágio é federal, mas é certo que a conservação de estradas é fundamental ao progresso brasileiro.*

> *Isto não é peculiaridade brasileira, posto que ocorre nos mais diferentes países, tanto naqueles chamados do primeiro mundo quanto noutros tidos como países em desenvolvimento – verdadeira "balela" na medida em que esses são efetivamente "países pobres", carentes de recursos, discriminados pelos ricos e abastados, cujos Governos e sociedades estão preocupados apenas com seus interesses próprios. Ilustram o que foi dito quanto à universalização do fenômeno da transferência de encargos aos particulares, à privatização do seguro social no Chile e ao pedágio de estradas na Argentina e em países europeus (Itália, França, Alemanha e Espanha).*

> *Esta tendência chegou também aqui, como aliás não poderia deixar de ser. Daí a proliferação do instituto da concessão em áreas antes restritas à atuação direta do Estado.* (Berti, 2006, p. 165)

O autor, ao observar o fenômeno – instituição de pedágio –, cuja tendência mostra-se mundial, revela, por conseguinte, a pouca capacidade da Administração Pública em promover os investimentos necessários nas rodovias, na exata proporção do progresso econômico. De qualquer maneira, resta avaliarmos a natureza jurídica do instituto como forma de examiná-lo dentro desse propósito, isto é, saber qual é a sua natureza jurídica, se se trata de tributo e qual espécie tributária a que pertence ou tipificado como preço público, sendo, por isso, marginal às regras subordinadas ao sistema tributário nacional.

O início da investigação deve ocorrer na CF/1988. Sendo assim, entre as limitações ao poder de tributar há o inciso V, do art. 150, que proíbe "estabelecer limitações ao tráfego de pessoas ou bens, por meio de tributos interestaduais ou intermunicipais, ressalvada a cobrança do pedágio pela utilização de vias conservadas pelo Poder Público".

Assim, muito embora o pedágio faça parte do sistema tributário nacional, por estar inserido no artigo da CF/1988 citado anteriormente, não se encaixa em nenhuma figura tributária específica e, por isso, goza dessa particularidade. A classificação quadripartida ou quintipartida já tratada tem como espécies tributárias: os impostos, as taxas, as contribuições e os empréstimos compulsórios, havendo divergência no que toca à contribuição de melhoria entre uma divisão e outra. Por outro lado, não é porque não se ajusta a nenhuma espécie tributária que não poderá ser classificado como tal.

O pedágio não tem característica tributária porque:

a) Não pode ser imposto pois referida exigência tem como característica a não vinculação de sua receita, o que efetivamente acontece com a cobrança do pedágio.

b) Da mesma forma, não pode ser tipificado como taxa, visto que não se trata de um serviço público decorrente do exercício do poder de polícia, que está mais para disciplinar a liberdade das pessoas. Quanto à possibilidade de cobrança de taxa mediante prestação ou simples colocação à disposição do contribuinte, de serviço público específico e divisível, no mesmo eito, não há como assim conceituar o pedágio, porque não há serviço prestado, e sim uso da coisa (rodovia). Não podemos conceber, também, como serviço posto à disposição, a exigir a cobrança mediante taxa, porque o Poder Público diante disso poderia cobrar não em relação à rodovia, mas também ao uso da rua, da passarela, do viaduto, da ponte etc. O que há são pontos muitos sensíveis de aproximação ao preço público cobrado mediante exploração de companhias concessionárias, como água, luz e telefone.

c) Não se trata de contribuição, porque não tem feições de contribuição de intervenção no domínio econômico, seguridade social de categorias sociais e profissionais, pelas finalidades inerentes a que foram criadas.

d) Também não pode ser empréstimo compulsório, porque os motivos de sua instituição não são aqueles preconizados no art. 148 da Carta Republicana, ou seja, não se trata de atender a despesas extraordinárias decorrentes de calamidade pública, de guerra externa ou sua iminência e em caso de investimento público de caráter urgente e de relevante interesse nacional, ainda que necessário ao pleno desenvolvimento da economia brasileira, como ressaltado anteriormente. Fosse assim entender, tudo seria relevante e urgente e de interesse nacional a justificar a cobrança mediante apontada espécie tributária. Por isso, o pedágio classifica-se como ***preço público.***

Sacha Calmon Navarro Coelho, ao cuidar do assunto, faz observações de relevo:

> *Reforça a tese o fato de o pedágio não estar arrolado como imposto da União, ou do Estado, ou do Município. Por outro lado, a taxa não é, não poderia ser, eis que não há prestação de serviço público, específico e divisível à pessoa do contribuinte. O que há é uso da via pública ou uso de via particular, ou, quando nada, concedida a particular. Ora, o uso do bem público ou particular é feito pelo pagamento de preços, já vimos. O uso de bem público não enseja tributos. A Constituição não prevê a hipótese.* (Coelho, 2006. p. 472)

Da mesma forma, Berti (2006, p. 192) nos diz:

> *Acreditamos não haver como enquadrar o pedágio no gênero tributo, nem mesmo o considerando como uma taxa, tese defendida por parte da doutrina. Frise-se ainda que o produto da arrecadação do pedágio não integra o rol das receitas públicas (originárias ou derivadas, de custeio ou de capital), pelo que o montante previsto de arrecadação não integra a lei orçamentária anual. De fato simples preço público (Administração Pública direta ou indireta), não sendo instituído ou majorado por lei nem sujeitando-se às limitações constitucionais tributárias, tais como a anterioridade (CF/88, art. 150, III, "b").*

As doutrinas em destaque estão, com a devida adequação constitucional, mais próximas das regras emanadas do sistema tributário nacional, muito embora Amaro (2005) professe a tese de que o pedágio atavicamente tem natureza tributária, espécie de taxa, ocasião em que arrola doutrinadores de relevo nacional em nota de rodapé, a convergir de mencionado pensamento. Assim nos diz Amaro (2005, p. 49):

O fundamento da exigência do pedágio é análogo ao das taxas de serviço ou de polícia e da contribuição de melhoria, ou seja, a atuação estatal que possa ser referida a um indivíduo ou a um grupo de indivíduos deve ser financiada por tributos cobrados desses indivíduos e não de toda a sua coletividade.

Afirmamos aqui a preocupação em desenvolver o estudo da legislação tributária no sentido de descrever o objeto de análise. As opiniões divergentes têm como fundamento incentivar a dúvida, mola propulsora da pesquisa, a satisfazer a inquietude intelectual que deve ter o agente econômico na defesa de seus direitos, bem como qualquer interessado em conhecer o sistema tributário nacional. O propósito, por isso, é incutir a cultura em questionar não só a entrega de pecúnia ao Poder Público ou ao seu concessionário, a depender da relação jurídica existente, mas a forma pela qual ela é administrada, tendo como finalidade melhorar a gestão pública em seu todo. Isso evidentemente é matéria estranha ao presente estudo, será mais bem tratada no campo do direito financeiro, notabilizado pela gestão e pela administração dessas receitas.

Síntese

A classificação tributária tem como finalidade justificar os tipos tributários dentro de suas características comuns, portanto, deve ser considerada útil ao tema em observação. A toda evidência, havendo distinções de classificação, os tratamentos e as consequências oriundos de apontada divisão serão diversos. Portanto, não se trata apenas de empregar base pedagógica ao capítulo, mas, sobretudo, em face de outras figuras previstas na CF/1988 que não se tipificam como tributos, como é o caso, por exemplo, de tarifa e pedágio.

Questões para revisão

1) (Questão elaborada com base na prova da Esaf – PFN – 1998) Marque com um C a afirmação correta e com E a errada. Em seguida, escolha, entre as cinco opções a seguir, aquela que contém a sequência correta:

( ) Segundo o Código Tributário Nacional, são tributos os impostos, as taxas e a contribuição de melhoria.

( ) Os impostos são chamados de "tributos não vinculados" porque sua cobrança independe de uma atividade estatal específica em relação ao contribuinte.

( ) A Constituição de 1988 não estabelece que o limite total da contribuição de melhoria seja o valor da despesa realizada pela obra pública que lhe deu causa.

a) C, C, C.
b) C, C, E
c) C, E, E.
d) E, E, E.
e) E, C, C.

2) (Cespe/UnB – Exame 134 – OAB-SP – 2009) As contribuições de intervenção no domínio econômico podem ser cobradas sobre bases de cálculo:

a) fixadas em regulamento, provenientes de valores obtidos no mercado interno, inclusive sobre a importação e a exportação de produtos ou serviços estrangeiros.
b) fixadas em lei, provenientes de valores obtidos no mercado interno, inclusive sobre a importação e a exportação de produtos ou serviços estrangeiros.
c) fixadas em lei, provenientes de valores obtidos no mercado interno, inclusive sobre a importação de produtos ou serviços estrangeiros, não incidindo sobre as receitas de exportação.

d) fixadas em regulamento, provenientes de valores obtidos no mercado interno, inclusive sobre a importação e a exportação de produtos ou serviços estrangeiros, e com alíquotas estabelecidas por ato do Poder Executivo.

3) (Adasa – Advogado – Prova Funiversa – 2009) Para que seja devida a contribuição de melhoria, é necessário:

a) uma atividade estatal que beneficie toda a coletividade.
b) uma valorização imobiliária decorrente de qualquer tipo de obra.
c) uma valorização imobiliária decorrente de obra pública.
d) apenas a construção de obras públicas.

4) (Fundação Carlos Chagas – Procurador – Piauí – 2005) A contribuição para custeio da iluminação pública, recém-introduzida em nosso sistema tributário:

a) tem natureza extrafiscal.
b) é uma contribuição *sui generis* que pode ser instituída pelos Municípios ou pelo Distrito Federal.
c) é uma contribuição que somente pode ser instituída pelos Municípios.
d) é uma contribuição que pode ser instituída por quaisquer dos entes políticos.
e) equipara-se às taxas.

5) (Questão elaborada com base na prova do Cespe/UnB – Delegado da Polícia Federal – 1997) Marque certa (C) ou errada (E). No atual direito constitucional tributário positivo brasileiro, o empréstimo compulsório:

( ) poderá ser instituído no caso de conjuntura que exija a absorção temporária de poder aquisitivo.
( ) tem o produto de sua arrecadação vinculado à despesa que fundamentou a sua instituição.

( ) poderá ser criado apenas por meio de lei complementar, que estabelecerá as suas hipóteses de incidência, além daquelas previstas na Constituição Federal.

( ) estará sempre sujeito ao princípio da anterioridade.

( ) não poderá, jamais, ser instituído por estado federado ou por município.

6) No que consiste a classificação tributária promovida pelo Supremo Tribunal Federal, quanto à divisão quadripartida ou quintipartida, e qual é a diferença estabelecida entre ambas?

7) As contribuições ao Incra e ao Sebrae têm assento no art. 149 da CF/1988, qualificam-se, por isso, como contribuições de intervenção no domínio econômico. Por meio de respectivas legislações de exigência de cada contribuição, a base de cálculo é a folha de salários (alíquota correspondente de 0,2% – Incra – e 0,6% – Sebrae). Com o advento da Emenda Constitucional nº 33, de 11 de dezembro de 2001, no entanto, o art. 149 passou a eleger bases econômicas diferentes, tais como o faturamento, a receita, o valor da operação e, no caso da importação, o valor aduaneiro. Assim, as aludidas contribuições possuem lastro de validade dentro de nosso sistema? Justifique.

Questão para reflexão

1) (Questão elaborada com base na prova do Cespe/UnB – Fiscal – INSS – 1998) Acerca das taxas, pode-se dizer que: por sua natureza tributária peculiar, as taxas devem corresponder, de modo preciso, à contraprestação pelo serviço oferecido ao contribuinte. A atuação estatal que enseja a cobrança

de taxa deve ser aquela prestada à coletividade globalmente considerada. Se a União fiscaliza a exploração e o comércio de recursos naturais renováveis, reprimindo as ações ilícitas nessa área, tal atuação pode, juridicamente, justificar a cobrança de taxa?

2) (Fundação Carlos Chagas – Procurador – Manaus – 2005) Em nosso Sistema Financeiro, o pedágio cobrado pela utilização de rodovias qualifica-se como taxa de serviço, taxa de polícia, preço público, imposto sobre serviço prestado ou contribuição social?

3) (Adasa – Advogado – Prova Funiversa – 2009) Um estado brasileiro construiu uma ponte com recursos públicos, o que contribuiu para a valorização da região que foi beneficiada com a obra. A respeito dessa hipótese, comente o que se pode fazer?

4) (Questão elaborada com base na prova da Esaf – Assistente Técnico-Administrativo – MF – 2009) A respeito da natureza jurídica da contribuição social, é correto dizer, enquadrá-la como Contribuição Parafiscal, por quê?

5) O pedágio é tributo? Ele pertence a que espécie tributária: taxa, imposto, contribuição ou outra espécie autônoma de tributo?

Consultando a legislação

Para desenvolver mais o conteúdo estudado neste capítulo, leia os arts. 7°, III, 21, XI e XII, 145, I, II, III, 148, I e II, 149, 149-A, 153, 154, I, 155, § 2°, IX, 156, 170 a 181, 195, I, II, III, § 1°, § 4°, 212, § 5°, 218, 239 e 240 da Constituição Federal de 1988, as Leis Complementares n° 70/1991, n° 110/2001, n° 7.689/1998, n° 8.212/1991, nº 8.981/1995, nº 9.065/1995, nº 9.718/1998, nº 10.833/2003 e nº 10.865/2004; do Código Tributário Nacional, leia os arts. 3º, 4º, 5º, 16, 77, 78, 79, 81 e 82; do Decreto-Lei nº 195/1967, art. 2º, as Emendas Constitucionais nº 33/2001 e nº 39/2002, a ADCT, art. 62, e os arts. 579 e 580 da Consolidação das Leis do Trabalho – CLT.

V

Planejamento tributário

Conteúdos do capítulo:

- » Definição e critérios para promover o planejamento tributário;
- » Ações preventivas e repressivas;
- » Direito de sobreposição.

Após tratarmos da organização constitucional tributária, dinâmica conceitual, harmônica, aplicação e criação da lei tributária nos limites de cada competência, as limitações ao dever de tributar expandindo o absoluto valor aos princípios lá estudados, os contornos gerais da lei complementar em matéria tributária, a classificação dos tributos e a importância de suas características e respectivas divisões, certamente você, leitor, está munido a enveredar no estudo do planejamento tributário como política legítima para economizar tributos. O conhecimento dos tipos tributários, da mesma forma, credenciou você a avaliar não só as inúmeras imposições fiscais a que está sujeito, mas a real complexidade dessa teia. O domínio de mencionados conceitos é pressuposto elementar para conhecer melhor o planejamento tributário em sua essência. Assim, nada mais natural do que incentivar esse estudo de modo a diminuir licitamente a carga tributária que recai sobre fatos imponíveis, o que será tratado a seguir. Os tópicos posteriores, "Evasão e elisão fiscal – marco temporal", "Direito tributário – caráter de sobreposição", "Conflito entre princípios e normas" e "Lei Complementar nº 104, de 10 de janeiro de 2001 – a chamada *norma antielisão*", têm a intenção, ou seja, irão auxiliar a construção do pensamento doutrinário como forma de viabilizar o que entendemos como *planejamento tributário*, justificando, com isso, a lógica de raciocínio pertinente com o que foi argumentado em linhas pretéritas até a dissertação contida neste capítulo.

Ainda como reforço de argumentação, a busca pela eficiência fiscal, cada vez mais aparelhada, vem promovendo comunicação entre as fazendas (federal, estadual, distrital e municipal) com o nítido intuito de melhorar a arrecadação e o controle de suas tarefas arrecadatórias e de fiscalização. É de se observar, consequentemente, a natural existência de tensão entre contribuinte e "tesouro" como fenômeno atemporal e sem fronteiras. De um lado, o Estado arrecadador e, de outro, o contribuinte, conhecedor de seus direitos e deveres, que age com o propósito de planejar habilmente suas ações, de modo a suportar melhor a carga tributária que lhe é conferida.

Marco Aurélio Greco (1998, p. 121), ao estudar o tema na obra intitulada *Planejamento fiscal e interpretação da lei tributária*, endossa apontado panorama. Confira:

> *Não é de hoje que o relacionamento entre Fisco e contribuinte tem se caracterizado pelo binômio: de um lado, a constante busca de maior eficácia na aplicação das leis visando obter a maior arrecadação possível e, de outro lado, uma preocupação dos agentes econômicos no sentido de se verem onerados com a menor carga tributária legalmente possível.*

É nesse cenário que passamos a definir planejamento tributário, conforme James Marins (2002, p. 33, grifo do original), para quem:

> *Denomina-se planejamento fiscal ou tributário* lato sensu *a análise do conjunto de atividades atuais ou dos projetos de atividades econômico-financeiras do contribuinte (pessoa física ou jurídica), em relação ao seu conjunto de obrigações fiscais com o escopo de organizar suas finanças, seus bens, negócios, rendas e demais atividades com repercussões tributárias, de modo que venha a sofrer o menor ônus fiscal possível.*

Contrariamente ao que se possa imaginar, o planejamento tributário não se limita ao aspecto preventivo da tributação, vale dizer, estudo adequado com o objetivo de aproveitamento de lacunas legais, benefícios isencionais e incentivos tributários, de maneira a obter preventivamente alguma economia nesse campo. Esse planejamento contempla atitudes repressivas, promoção de ações administrativas e judiciais com apoio a recuperar tributo indevidamente pago ou pago a maior, como forma de diminuir o custo operacional em determinada atividade.

Marins (2002) endossa tal assertiva da seguinte maneira:

> *Integra-se também ao conjunto de medidas relacionadas com o planejamento fiscal a recuperação de possíveis créditos fiscais, escriturais ou de moeda, ou mediante pedidos de repetição ou mesmo compensação de tributos pagos a maior ou indevidamente, e até mesmo a administração e a redução do passivo tributário por meio do aproveitamento de remissões, anistias e parcelamentos. Também o manejo dos instrumentos processuais, como a discussão judicial ou administrativa de tributos que estejam onerando indevidamente o contribuinte, se inclui entre as medidas de planejamento* lato sensu. *Por*

fim, compõe o plexo de providências de planejamento buscar o aproveitamento dos campos de não incidência tributária, raros mas existentes, e a identificação das possíveis lacunas do sistema que possibilitem economia fiscal. (Marins, 2002, p. 34, grifo do original)

De fato, o planejamento tributário deve ser compreendido como meio a salvaguardar antecipadamente a ação fiscal, não praticando o fato gerador do tributo, ou em caráter repressivo, quando ajuíza demanda fiscal com o escopo de questionar determinada incidência tributária, desaguando evidentemente na pretensão do cidadão/contribuinte em proteger-se de menor onerosidade tributária. Isso certamente revela a necessária mudança de comportamento que deve nortear o agente econômico ao lançar mão de algum expediente tributário, seja ele curativo ou preventivo, de maneira a obter economia exacional.

Agora, por meio de apontado expediente, como verdadeiro "direito de se auto-organizar", como aponta Greco (1998), tem lá suas limitações? A resposta é convincente. Diz o autor:

creio que há um outro aspecto a ser ponderado, quando se examina o tema do planejamento tributário (ou da elisão fiscal), e que não se prende, propriamente, à existência do direito, mas sim ao seu uso, ao modo de seu exercício. A pergunta que se põe é: admitida a existência do direito de organizar sua vida, esse direito pode ser utilizado pelo contribuinte sem quaisquer restrições? Ou seja, tal direito é ilimitado? Todo e qualquer "planejamento" é admissível? Minha resposta é negativa. E assim entendo por várias razões. (Greco, 1998, p. 123)

Involuntariamente ao aspecto semântico do termo *planejamento* ser compreendido como "elisão" na palavra de Greco (1998), o argumento de Marins (2002) aborda o planejamento como sendo algo maior, ou seja, algo que abraça a elisão fiscal, na medida em que importa promover ações tanto previamente quanto repressivamente, ou seja, sob o aspecto contencioso, seja ele administrativo ou tributário. A elisão não se limita ao aspecto preventivo. De qualquer maneira, e voltando-se ao raciocínio de Greco (1998), são várias as questões que tornam o planejamento tributário relativo na forma de organizar-se em termos exacionais. Para Marins (2002), o contexto histórico, interpretativo, a evolução das relações jurídico-tributárias e o estado social devidamente reconhecido pela Constituição Federal, de 5 de outubro de 1988 (Brasil, 1988a), devem ser primordialmente considerados. Assim expõe o autor:

> *Cumpre analisar o tema do planejamento tributário não apenas sob a ótica das formas jurídicas admissíveis, mas também sob o ângulo da sua utilização concreta, do seu funcionamento e dos resultados que gera à luz dos valores básicos da igualdade, solidariedade social e justiça. Partindo dessa abordagem, embora reconheça que o contribuinte tem o direito de organizar sua vida (desde que faça atendendo aos requisitos da licitude dos meios, previedade em relação ao fato gerador e inexistência de simulação) sou imediatamente conduzido à conclusão (aliás, aceita de forma praticamente unânime nos países ocidentais) de que um direito absoluto e incontrastável no seu exercício é figura que repugna à experiência moderna do convívio em sociedade, fundamentalmente informada pelo princípio da solidariedade social e não pelo individualismo exacerbado.* (Marins, 2002, p. 127-128)

O planejamento tributário, ao sofrer influências dentro dos contextos histórico, social e temporal, deve ser medido para o fim a que foi destinado.

Afirmativamente, a aplicação do direito sempre estará voltada aos valores defendidos na Carta Cidadã. O planejamento fiscal não está divorciado em tal contexto, isto é, deve ser compreendido dentro dessa realidade. A própria dinâmica jurisdicional do Estado, o denominado *Estado-Juiz*, tem colaborado nesse sentido, isto é, há julgados oriundos de tribunais superiores em matéria tributária bem diversos, uns reconhecem o direito do contribuinte e outros não, tratando de matérias iguais em momentos históricos muito recentes. Em razão disso é que o planejamento tributário, ao sofrer influências dentro dos contextos histórico, social e temporal, deve ser medido para o fim a que foi destinado. Não se pode perder de vista: o direito regula condutas juridicamente relevantes no mundo social, motivo forte o bastante para dizer que o planejamento tributário hoje aplicado pode não ser o mesmo em outro contexto, ainda que isso possa trazer certa dose de insegurança jurídica.

Dentro desse ambiente, convém avançarmos ao estudo do planejamento fiscal, abordando a evasão e a elisão fiscais. Por uma questão de melhor compreensão semântica e acadêmica, é importante observarmos o emprego de conceitos opostos na doutrina para a mesma palavra: *elisão*, que, tal como exposta, será sinônimo de licitude fiscal. Já a expressão *evasão fiscal* será empregada como infração à lei, consequentemente, sujeita à pena prevista em lei.

Para que você, leitor, consiga visualizar melhor a argumentação (evasão/elisão), tomemos o exemplo de Aliomar Baleeiro, no estudo de Renato Lopes Becho, *O planejamento tributário na doutrina tradicional*:

> *analisemos, agora, a doutrina de Aliomar Baleeiro desenvolvida em obra que antecedeu o Direito Tributário. Dentre as reações dos contribuintes à tributação, o autor incluiu a "evasão", explicando: "Evasão é o nome genérico dado à atitude do contribuinte que se nega ao sacrifício fiscal. Será lícita ou ilícita."*
>
> *[...]*
>
> *Destacamos a distinção entre evasão lícita e ilícita, separação que perdurará em toda discussão sobre planejamento tributário. Como em todas as subáreas jurídicas,*

> *o planejamento lícito é aquele realizado sem infringir as leis, enquanto o planejamento ilícito é aquele levado a cabo com infração à lei.*
> *Dentro dos exemplos de Baleeiro para a evasão lícita são incluídas tanto situações em que o contribuinte evita os fatos que dão ensejo à tributação, quanto manipulação de situações, atos ou fatos para ensejar a economia tributária.* (Becho, 2010, p. 138)

Independentemente do grau de cientificidade investido por Becho (2010), empunhando a bandeira evasão lícita ou ilícita, na expressão de Baleeiro, desejando aqui imprimir didática e praticidade ao tema em foco, as razões de diferenciação permanecem intocadas (evasão/ilicitude e elisão/licitude).

5.1 Evasão e elisão fiscal – marco temporal

Estabelecer, portanto, a divisão entre o lícito e o ilícito na órbita do planejamento tributário, ou seja, elisão ou evasão em termos objetivos, deve basear-se em considerações dessas características. Não se pode conceber aparência de licitude sob qualquer prisma se a conduta (omissa o comissiva) fora praticada com infração legal. Não há como sustentar conduta meio lícita para justificar a economia fiscal obtida. Assim, o resultado até pode ser o mesmo, mas o meio empregado absolutamente não. A questão conduz ao esforço de raciocínio no sentido de eleger o critério mais adequado, apto a promover fundamental divisão. O critério temporal é o que melhor se amolda ao que pode ser identificado como evasão ou elisão.

O critério temporal é o que melhor se amolda ao que pode ser identificado como evasão ou elisão.

São vários os autores que defendem e discorrem sobre o critério objetivo a dividir condutas, entre os quais Becho (2010), citando a doutrina de Rubens Gomes de Souza, para quem:

> *O critério objetivo escolhido pelo jurista é o do tempo da prática dos fatos que geraram a economia do tributo. Se o contribuinte ajustou sua conduta a uma situação que gere economia de tributos "antes da ocorrência material do fato gerador daquela obrigação", ele terá realizado uma evasão (lícita) e não punível (se não o for por outro motivo). Todavia, se "a atividade do contribuinte se exerce depois da ocorrência material do fato gerador da obrigação tributária", será "sempre uma fraude", punível administrativa ou até criminalmente.* (Becho, 2010, p. 148)

Paulsen (2002), por sua vez, traz o pensamento de Gilberto de Ulhôa Canto:

> *o único critério cientificamente aceitável para se diferenciar a elisão e a evasão é o temporal. Se a conduta (ação ou omissão do agente) se verifica antes da ocorrência do fato gerador da obrigação tributária de que se trate, a hipótese será de elisão, pois, sempre tendo-se como pressuposto que o contribuinte não viole nenhuma norma legal, ele não terá infringido direito algum do fisco ao tributo, uma vez que ainda não se corporificou o fato gerador.* (Paulsen, 2002, p. 864)

No mesmo caminhar, Paulsen (2002) traz o entendimento de Hermes Marcelo Huck. Confira:

> *São tênues e difusos os limites que separam a evasão ilegal da elisão lícita. Distingui-los é tão difícil quanto defini-los. Várias tentativas de distinção surgem na doutrina. A mais frequente delas fala no fator tempo. Ainda*

que sujeita a exceções, os autores procuram estabelecer a elisão como manobra particular praticada antes do surgimento do fato gerador, evitando exatamente que este apareça. Evasão é o procedimento destinado à fuga tributária, cujos atos constitutivos foram praticados após a ocorrência do fato imponível. O imposto já é devido, e o contribuinte deixa de recolhê-lo. (Paulsen, 2002, p. 849)

Como podemos ver, o aspecto temporal é o que melhor traduz a cisma entre o legal e o ilegal no âmbito do planejamento tributário, vale dizer, a ação preventiva do agente econômico deve ser trabalhada de modo a evitar o fato gerador do tributo a tipificar a elisão, na consecução da licitude do ato jurídico. Do contrário, uma vez praticado o fato gerador do tributo, não adianta maquiá-lo, ocultá-lo ou fraudá-lo; estará praticando a ilicitude fiscal, representada pela evasão tributária, passível, por isso, de reprovação. Cristiano Carvalho, contudo, lembra haver situações excepcionais tipificadas como condutas elisivas, mesmo ocorridas após a prática do fato gerador, como é o caso de denúncia espontânea prevista no art. 138 do Código Tributário Nacional – CTN, Lei nº 5.172, de 25 de outubro de 1966 (Brasil, 1966c), e do parcelamento de débito fiscal, permitido pela legislação, como meio economicamente viável de modo a afastar incidência de maior multa em face de tal conduta. Conforme Carvalho (2004, p. 58):

Muitas vezes, mesmo após a ocorrência do fato gerador, o contribuinte pode obter vantagens do ponto de vista econômico, através, por exemplo, da denúncia espontânea (art. 138 do CTN) que elide, por exemplo, da penalidade sobre a obrigação principal. Da mesma forma, pode ocorrer a parcelamentos previstos pela legislação tributária pertinente.

Com base em tais hipóteses, e tomando como apoio os estudos já empregados, precisamente quanto ao âmbito do exercício de competência tributária, aplicação do CTN no arcabouço jurídico brasileiro, em pura sintonia aos comandos irradiados pela CF/1988, é importante fazermos algumas considerações aptas ao bom exercício do planejamento tributário.

5.2 Direito tributário – caráter de sobreposição

Como já estudado em capítulo próprio, a lei complementar tem a finalidade, entre outras, de estabelecer normas gerais tributárias. Nesse caso, a missão do CTN é irradiar comandos aos poderes públicos – União, estados, Distrito Federal e municípios – para que possam legislar observando as prescrições em referida legislação. Com efeito, o art. 110, do CTN, proclama:

> Art. 110. A lei tributária não pode alterar a definição, o conteúdo e o alcance de institutos, conceitos e formas de direito privado, utilizados, expressa ou implicitamente, pela Constituição Federal, pelas Constituições dos Estados, ou pelas Leis Orgânicas do Distrito Federal ou dos Municípios, para definir ou limitar competências tributárias.

Ela (a lei tributária) está a sacramentar não só a competência outorgada aos entes da Federação, mas a limitar o alcance que cada Poder Público poderia lançar mão na instituição de seus tributos.

Se não fosse esse "freio" cravado por essa preciosa regra contida no CTN, certamente o legislador municipal exigiria, por exemplo, ISSQN sobre fatos que não são serviços, de forma a promover a maior arrecadação possível, certamente. A União

Federal, a seu turno, exigiria, por exemplo, Imposto de Renda em situações fáticas estranhas ao que se entende por renda ou proventos de qualquer natureza; enfim, abriria um canal certamente insuportável aos contribuintes a satisfazer a arrecadação por conta desse "drible" às rígidas prescrições constitucionais.

O direito tributário não conceitua o que é receita ou faturamento para fins de tributação, essas expressões vêm definidas em outras legislações.

Por conta disso, o legislador, ao redigir o art. 110 do CTN, tratou de expressamente vedar essa possibilidade. Por isso, o direito tributário serve-se de outros conceitos dispostos em legislações esparsas – o direito civil, por exemplo – como meio de instituição, arrecadação e fiscalização de tributos. O direito tributário não conceitua o que é receita ou faturamento para fins de tributação, essas expressões vêm definidas em outras legislações. É o que se chama *direito de sobreposição*. A doutrina de Carvalho (2004) concorda com esse pensamento. Confira:

> *É clássica a lição de Gian Antônio Micheli, conceituando o direito tributário como um direito de "superposição". Isso significa que o sub-ramo do direito positivo, que versa sobre instituição, arrecadação e fiscalização de tributos, ou seja, o direito tributário, não costuma juridicizar condutas sociais puras. A conduta do cidadão comum fica a cargo do Direito Privado, regulado principalmente pelo Código Civil, a "constituição do homem comum", expressão cunhada por Miguel Reale.*
>
> *Destarte, o direito tributário serve-se de situações já previamente normatizadas pelo direito privado, a fim de dar efeitos tributários sobre a consecução fática dessas situações.* (Carvalho, 2004, p. 55-56)

Regina Helena Costa (2007, p. 49-50), ao dissertar sobre o tema em questão, precisamente sobre o comentário dos arts. 109* e 110 do CTN, faz oportunas ressalvas:

> *A prescrição é de extrema relevância, porquanto tal problemática diz com a determinação do campo eficacial (material) da lei tributária, e a modificação de um conceito de direito privado pode vir a provocar uma indesejada ampliação da competência tributária. No entanto, cremos seja necessário advertir-se que no Brasil esse entendimento se impõe independentemente dessa disposição legal, em razão da hierarquia normativa, porquanto as regras-matrizes de incidência tributária estão contempladas na Constituição.*
>
> *Desse modo, a Lei Maior, que emprega com frequência conceitos de direito privado na previsão das regras-matrizes de incidência – bens móveis, imóveis, mercadoria, propriedade, patrimônio, renda, serviço, salário, empresa etc. – ao fazê-lo, já define – e, portanto, limita – o campo de atuação da lei tributária. Tais conceitos são, em consequência, utilizados com a significação que lhes é própria no direito privado.*

De qualquer maneira, ainda que a regra-matriz de hipótese de incidência possa ser considerada para fins de atribuição de competência, de acordo com o que está discriminado na CF/1988, o CTN vem ratificar – não poderia ser diferente – e complementar o que, de certa forma, já está previamente delimitado. Mas, por que tal proposição está sendo aqui cuidada? Qual é o fundamento para abordar aludido tema em linhas do planejamento tributário? A resposta é simples: porque, a partir do momento em que o contribuinte optar

* Art. 109. Os princípios gerais e Direito utilizam-se para pesquisa da definição, do conteúdo e do alcance de seus institutos, conceitos e formas, mas não para definição dos respectivos efeitos tributários.

pela tributação menos onerosa, apegando-se a institutos de direito privado quanto às formas e aos conceitos em relações com esse traço, para fins de planejamento tributário, não será o ato de fiscalização que irá desconstituí-lo para o propósito de promover outro lançamento, fulcrado no entendimento de prática de dissimilação do fato gerador.

Não foi sem razão que os capítulos iniciais desse estudo foram cuidados como forma de sustentar essa verdade: a relevância em fixar os fundamentos constitucionais e os princípios atrelados à *legislação tributária nacional é elemento indispensável* ao correto exercício do planejamento tributário. Não é só isso: a própria alteração, revogação ou ab-rogação da legislativa tributária, quando de sua vigência, representa a dinâmica do seu tempo. É importante ressaltarmos, não se está a incentivar a evasão fiscal, amplamente reprovada sob todos os aspectos, mas a lançar mão de condutas legais e legítimas – colocadas ao dispor do agente econômico –, como forma de aliviar a tributação sobre suas atividades.

5.3 Conflito entre princípios e normas

Em capítulo específico, dedicamos nossos esforços a estudar o alcance dos princípios constitucionais tributários, verdadeiros alicerces a formar a estrutura do sistema constitucional tributário. Esses princípios representam significativo valor a ponto de influir na aplicação da lei, instituída como norma de conduta dirigida ao comportamento do agente econômico. De qualquer maneira, ainda que os princípios gerais tributários não se esgotem naqueles já arrolados – art. 150 da CF/1988 –, interessa-nos destacar, inicialmente, a correta identificação dentro do nosso arcabouço nacional, a ponto de diferenciá-los das normas. Implica promover essa distinção, princípio e norma, pelo valor hereditário que traz, a moldar a aplicação da lei. O não reconhecimento dessa segregação certamente levará a consequências equivocadas na aplicação da legislação afeta ao caso, comprometendo, desse modo, o correto planejamento tributário.

Luciano Alaor Bogo (2006, p. 73), ao estudar a correta temática identificadora, cita J. J. G. Canotilho, que:

> *apresenta alguns critérios para a diferenciação entre princípios e regras; a) grau de abstração: os princípios usualmente apresentam um grau de abstração elevado, ao contrário das regras; b) grau de determinabilidade na aplicação do caso concreto: os princípios por sua vagueza e indeterminação carecem de outras medições para sua concretização, enquanto as regras são suscetíveis de aplicação imediata; c) caráter de fundamentalidade no sistema do direito: os princípios são normas de natureza estruturante ou de caráter fundamental no ordenamento jurídico, ao contrário das regras que possuem incidência mais específica; [sic] e) proximidade da ideia de direito: os princípios representam standards juridicamente vinculantes, fundados na ideia de direito ou no ideal de justiça adotado pelo ordenamento jurídico, enquanto as regras podem ser normas vinculantes com um conceito meramente funcional.*

Como podemos apreender, a teoria geral do direito promove a integração e a aplicação da legislação tributária, garantindo a harmonia do sistema. Exatamente por conta disso, e considerando os critérios de identificação, alto grau de valor, subjetividade e finalidade, é que deverá ocorrer a sadia separação entre regras (normas) e princípios, na perfeita adequação da relação jurídico-tributária.

Feitas essas considerações, podemos avançar na introdução em tela, ou seja, quando houver conflito entre princípios e regras, deve preponderar, por um raciocínio lógico e elementar, a prevalência do princípio. Mas quando houver "colisão" entre princípios, deve-se aplicar aquele que representa maior interesse jurídico ao caso vertente: apenas um deverá ceder passo ao princípio mais adequado na aplicação da justiça fiscal, sem, por isso, anulá-lo. O contrário acontece com as normas, pois quando ocorrer um conflito entre elas, uma deverá ser afastada para incidência da outra. Outra vez Bogo (2006, p. 93-94) lança luz ao ponto:

> *O conflito entre regras resultará sempre no afastamento de uma delas, seja pela introdução de uma cláusula de exceção, seja pelo reconhecimento da invalidade de uma delas. Como anota Robert Alexy, não existe graduação na validade: ou a regra é válida ou não é válida. Já no caso dos princípios não há conflito, mas colisão. Como os princípios constituem mandados de otimização, admitindo, assim, aplicação parcial, nenhum deles precisa ser declarado inválido ou nulo. As circunstâncias em determinado caso concreto é que determinarão qual princípio deverá prevalecer sobre o outro.*
>
> *Nesse passo, importa repisar que não existem princípios absolutos. Desse modo, a colisão entre dois princípios constitucionais não pode ser solucionada com anulação de um ou de outro. Os princípios devem manter o maior grau possível de aplicação com a limitação decorrente do conflito, mas não deve ocorrer a negação absoluta de um deles.*
>
> *É no exame do caso concreto, mediante o instrumento da ponderação, que se poderá verificar a precedência e prevalência de princípio sobre o outro.*

De fato, as condições anteriormente apresentadas, isto é, como o contribuinte poderá compreender o sistema tributário, representam instrumento capital a empreender a aplicação do direito, quando da implementação da elisão tributária, marcada pelo grau de subjetividade, quando se escolhe determinada conduta comportamental resultante em hábil economia fiscal, em contraposição ao que o Poder Público pode conceber, porque se está a falar, em última análise, em perda de arrecadação por conta dessa postura.

Ao tempo em que o CTN prescreveu a regra geral antielisiva, ao acrescentar o parágrafo único no art. 116, por meio da Lei Complementar nº 104, de 10 de janeiro de 2001 (Brasil, 2001g), onde se lê:

> Art. 116. A autoridade administrativa poderá desconsiderar atos ou negócios jurídicos praticados com a finalidade de dissimulação a ocorrência do fato gerador do tributo ou a natureza dos elementos constitutivos da obrigação tributária, observados os procedimentos a serem estabelecidos em lei ordinária.

Assim, o fato gerador do tributo deve ser visto com toda carga decorrente de referido comando. Todavia, os princípios constitucionais, tais como legalidade, tipicidade cerrada, segurança jurídica e capacidade tributária, deverão ser levados em conta pelo que representam dentro do ordenamento jurídico pátrio. Com base nessas noções, você, leitor, está credenciado a examinar o conteúdo e o alcance do art. 116, citado anteriormente, tarefa esta do qual nos ocuparemos adiante.

5.4 Lei Complementar nº 104, de 10 de janeiro de 2001 – a chamada *norma antielisão*

Antes, porém, de nos debruçarmos sobre a chamada *norma antielisão*, deveríamos pensar que, na verdade, essa norma deveria ser intitulada *norma antievasão*, porque, como mencionado anteriormente, a elisão revela conduta lícita e a evasão, não. Quem melhor sustenta essa impropriedade é Costa (2007, p. 291), quando cita Misabel Abreu Machado Derzi, para quem: "Seria melhor, então, falar-se em norma geral 'antievasiva' ou 'antissimulação', porque, evidentemente, não está ela a impedir a elisão fiscal, mas, sim, a evitar que atos ou negócios jurídicos disfarçados impeçam o Fisco de poder exigir os créditos que lhe pertencem".

O estudo da matéria em foco, no entanto, deve considerar não só a redação do art. 116, parágrafo único, do CTN, onde se lê:

> Art. 16. Salvo disposição de lei em contrário, considera-se ocorrido o fato gerador e existentes os seus efeitos:
>
> [...]
>
> Parágrafo único. A autoridade administrativa poderá desconsiderar atos ou negócios jurídicos praticados com a finalidade de dissimular a ocorrência do fato gerador do tributo ou a natureza dos elementos constitutivos da obrigação tributária, observados os procedimentos a serem estabelecidos em lei ordinária.

Devemos considerar, também, o art. 149, VII, cuja prescrição é a seguinte: "O lançamento é efetuado e revisto de ofício pela autoridade administrativa nos seguintes casos: [...] VII – quando se comprove que o sujeito passivo, ou terceiro em benefício daquele, agiu com dolo, fraude ou simulação.".

Assim sendo, os conceitos trazidos pelo legislador complementar, notabilizado como direito de sobreposição, devem ser extraídos pela legislação civil que efetivamente conceitua referidos vícios sociais. Ora, se se está a falar em reprovação por ação ou omissão contrária à lei, logicamente o ato deverá ser declarado nulo, porque é praticado em sua marginalidade. Mas, o legislador, ao prescrever o parágrafo único do art. 116, trouxe à tona a palavra *dissimulação*. O que se entende por *dissimulação*? Segundo Silva (2001, p. 281, grifo do original), *dissimulação* é:

Do latim dissimulatio, *embora tendo sentido equivalente a simulação (disfarce, fingimento), é mais propriamente indicado como ocultação. É mais próprio à terminologia do Direito Tributário para indicar a ocultação de mercadorias, escondidas para a sonegação do imposto. A dissimulação de rendimentos vem a significar a falsidade da declaração, onde se mencionam as rendas, que estão sujeitas ao pagamento do imposto próprio.*

Por conseguinte, o Código Civil, Lei nº 10.406, de 10 de janeiro de 2002 (Brasil, 2002f), deve tratar da matéria, uma vez que o direito tributário utiliza conceitos de direito privado, como podemos retirar da redação do art. 110 do CTN. O art. 167 do Código Civil, que trata da dissimulação, está assim redigido:

> Art. 167. É nulo o negócio jurídico simulado, mas subsistirá o que se dissimulou, se válido for na substância e na forma.
> § 1° Haverá simulação nos negócios jurídicos quando:
> I – aparentarem conferir ou transmitir direitos a pessoas diversas daquelas às quais realmente se conferem, ou transmitem;
> II – contiverem declaração, confissão, condição ou cláusula não verdadeira;
> III – os instrumentos particulares forem antedatados, ou pós-datados.
> § 2° Ressalvam-se os direitos de terceiros de boa-fé em face dos contraentes do negócio jurídico simulado.

Maria Helena Diniz (2003, p. 169), ao promover a diferenciação entre a *simulação* e a *dissimulação*, revela:

Dissimulação e simulação. Não há que confundir a simulação com a dissimulação. A simulação provoca falsa crença num estado não real, quer enganar sobre a existência de uma situação não verdadeira, tornando nulo o negócio. A dissimulação oculta ao conhecimento de outrem uma situação existente, pretendendo,

> *portanto, incutir no espírito de alguém a inexistência de uma situação real, e no negócio jurídico subsistirá o que se dissimulou, se válido for na substância e na forma (CC, art. 167, 2ª parte).*

Esse esforço de juízo tem como lastro a correta interpretação que se deve reputar ao parágrafo único do art. 116 do CTN, isto é, o legislador quis tratar de realidades distintas, porque tanto a simulação quanto a dissimulação farão com que ocorram as respectivas revisão e desconsideração de lançamentos e incidências de penalidades legais, sem contar possíveis repercussões de ordem penal. Paulsen (2002), por sua vez, colabora com a doutrina tributária ao trazer o pensamento de Marciano Seabra de Godói, quando tratou de diferenciar dissimulação e simulação:

> *a língua portuguesa parece designar realidades diferentes com os termos "simular" e "dissimular". À primeira vista parecem ter significados idênticos, mas se repararmos em algumas expressões notamos diferenças claras: soaria muito estranho por exemplo falar em "dissimulação de voo" ou em dissimulação de incêndio, em vez de "simulador de voo" ou "simulação de incêndio". Aí, claramente, as palavras não são intercambiáveis, simular parece ter um papel mais ativo do que dissimular, ativo no sentido de criador de realidades que não existem. [...] "Simular é fingir o que não é; dissimular é encobrir o que é [...]. Ora, como o ato simulado se trata de algo que não é, que não se sustenta como realidade jurídica, não é necessário que o CTN ordene ao aplicador que o desconsidere, pois isto está subentendido como decorrência lógica jurídica. Por isso mesmo andou muito bem o legislador ao utilizar o termo dissimular (e não simular) no artigo ora em análise. Na verdade, na dissimulação prevista no art. 116 há uma realidade (ocorrência do fato gerador) e uma cobertura, um disfarce promovido*

> *por atos ou negócios jurídicos, e o legislador ordena que tais disfarces sejam desconsiderados.* (Paulsen, 2002, p. 866-867)

Pelo que foi apresentado, o que se reprova é a ocorrência do fato gerador viciado em sua origem e o seu disfarce, de modo a evitar ou diminuir a efetiva carga fiscal. De outra maneira, a elisão amparada em fatos legais, retirados em conceitos de direito privado, postulados da tipicidade cerrada em matéria de direito tributário, a influir em tal relação, não pode ser afastada ao desejo da Administração Pública. Se fosse assim, o que se entende por planejamento tributário, como manobra legítima, estará completamente comprometido em sua essência, diante da possibilidade, repetimos, de sua desconsideração ao arbítrio da fiscalização.

Mais uma vez, a obra de Costa (2007), ao cuidar das cláusulas gerais da norma antielisiva, vem acrescer aos argumentos aqui sustentados, citando, para tanto, Paulo de Barros Carvalho. Confira:

> *Desse modo, numa primeira reflexão, uma vez acrescentado o preceito, parece-nos necessário termos um rol de hipóteses no parágrafo único do art. 116 do CTN, embora arroladas no inciso VII do art. 149 do mesmo estatuto para o cabimento do lançamento do ofício sejam – acreditamos – praticamente as mesmas que ensejarão a aplicação daquele dispositivo.*
>
> *De todo modo, calha, uma vez mais, a advertência de Paulo de Barros Carvalho no que tange à aplicação dessa norma, de modo a não inviabilizar o planejamento fiscal: "Há que se cuidar, todavia, para não estender demasiadamente a aplicação do novo preceito, chegando a ponto de julgar dissimulado o negócio jurídico realizado em decorrência de planejamento fiscal."*
>
> *Neste último caso, as partes celebram um negócio que, não obstante importe redução ou eliminação da carga tributária, é legal, e, portanto, válido, diferentemente*

> *dos atos dissimulados, consistentes na ilegal ocultação da ocorrência do fato jurídico tributário. O parágrafo único do art. 116 do CTN não veio para impedir o planejamento fiscal; nem poderia fazê-lo, já que o contribuinte é livre para escolher o ato que pretende praticar, acarretando, conforme sua escolha, o nascimento ou não de determinada obrigação tributária.* (Costa, 2007, p. 295-296)

Embora repute urgir a edição de lei regulamentadora com o propósito de evitar total liberdade à fiscalização como meio a garantir segurança jurídica, a Medida Provisória nº 66, de 29 de agosto de 2002 (Brasil, 2002j), até teve esse propósito; todavia, a Lei 10.637, de 30 dezembro de 2002 (Brasil, 2002h), não promoveu sua conversão. Note-se, dessa maneira, muito embora os critérios sejam os mesmos do art. 149 do CTN, que a autora defende, efetivamente, o planejamento tributário. Não há como conceber orientação diversa da que está sendo aqui desenvolvida; o planejamento fiscal está umbilicalmente ligado aos princípios constitucionais da segurança jurídica – estabilidade nas relações tributárias, livre iniciativa –, postulado esse corolário da atividade econômica.

Eduardo Domingos Bottallo, ao abordar o tema com a devida contumácia, em artigo intitulado *A denominada norma antielisiva e a simulação como hipótese de invalidade de atos e negócios jurídicos*, compartilha do seguinte entendimento:

> *Com efeito, a elisão fiscal se expressa pela conduta do contribuinte visando prevenir, evitar a ocorrência do fato gerador. Quando menos, ela busca assegurar que, entre as alternativas possíveis perante a ordem jurídica prevaleça aquela que traga a consequência tributária menos gravosa. Como se vê, não há nada de errado com a elisão porque ela não envolve nenhuma violação à legislação fiscal.* (Bottallo, 2004, p. 180)

Sacha Calmon Navarro Coelho e Eduardo Maneira, em artigo denominado *Planejamento tributário/Incorporação de empresas – questões atinentes ao IRPJ e à CSLL*, asseveram a polêmica em questão, pois não só professam diferenças de posturas entre a prática da evasão tributária – qualificada como ilícita e a elisão (ação lícita), instrumento ao alcance de todos pela legitimidade que a cerca –, como discursam outras formas elisivas legais:

> *A evasão comissiva ilícita dá-se nas hipóteses de fraude, simulação ou conluio, que são ações unilaterais ou bilaterais, voltadas ao escopo de alterar a realidade com o fito de não pagar o tributo ou retardar o seu pagamento (falsificação de documentos, notas fiscais, valores, negócios etc.).*
>
> *A evasão comissiva lícita, finalmente, também chamada de* economia fiscal *ou* elisão fiscal, *ocorreria quando o agente, visando a certo resultado econômico, buscasse, por instrumentos sempre lícitos, fórmula negociável alternativa e menos onerosa do ponto de vista fiscal, aproveitando-se da legislação não proibitiva ou não equiparadora de forma ou fórmulas de Direito Privado (redução legal das formas ao resultado econômico).*
>
> *A disciplina da elisão fiscal comporta mais uma diferenciação. Temos elisão induzida quando a própria lei deseja o comportamento do contribuinte, por razões extrafiscais. Exemplo é a isenção por dez anos do IR para os lucros das indústrias que se instalem no Nordeste do Brasil. Temos elisão por lacuna quando a lei, sendo lacunosa, deixa buracos nas malhas da imposição, devidamente aproveitados pelos contribuintes. A verdadeira elisão fiscal é esta, por apresentar questionamentos jurídicos e éticos na sua avaliação. Baseia-se na premissa de que, se o legislador não a quis, como elisão fiscal induzida, pelo menos não a vedou expressamente, quando podia tê-lo feito (princípio da legalidade). Esse princípio, o particular, abriga duas conotações relevantes.*

> *A primeira é a de que o contribuinte, observada a lei, não está obrigado a adotar a solução fiscal e jurídica mais onerosa para o seu negócio. Pelo contrário, está eticamente liberado para buscar a menos onerosa, até porque, sendo o regime econômico considerado de livre iniciativa e de assunção de responsabilidades, prevalece a tese da maximização dos resultados. A segunda conotação do princípio da legalidade no particular reside no aforismo de que ninguém está obrigado a fazer ou deixar de fazer alguma coisa senão em virtude de lei, de resto preceito constitucional e, pois, dominante.* (Coelho; Maneira, 2006, p. 95-114, grifo do original)

Como se vê, não são poucas as lições doutrinárias que fortalecem a possibilidade de melhor gerir os desígnios da pessoa jurídica, como agente econômico interessado em praticar o planejamento tributário rigorosamente dentro das balizas legais. Em contrapartida, e isso será objeto de nosso estudo, não são pequenas as multas previstas na legislação, por exemplo, a Lei nº 9.430, de 27 de dezembro de 1996 (Brasil, 1996c), art. 44, a qual tipifica casos em que a fiscalização entende haver evasão tributária. Certamente, sempre haverá grau de subjetividade numa ou noutra forma de avaliação de postura. No entanto, a conduta, para ser qualificada como tal, entendida como infração subjetiva, dependerá de literal comprovação para torná-la típica, ilícita e culpável, requisitos imprescindíveis a qualificá-la passível de punição na esfera penal tributária.

Síntese

O planejamento tributário não se limita a agir de maneira preventiva no exercício da atividade do agente econômico. Ele também encontra assento em ações repressivas de maneira a recuperar o que foi indevidamente pago no campo do direito tributário. De qualquer maneira, o planejamento tributário, tal como anteriormente abordado, está lastreado em conduta lícita, legitimando, com isso, ações preventivas na administração dos interesses do agente econômico. Portanto, os princípios constitucionais, bem como os postulados tributários anteriormente estudados, somados com a devida compreensão do sistema, credenciam atitudes proativas que certamente facilitarão o desenvolvimento de algum tipo de economia nesse campo.

Questões para revisão

1) (Fundação Getulio Vargas – Juiz Substituto – PA – 2009) Quanto à elisão fiscal, é correto afirmar que:

a) constitui procedimento lícito de economia de tributos, geralmente realizado antes da ocorrência do fato gerador.
b) constitui procedimento dúbio que pode ser desqualificado e requalificado pela autoridade administrativa.
c) constitui uma sucessão de atos ou negócios jurídicos realizados para dissimular a ocorrência do fato gerador.
d) constitui prática atentatória ao princípio da solidariedade social e, portanto, inconstitucional.
e) constitui mecanismo de economia fiscal, só possível quando a lei expressamente o permitir.

2) (Candidato Real – Questões para concurso público – Contabilidade) A distinção entre Elisão e Evasão Fiscal é, respectivamente:

a) A Elisão Fiscal é articulada com base em um planejamento, aceito e aplicado pelo contribuinte, preocupado com a saúde financeira de sua empresa que, em favor da própria manutenção de suas atividades, recorre a profissionais habilitados para a minoração da pesada carga tributária a que está sujeita. A Evasão Fiscal é o ato de omissão e falsificação de informações com vistas a burlar o Fisco e impedir a cobrança, mesma, do tributo.

b) A Elisão Fiscal é o ato de omissão e falsificação de informações com vistas a burlar o Fisco e impedir a cobrança, mesma, do tributo. A Evasão Fiscal é articulada com base em um planejamento, aceito e aplicado pelo contribuinte, preocupado com a saúde financeira de sua empresa que, em favor da própria manutenção de suas atividades, recorre a profissionais habilitados para a minoração da pesada carga tributária a que está sujeita.

c) A Elisão Fiscal é articulada com base em um planejamento, não aceito e aplicado pelo contribuinte. A Evasão Fiscal é articulada com base em um planejamento, aceito e aplicado pelo contribuinte.

d) A Elisão Fiscal é um ato ilícito e a Evasão Fiscal é um ato lícito.

3) (Fepese – Auditor-Fiscal da Receita Estadual – Sefaz-SC – 2010) Assinale a alternativa correta:

a) A Lei Complementar nº 104, de 10 de janeiro de 2001, modificou a redação do art. 198, § 3º, CTN, dispondo ser vedada a divulgação de informações relativas a representações fiscais para fins penais, inscrições na Dívida Ativa da Fazenda Pública e ao parcelamento ou moratória.

b) Da leitura do art. 196, CTN, podemos afirmar que a autoridade administrativa que proceder ou presidir a quaisquer diligências de fiscalização deverá lavrar os termos necessários para que se documente o início do procedimento, na forma da legislação aplicável, sendo que esta fixará prazo máximo para a conclusão daquelas.

c) O termo de inscrição da dívida ativa, autenticado pela autoridade competente, indicará obrigatoriamente, conforme disposto no art. 202, CTN, o nome do devedor e, sendo o caso, o dos corresponsáveis, a quantia devida e a maneira de calcular os juros de mora acrescidos, a origem e a natureza do crédito, mencionada especificamente a disposição da lei em que seja fundado, sendo dispensado de registro o número do processo administrativo de que se originar o crédito.

d) No que se refere à certidão negativa de débitos, e de acordo com o disposto no art. 206, CTN, podemos afirmar que tem os mesmos efeitos previstos no art. 205, CTN, a certidão de que conste a existência de créditos não vencidos, em curso de cobrança executiva em que tenha sido efetivada a penhora, ou cuja exigibilidade esteja suspensa ou excluída.

4) (Esaf – Auditor do Tesouro Municipal – Prefeitura de Natal-RN – 2008) Sobre o conceito de tributo e sua natureza jurídica, assinale a única opção correta:

a) A Lei Complementar nº 104/2001, ao permitir a dação em pagamento de bens imóveis, como forma de extinção do crédito tributário, promoveu a derrogação do art. 30 do CTN, que confere ao tributo uma prestação pecuniária em moeda ou cujo valor nela se possa exprimir.

b) Tributo é toda prestação pecuniária compulsória instituída em lei. Todavia, não há restrição para que o município majore alíquotas de tributos, sob sua competência, por meio de decreto.

c) Tendo em vista que o tributo não pode constituir uma sanção por ato ilícito, não se faz possível a incidência de tributos sobre atividades criminosas, pois assim agindo o Estado estaria obtendo recursos de uma atividade por ele proibida.

d) A cobrança de impostos decorre de uma atividade administrativa não vinculada, haja vista os recursos poderem ser utilizados com quaisquer despesas previstas no orçamento.

e) O que determina a natureza jurídica de um tributo é o fato gerador da respectiva obrigação, independentemente de sua denominação e da destinação legal do produto de sua arrecadação.

5) (Fundação Getulio Vargas – Fiscal de Rendas – Sefaz-RJ – 2009) A Lei Complementar nº 104/2001 inseriu o parágrafo único ao artigo 116 do Código Tributário Nacional, tendo por objetivo restringir a prática do planejamento tributário, ainda que este fosse conduzido mediante o uso de estruturas e procedimentos perfeitamente lícitos – a chamada *elisão tributária*. A redação do referido dispositivo gerou grande polêmica ao condicionar a desconsideração dos atos e negócios jurídicos praticados pelo contribuinte à hipótese de "dissimulação", pois, para parte expressiva da doutrina jurídica, dissimulação é forma de simulação relativa, figura que se relaciona com a chamada *evasão tributária* (ilícita) e não com a elisão. Na tentativa de regulamentar a aplicação da cláusula antielisiva (pretensamente contida no parágrafo único do artigo 116 do CTN), foi editada a Medida Provisória nº 66, que acabou, nesta parte, não sendo convertida em lei (Lei nº 10.637/2002). A esse respeito, é correto afirmar que:

a) a autoridade administrativa jamais poderá desconsiderar atos praticados pelo contribuinte no contexto do chamado "planejamento tributário", sejam eles lícitos ou ilícitos, justamente por não ter sido formalmente regulamentado o parágrafo único do artigo 116 do Código Tributário Nacional.
b) a autoridade administrativa está plenamente autorizada a aplicar o parágrafo único do artigo 116 do Código Tributário Nacional, ainda que tal dispositivo não tenha sido regulamentado por lei ordinária.
c) a Medida Provisória nº 66 previa procedimento especial para que a autoridade administrativa pudesse desconsiderar os atos praticados pelo contribuinte, como, por exemplo, dar a oportunidade ao contribuinte para se manifestar, antes de

lavrado o auto de infração, sobre as razões do procedimento por ele adotado, situação que em nada mudou com a não conversão da Medida Provisória nº 66 em lei, já que o Decreto nº 70.235/1972 prevê tal situação expressamente.

d) em decorrência da não conversão da Medida Provisória nº 66 em lei e, consequentemente, da não regulamentação do parágrafo primeiro do artigo 116 do Código Tributário Nacional, a autoridade administrativa somente poderá desconsiderar atos e negócios jurídicos praticados pelo contribuinte, para então requalificá-los, quando houver algum tipo de desvio, como, por exemplo, simulação, abuso de direito e abuso de forma.

e) no Brasil, nunca houve a necessidade de uma cláusula geral antielisiva, pois sempre se entendeu, tanto no âmbito doutrinário como no jurisprudencial, que a substância econômica do negócio deveria prevalecer sobre a forma.

6) Defina, em poucas palavras, o que se entende por planejamento tributário?

7) Como lidar com conflitos entre princípios e leis / princípios e princípios / leis e leis, isto é, como solucioná-los?

Questão para reflexão

1) (Portal Boletim Jurídico – Ano IX – Número 752) Qual o objetivo do planejamento tributário?

2) (Ministério Público de São Paulo – Prova Oral – 2007) O que é elisão fiscal?

3) (Ministério Público de São Paulo – Prova Oral – 2007) O que é evasão fiscal?

4) (Fundação Getulio Vargas – Fiscal de Rendas – Sefaz-RJ – 2009) Como se deve compreender a maneira de aplicação do planejamento tributário?

5) (Cespe/UnB – 2009) Qual é o objetivo da norma antielisão?

Consultando a legislação

Para desenvolver mais o conteúdo estudado neste capítulo, leia os arts. 149 e 150 da Constituição Federal de 1988; leia também a Lei Complementar nº 104/2001, a Lei nº 9.430/1996, art. 44, o Código Tributário Nacional, arts. 109, 110, 116, 138 e 149, e o Código Civil, art. 167.

VI

Imposto de Renda e proventos de qualquer natureza

Conteúdos do capítulo:

- » Conhecendo melhor o Imposto de Renda e proventos de qualquer natureza das pessoas jurídicas;
- » Diferentes formas de tributação acerca do Imposto de Renda;
- » Simples – regime especial de tributação.

Com base no que já foi estudado, compreendendo-se a forma pela qual ocorrerá a leitura e a aplicação das exigências tributárias com as respectivas conformações, sejam elas constitucionais, sejam complementares e legais, importa-nos dirigir esforços argumentativos de modo a conhecermos o Imposto de Renda das pessoas jurídicas com fins lucrativos, sejam elas optantes pelo lucro real, presumido ou arbitrado. Há, da mesma forma, pessoas jurídicas que gozam de tratamento diferenciado, como é o caso das micro e pequenas empresas, motivo pelo qual o Imposto de Renda – IR está abrangido pelo chamado *Simples Nacional*, o que será objeto de nosso estudo.

Dessa maneira, é importante conhecermos o fenômeno da distribuição de lucro, o pró-labore e a remuneração do capital próprio, notadamente para empresas enquadradas no lucro real.

Para tanto, continuemos dirigindo nossos investimentos por meio dessa leitura, isto é, por meio do âmbito constitucional e das consequências oriundas desse marco, além de tudo o que foi reiterado inúmeras vezes ao longo dessa obra. Sendo assim, o IR está previsto no art. 153, III, da Constituição Federal, de 5 de outubro de 1988 (Brasil, 1988a), e norteado pelos princípios da generalidade, da universalidade e da progressividade (art. 153, § 2º, I, da CF/1988). O Código Tributário Nacional – CTN (Lei nº 5.172, de 25 de outubro de 1966 – Brasil, 1966c), por meio dos arts. 43, 44 e 45, a seu turno, "estabelecem as normas gerais atinentes ao imposto sobre a renda e proventos, definindo os arquétipos para o fato gerador, base de cálculo e contribuintes" (Paulsen, 2002, p. 703).

As Leis Ordinárias nº 8.981, de 20 de janeiro de 1995 (Brasil, 1995a), e nº 9.430, de 27 de dezembro de 1996 (Brasil, 1996c), com as respectivas alterações, disciplinam a tributação da pessoa jurídica, havendo o Decreto nº 3.000, de 26 de março de 1999 (Brasil, 1999b), que "regulamenta a tributação, fiscalização, arrecadação e administração, tanto do IRPF como do IRPJ" (Paulsen, 2002, p. 703).

6.1 Matriz constitucional

Como premissa inicial a dirigir as noções elementares da regra matriz do IR, vale transcrever o art. 153, III, da CF/1988: "Compete à União instituir impostos sobre: [...] III – renda e proventos de qualquer natureza". Ainda que o legislador ordinário tenha elementos mínimos a conceituar o que se entende por renda e proventos de qualquer natureza, não existe espaço para transbordar a rígida delimitação constitucional, como já tratado em capítulo denominado "Sistema constitucional tributário". Partindo dessa realidade inafastável, é sintomático vir o questionamento: O que é renda, como conceito que se deve retirar da Constituição? Roque Carrazza, ao dirigir estudo sobre a matéria, cita a obra de Luís César Souza de Queiroz, sublinhando que o conceito de renda deve vir do Texto Constitucional e não da economia, ao nos dizer que:

> *Renda e proventos de qualquer natureza (ou renda em sentido amplo ou simplesmente Renda) é conceito que está contido em normas constitucionais relativas ao imposto sobre a renda e proventos de qualquer natureza e que designa o acréscimo de valor patrimonial, representativo da obtenção de produto ou de simples aumento no valor do patrimônio, apurado, em certo período de tempo, a partir da combinação de todos os fatos que contribuem para o acréscimo de valor do patrimônio (fatos-acréscimos) com certos fatos que, estando relacionados ao atendimento das necessidades vitais básicas ou à preservação da existência, com dignidade, tanto na própria pessoa quanto de sua família, contribuem para o decréscimo de valor do patrimônio (fatos-decréscimos).* (Carrazza, 2010, p. 37)

Carrazza (2010, p. 37), defensor intransigente do adequado exercício da competência constitucional tributária, ao ratificar a doutrina de Queiroz, ensina:

> *Nem se diga, a propósito, que a noção de renda tributável não é constitucional, porque existem abatimentos e deduções, que só podem ser efetuados quando permitidos pela legislação ordinária. É que esta, em última análise, limita-se a enunciá-los de modo formal e categórico, tendo em conta valores que a Carta Magna consagra (vida, saúde, alimentação, moradia, instrução própria e de dependentes etc.). E isto para não falar dos abatimentos e deduções que, justamente por virem ao encontro do mínimo vital (v.g., os gastos com medicamentos), podem, a nosso ver, ser realizados ainda que à míngua de lei autorizadora.*

Mais adiante, o autor arremata:

> *Em suma, renda tributável é sempre renda líquida ou lucro, isto é, o resultado de uma série de deduções e abatimentos feitos sobre os rendimentos brutos. Pouco importa – pelo menos para fins tributários – que a renda líquida ou o lucro sejam obtidos por meio de atividades lícitas ou ilícitas, morais ou imorais. Em apertada síntese, ainda que de procedência contrária ao Direito, a renda líquida e o lucro podem e devem ser levados à tributação, de que estamos tratando.* (Carrazza, 2010, p. 37)

Sem dúvida, os valores constitucionais andam de mãos dadas com o que se pode extrair da doutrina de Carrazza (2010), nunca é demais repetir. O direito à saúde, à educação etc., além de gerar obrigações primárias ao Poder Público no cumprimento de normas programáticas constitucionalmente asseguradas, não pode inibi-las. É bom frisar que normas programáticas diferenciam-se das preceptivas: as primeiras proclamam objetivos sociais; as segundas propagam orientações relevantes com toda autoridade inerente a tal comando, como é o caso dos princípios tributários.

Quando alguma legislação promove limitação de abatimentos na apuração do IR sobre tais despesas, esta há de ser afastada porque é dissonante ao que enuncia verdadeiros vetores – princípios constitucionais tributários – consagrados na Superlei. De mais a mais, e é bom observarmos, o IR e os proventos de qualquer natureza notabilizam-se pelo resultado de sua apuração a incidir em determinado período. Logo, o elemento temporal há de ser relevado. Nas palavras de Roberto Quiroga Mosquera, percebemos que:

> *Há de se considerar, portanto, um lapso temporal, entre o qual serão investigadas as múltiplas mutações ocorridas no conjunto de direitos dos indivíduos. Havendo um acréscimo de elementos patrimoniais estaremos diante de "renda e proventos de qualquer natureza" auferidos.*

Ao contrário, constatando-se decréscimo ou inalterabilidade de direitos patrimoniais, estaremos diante de fatos que não se confundem com aqueles que ditam a materialidade do imposto previsto no art. 153, inciso III, da Constituição Federal. (Mosquera, 1996, p. 113)

Com isso, não podemos perder de vista as orientações, diga-se de império, decorrentes da Constituição Federal em que não se pode tributar expectativa de renda ou acréscimo patrimonial sem levar em conta sua periodicidade, sob pena de afrontar o princípio da capacidade contributiva.

É bem verdade que o IR, conforme o § 2º do art. 153 da CF/1988, tem como marca constitucional a observância dos critérios da generalidade, da universalidade e da progressividade na sua formação. Desse modo, além dos princípios gerais já estudados, esses critérios devem servir de orientação a garantir uma tributação de acordo com os ditames constitucionais, muito embora o critério da generalidade e da universalidade sejam desdobramentos do princípio da isonomia, como observado por Ives Gandra Martins, em citação de Machado (2007, p. 44), no momento em que os conceitua e opina a respeito:

> *A generalidade objetiva eliminar situações de privilégios ou de favores sem razão ofertados pelo poder tributante. Muitos consideram-na a outra face do princípio da isonomia.*
> *O direito tributário, entretanto, por veicular normas de rejeição social, pode oferecer campo para desigualdades ou para favorecimentos indevidos, motivo pelo qual houve por bem o constituinte acrescentar a generalidade de tributação ao princípio da isonomia. As exceções são aquelas indicadas pela Constituição.*
> *O mesmo se diga em relação ao princípio da universalidade. A imposição tributária terá que ser, no concernente ao IR, geral pelo prisma do sujeito ativo da relação tributária e universal pelo prisma do sujeito passivo, já que este deve suportar, sempre que possível, tributação, a mais*

abrangente para determinado tipo de imposição, com distribuição da carga tributária pelo universo dos contribuintes em idêntica situação, sem privilégios ou favores. A generalidade e a universalidade são, portanto, facetas ligadas ao princípio da isonomia ampla, em que as desigualdades são tratadas desigualmente, mas disciplinadas com generalidade e universalidade.

Todavia, se estão na Carta Magna indicados diretamente ao IR, deverão servir aos propósitos objetivados pelo constituinte na formação da regra matriz de hipótese de incidência. Em igual sentido, e jamais poderia ser diferente, o art. 43 do CTN, deve estrita submissão aos ditames constitucionais, como bem sublinhado por Hugo de Brito Machado (2007, p. 441): "Obediente ao que determina o art. 146, inciso III, alínea a, da Constituição Federal, o Código Tributário Nacional define renda. [...] Adotou, portanto, o conceito de renda acréscimo. Sem acréscimo patrimonial não há, segundo o Código, nem renda, nem proventos".

Infere-se que os fundamentos elementares são dispostos na Constituição no que toca à materialidade do IR, juntamente com os axiomas inerentes na sua formação, igualmente limitados à regra estatuída em lei complementar, de forma a trabalhar com os conceitos lá extraídos, principalmente do que se pode retirar do conceito de renda. Na mesma linha dessa constatação, a lei complementar, dentro de sua competência, definiu *renda* como acréscimo patrimonial. Porquanto, ainda que se extraia do Estatuto do Contribuinte o conceito de renda, o CTN, ao exercer sua função prevista na CF/1988, apenas explicitou-a. Resta-nos, portanto, trabalhar com essa expressão a fim de indagar o seu exato conteúdo e alcance. Da mesma maneira, a expressão *proventos de qualquer natureza* deve ser empregada somando-se ao que se entende por *renda*, pois a Constituição prevê também a instituição de IR sobre mencionado fato presuntivo de riqueza. De fato, ao assim dispor, o legislador constitucional determinou a competência à União Federal para promover a tributação sobre "todo rendimento fruto do trabalho, do capital, da aposentadoria, ou qualquer outra fonte; vale dizer, para integrar a hipótese de incidência do IR, enquanto aspecto material, pouco importa de onde se originou aquele rendimento", conforme a doutrina de Alexandre Barros Castro (2004, p. 275).

6.2 Aspecto quantitativo e regime de apuração das pessoas jurídicas

> *Não se pode tributar "patrimônio" e, sim, acréscimo dessa grandeza econômica.*

Como o direito tributário tem a característica de sobreposição, implica destacar o que se entende por *patrimônio*, principalmente para perceber que é aí que deve orbitar a atividade geradora do IR, enquanto suporte a lastrear o agente econômico. Melhor explicando, quando se fala em *acréscimo patrimonial*, naturalmente deve-se dirigir o raciocínio do que seja essa grandeza "patrimônio", pois é justamente daí que o "dínamo" apto a produzir acréscimo, como fato signo presuntivo de riqueza, deve incidir o IR. Numa só palavra, não se pode tributar "patrimônio", e, sim, o acréscimo dessa grandeza econômica. Patrimônio, por conseguinte, está conceituado no art. 91 do Código Civil, Lei nº 10.406, de 10 de janeiro de 2002, da seguinte maneira: "Constitui universalidade de direito o complexo de relações jurídicas, de uma pessoa de valor econômico" (Brasil, 2002f).

Ricardo Mariz de Oliveira (2008, p. 73-74), ao estudar o assunto em foco, traz acentuadas contribuições:

> *Ora, se o patrimônio é um agregado de direitos e obrigações, as suas mutações necessariamente importam em mais ou menos direitos, ou em mais ou menos obrigações, da pessoa titular do patrimônio, ou seja, todas as mutações patrimoniais derivam de relações jurídicas do titular do patrimônio, ou, em outras palavras, as mutações na universalidade patrimonial operam-se apenas pelo ingresso de novos direitos, ou pelo contraimento de novas obrigações, ou pela saída de direitos ou obrigações antes existentes no patrimônio.*

Já adiante, ao fazer a perfeita ligação do fato gerador com o conceito de patrimônio, o autor acrescenta:

> *Por isso mesmo, considerando que o fato gerador do imposto de renda é sempre aumento no patrimônio do contribuinte, ele somente ocorrerá se houver, dentro de um período de apuração, uma soma algébrica positiva de todos os fatores positivos (direitos) e negativos (obrigações) que o tenham afetado, de tal sorte que se pode dizer que o fato gerador do imposto de renda se exprime pela equação "mais direitos menos obrigações é igual a lucro" e, ao contrário, "menos direitos mais obrigações é igual a prejuízo".* (Oliveira, 2008, p. 73-74)

De acordo com a assertiva anterior, o IR tem assento no resultado positivo ocorrido entre direitos e obrigações. Na lição perspicaz de Carrazza (2005, p. 91): "Podemos dizer que em nosso ordenamento constitucional, o IRPJ, incide fundamentalmente sobre o rendimento real da empresa, representado pelo lucro". Ou ainda: "Só o patrimônio novo da empresa, isto é, que se agregou ao já existente – pode integrar a base de cálculo in concreto do IRPJ". Repetindo, não se pode tributar patrimônio como se fosse renda, pela competência outorgada à União Federal.

Não basta ao agente econômico auferir renda por meio de um acréscimo patrimonial, consubstanciado em lucro; deverá ter disponibilidade desse crédito. Nas palavras de Machado (2007, p. 448): "Se alguém é titular de renda, mas não tem disponibilidade desta, evidentemente não tem como destinar parte dessa renda ao pagamento do imposto. Não é razoável exigir-se que pague Imposto de Renda se não dispõe dos meios para fazê-lo". Esse notável jurista assim diferencia a disponibilidade econômica da jurídica: "diz-se que a disponibilidade econômica configura-se pelo efetivo recebimento da renda, enquanto a disponibilidade jurídica configura-se com o simples crédito do valor correspondente à renda" (Machado, 2007, p. 451). É o que se chama de *regime de caixa* e *regime de competência*, para dizer a mesma coisa, isto é, o primeiro é o efetivo ingresso de crédito na conta da pessoa jurídica, enquanto a segunda hipótese traduz a expectativa em obter o recebimento de determinado direito, "aquisição virtual, e não efetiva, do poder de dispor de renda", conforme a lição de Edmar Oliveira Andrade Filho (2008, p. 25).

Em nosso sistema, adota-se o regime de caixa econômica às pessoas físicas e o regime de competência jurídica para as pessoas jurídicas, via de regra, podendo, no entanto, haver abatimento de referida perda no recebimento de crédito, tal como previsto no art. 9º da Lei nº 9.430/1996 e na redação do art. 340 do Regulamento do Imposto de Renda – RIR, Decreto nº 3.000/1999. Confira parte da redação do art. 340: "Art. 340. As perdas no recebimento de créditos decorrentes das atividades da pessoa jurídica poderão ser deduzidas como despesas, para determinação do lucro real, observado o disposto neste artigo (Lei nº 9.430, de 1996, art. 9º)."

O CTN, art. 44, prevê a base de cálculo e os tipos de apuração das pessoas jurídicas ou a ela equiparadas, por exemplo, sociedade em conta de participação. Ditas pessoas serão tributadas pelo lucro real, presumido ou arbitrado. Há, também, o denominado *regime simples* destinado às microempresas ou às empresas de pequeno porte, nos termos da Lei Complementar nº 123, de 14 de dezembro de 2006 (Brasil, 2006b), cujo tratamento tem como fundamento o art. 170, IX, da Carta Cidadã*.

Já a tributação pelo arbitramento, o RIR, art. 530, prevê as seguintes hipóteses para que isso aconteça:

> I – o contribuinte, obrigado à tributação com base no lucro real, não mantiver escrituração na forma das leis comerciais e fiscais, ou deixar de elaborar as demonstrações financeiras exigidas pela legislação fiscal; II – a escrituração a que estiver obrigado o contribuinte revelar evidentes indícios de fraudes ou contiver vícios, erros ou deficiências que a tornem imprestável para: a) identificar a efetiva movimentação financeira, inclusive bancária; ou b) determinar o lucro real; III – o contribuinte deixar de apresentar à autoridade tributária os livros e documentos da escrituração comercial e fiscal, ou o Livro-Caixa, na hipótese do parágrafo único do art. 527; IV – o contribuinte optar indevidamente pela tributação com base no lucro presumido; V – o comissário ou representante da pessoa jurídica estrangeira deixar de escriturar e apurar o lucro da sua atividade separadamente do lucro do comitente residente ou domiciliado no exterior (art. 398); VI – o contribuinte não mantiver, em boa ordem

* Art. 170. A ordem econômica, fundada na valorização do trabalho humano e na livre iniciativa, tem por fim assegurar a todos existência digna, conforme os ditames da justiça social, observados os seguintes princípios: [...] IX – tratamento favorecido para as empresas de pequeno porte constituídas sob as leis brasileiras e que tenham sua sede e administração no País. (Redação dada pela Emenda Constitucional nº 6, de 1995).

> e segundo as normas contábeis recomendadas, Livro Razão ou fichas utilizados para resumir e totalizar, por conta ou subconta, os lançamentos efetuados no Diário. (Brasil, 1999b)

Tais iniciativas, como podemos ver, deverão ocorrer por parte do Agente de Fiscalização. Já o arbitramento promovido pelo contribuinte está inserido no art. 531 do RIR:

> Art. 531. Quando conhecida a receita bruta (art. 279 e parágrafo único) e desde que ocorridas as hipóteses do artigo anterior, o contribuinte poderá efetuar o pagamento do imposto correspondente com base no lucro arbitrado, observadas as seguintes regras (Lei nº 8.981, de 1995, art. 47, §§ 1º e 2º, e Lei nº 9.430, de 1996, art. 1º): I – a apuração com base no lucro arbitrado abrangerá todo o ano-calendário, assegurada, ainda, a tributação com base no lucro real relativa aos trimestres não submetidos ao arbitramento, se a pessoa jurídica dispuser de escrituração exigida pela legislação comercial e fiscal que demonstre o lucro real dos períodos não abrangidos por aquela modalidade de tributação; II – o imposto apurado na forma do inciso anterior terá por vencimento o último dia útil do mês subsequente ao do encerramento de cada período de apuração. (Brasil, 1999b)

O arbitramento, portanto, representa uma forma de apuração empregada pela autoridade fazendária ou pelo contribuinte, não podendo ser considerado regime tributário propriamente dito. As hipóteses previstas têm como pano de fundo elementos contábeis impróprios aos fins que se destinam, comportamentos fiscais inadequados ou até mesmo ilícitos, oportunizando ao contribuinte a iniciativa de determinar a apuração do IR, em caso de conhecimento da receita bruta nos moldes do art. 531 do RIR. Logo, são situações excepcionais, que não devem ser praticadas, porque são contrárias à boa prática legal. Veja, ainda, a Lei nº 9.249, de 26 de dezembro de 1995 – art. 16 (Brasil, 1995e), que prevê, às pessoas jurídicas optantes pelo lucro presumido, um acréscimo de 20% em caso de apuração de IR, via arbitramento, como aplicação de sanção, por meio de multa pecuniária. Sendo assim, foquemos nossos olhos às opções das pessoas jurídicas – lucro presumido ou real.

6.3 Imposto de Renda das pessoas jurídicas

Dessa maneira, limitado o foco de estudo, com esteio obviamente na matriz constitucional e com a correta leitura que se deve empregar com base nisso, bem como nas legislações infraconstitucionais e suas prescrições, não esquecendo a característica do direito tributário como norma de sobreposição e, por último, os regimes voltados ao IR às pessoas jurídicas, convém discorrermos sobre as diversas formas legais, como maneira de melhor conhecê-las.

Simples

O art. 3º, I e II, da Lei Complementar nº 123/2006, já com a redação dada pela Lei Complementar nº 139, de 10 de novembro de 2011 (Brasil, 2011a), estabelece critérios para fins de enquadramento como microempresa o empresário, a pessoa jurídica ou a ela equiparada, que aufira, em cada ano-calendário, receita bruta igual ou inferior a R$ 360.000,00 (trezentos e sessenta mil reais). Já o enquadramento como empresas consideradas de pequeno porte considera-se o empresário, a pessoa jurídica ou a ela equiparada, que aufira, em cada ano-calendário, receita bruta superior a R$ 360.000,00 (trezentos e sessenta mil reais) e inferior a R$ 3.600.000,00 (três milhões e seiscentos mil reais). É interessante notar que o legislador ainda conceituou a receita bruta, no § 1º, art. 3º, da Lei Complementar nº 123/2006, como: "o produto da venda de bens e serviços nas operações de conta própria, o preço dos serviços prestados e o resultado nas operações em conta alheia, não incluídas as vendas canceladas e os descontos incondicionais concedidos".

O § 4º, a seu turno, nega benefício à pessoa jurídica ao regime diferenciado e favorecido, arrolando-os nos seguinte incisos:

> I) de cujo capital participe outra pessoa jurídica;
>
> II) que seja filial, sucursal, agência ou representação, no País, de pessoa jurídica com sede no exterior;
>
> III) de cujo capital participe pessoa física que seja inscrita como empresário ou seja sócia de outra empresa que receba tratamento jurídico diferenciado nos termos da Lei Complementar [nº 123/2006], desde que a receita bruta global ultrapasse o limite de que trata o insciso II do *caput* deste artigo [R$ 3. 600.000,00 (três milhões e seiscentos mil reais)];
>
> IV) cujo titular ou sócio participe com mais de 10% (dez por cento) do capital de outra empresa não beneficiada por esta Lei Complementar, desde que a receita bruta global ultrapasse o limite de que trata o inciso II do *caput* deste artigo [R$ 3.600.000,00 (três milhões e seiscentos mil reais)];
>
> V) cujo sócio ou titular seja administrador ou equiparado de outra pessoa jurídica com fins lucrativos, desde que a receita bruta global ultrapasse o limite de que trata o inciso II do *caput* deste artigo [R$ 3.600.000,00 (três milhões e seiscentos mil reais)];
>
> VI) constituída sob a forma de cooperativas, salvo as de consumo;
>
> VII) que participe do capital de outra pessoa jurídica;

> VIII) que exerça atividade de banco comercial, de investimentos e de desenvolvimento, de caixa econômica, de sociedade de crédito, financiamento e investimento ou de crédito imobiliário, de corretora ou de distribuidora de títulos, valores mobiliários e câmbio, de empresa de arrendamento mercantil, de seguros privados e de capitalização ou de previdência complementar;
> IX) resultante ou remanescente de cisão ou qualquer outra forma de desmembramento de pessoa jurídica que tenha ocorrido em um dos 5 (cinco) anos-calendário anteriores;
> X) constituída sob a forma de sociedade por ações; [...].

O § 5º (art. 3º) abre exceção quanto aos incisos IV e VII, dizendo não se aplicar acesso ao benefício, participação no capital de cooperativas de crédito, bem como em centrais de compras, bolsas de subcontratação, no consórcio referido no art. 50* da Lei Complementar nº 123/2006 na sociedade de propósito específico prevista no art. 56 da mesma lei e em associações assemelhadas, sociedades de garantia solidária e outros tipos de sociedade, que tenham como objetivo social a defesa exclusiva dos interesses econômicos das microempresas e empresas de pequeno porte.

O legislador complementar, quando deixou de conceder benefício diferenciado de tributação nos casos previstos no § 4º do art. 3º, determinou, no art. 17, a proibição de acesso às microempresas ou às empresas de pequeno porte:

> I) que explore atividade de prestação cumulativa e contínua de serviços de assessoria creditícia, gestão de crédito, seleção e riscos, administração de contas a pagar e a receber, gerenciamento de ativos (asset management), compras de direitos creditórios resultantes de vendas mercantis a prazo ou de prestação de serviços (factoring);
> II) que tenha sócio domiciliado no exterior;

---

* Art. 50. As microempresas e as empresas de pequeno porte serão estimuladas pelo Poder Público e pelos Serviços Sociais Autônomos a formar consórcios para acesso a serviços especializados em segurança e medicina do trabalho.

III) de cujo capital participe entidade de administração pública, direta ou indireta, federal estadual ou municipal;

IV) (REVOGADO);

V) que possua débito com o Instituto Nacional do Seguro Social – INSS, ou com as Fazendas Públicas Federal, Estadual ou Municipal, cuja exigibilidade não esteja suspensa;

VI) que presta serviços de transporte intermunicipal e interestadual de passageiros;

VII) que seja geradora, transmissora, distribuidora ou comercializadora de energia elétrica;

VIII) que exerça atividade de importação ou fabricação de automóveis e motocicletas;

IX) que exerça atividade de importação de combustíveis;

X) que exerça atividade de produção ou venda no atacado de:

a) cigarros, cigarrilhas, charutos, filtros para cigarros, armas de fogo, munições e pólvoras, explosivos e detonantes;

b) bebidas a seguir descritas:

1. alcoólicas;
2. refrigerantes, inclusive águas saborizadas gaseificadas;
3. preparações compostas, não alcoólicas (extratos concentrados ou sabores concentrados), para elaboração de bebida refrigerante, com capacidade de diluição de até 10 (dez) partes da bebida para cada parte do concentrado;
4. cervejas sem álcool;

XI) que tenha por finalidade a prestação de serviços decorrentes do exercício de atividade intelectual, de natureza técnica, científica, desportiva, artística ou cultural, que constitua profissão regulamentada ou não, bem como a que preste serviços de instrutor, de corretor, de despachante ou de qualquer tipo de intermediação de negócios;

XII) que realize cessão ou locação de mão de obra;

XIII) que realize atividade de consultoria;

XIV) que se dedique ao loteamento e à incorporação de imóveis;

XV) que realize atividade de locação de imóveis próprios, exceto quando se referir a prestação de serviços tributados pelo ISS.

Diante de tantas proibições, o § 1º, do art. 17, da Lei Complementar nº 123/2006, abre inúmeras exceções, dignas de registro, são elas: creches, pré-escola e estabelecimento de ensino fundamental, escolas técnicas, profissionais e de ensino médio, de línguas estrangeiras, de artes, cursos técnicos de pilotagem, preparatórios para concursos, gerenciais e escolas livres, agência terceirizada de correios, agência de viagem e turismo, centro de formação de condutores de veículos automotores de transporte terrestre de passageiros e de carga, agência lotérica, serviços de instalação, de reparos e de manutenção em geral, bem como de usinagem, solda, tratamento e revestimento em metais, transporte municipal de passageiros, escritórios contábeis, produções cinematográficas, audiovisuais, artísticas e culturais, exibição ou apresentação, inclusive no caso de música, literatura, artes cênicas, artes visuais, cinematográficas e audiovisuais, construção de imóveis e obras de engenharia em geral, inclusive sob a forma de subempreitada, execução de projetos e serviços de paisagismo, bem como decoração de interiores, serviços de vigilância, limpeza ou conservação, administração e locação de imóveis de terceiros, academias de dança, de capoeira, de ioga e de artes marciais, academias de atividades físicas, desportivas, de natação e escolas de esportes, elaboração de programas de computadores, inclusive jogos eletrônicos, desde que desenvolvidos em estabelecimento do optante, licenciamento ou cessão de direito de uso de programas de computação, planejamento, confecção, manutenção e atualização de páginas eletrônicas, desde que realizados em estabelecimento do optante, empresas montadoras de estantes para feiras, laboratórios de análises clínicas ou de patologia clínica, serviços de tomografia, diagnósticos médicos por imagem, registros gráficos e métodos óticos, bem como ressonância magnética e serviços de prótese em geral.

A alíquota e a base de cálculo das empresas que optaram pelo Simples Nacional têm tratamento diverso para cada ramo de serviço ou negócio, de acordo com a prescrição contida no art. 18. Os anexos

I – "Comércio", II – "Indústria", III – "Serviços e Locação de Bens Móveis" e IV – "Serviços" estabelecem uma alíquota proporcional à receita bruta em 12 meses. Por isso, o Imposto de Renda Pessoa Jurídica – IRPJ pode variar de alíquota 0,00% até 0,54% para o comércio e a indústria, serviços e locação de bens móveis 0,00% até 0,81% e serviços 0,00% até 6,12%. Para as empresas que estão arroladas nos anexos V-A e V-B, existe uma equação a ser aplicada*, tomando como base a receita bruta para apurar a proporcionalidade dos tributos a serem pagos.

Lucro presumido

O lucro presumido representa uma forma de tributação simplificada do Imposto de Renda. O art. 13 da Lei nº 9.718, de 27 de novembro de 1998, prevê as pessoas jurídicas que poderão optar por esse regime.

> Art. 13. A pessoa jurídica cuja receita bruta total, no ano-calendário anterior, tenha sido igual ou inferior a R$ 48.000.000,00 (quarenta e oito milhões de reais), ou a R$ 4.000.000,00 (quatro milhões de reais) multiplicado pelo número de meses de atividade do ano-calendário anterior, quando inferior a 12 (doze) meses, poderá optar pelo regime de tributação com base no lucro presumido. (Brasil, 1998c)

O § 1º, do art. 13, da Lei nº 9.718/1998, por sua vez, determina o enquadramento para essa opção, manifestada com o pagamento da primeira quota ou quota única do imposto devido correspondente ao primeiro período de apuração, sendo considerada definitiva para todo o ano-calendário. Os §§ 1º e 2º, do art. 13, da Lei nº 9.718/1998, determinam, respectivamente, a validade da opção – ano-calendário – e o critério para a escolha, utilizando, para tanto, o ano-calendário anterior, em regime de caixa ou competência, caso tenha optado pela tributação com base no lucro presumido, naquele ano.

* Folha de salários incluídos encargos (em 12 meses) / receita bruta (em 12 meses).

O regime de apuração será o *lucro do trimestre* (recolhimento em 31 de março, 30 de junho, 30 de setembro e 31 de dezembro), representado pelo percentual incidente sobre a receita bruta do agente econômico, dependendo da atividade exercida pela pessoa jurídica assim tributada.

Como ressaltado anteriormente, a Lei nº 9.249/1995, precisamente no art. 15* (redação atualizada pela Lei nº 11.727, de 23 de junho de 2008 – Brasil, 2008b), prevê uma série de atividades, bem como os respectivos percentuais que deverão ser aplicados na operação a quantificar o IR. De qualquer maneira, na receita bruta se inclui o

* Art. 15. A base de cálculo do imposto, em cada mês, será determinada mediante a aplicação do percentual de oito por cento sobre a receita bruta auferida mensalmente, observado o disposto nos arts. 30 a 35 da Lei nº 8.981/1995. § 1º Nas seguintes atividades, o percentual de que trata este artigo será de: I – um inteiro e seis décimos por cento, para a atividade de revenda, para consumo, de combustível derivado de petróleo, álcool etílico carburante e gás natural; II – dezesseis por cento: a) para a atividade de prestação de serviços de transporte, exceto o de carga, para o qual se aplicará o percentual previsto no caput deste artigo; b) para as pessoas jurídicas a que se refere o inciso III do art. 36 da Lei nº 8.981, de 20 de janeiro de 1995, observado o disposto nos §§ 1º e 2º do art. 29 da referida Lei; III – trinta e dois por cento, para as atividades de: (Vide Medida Provisória nº 232, de 2004) a) prestação de serviços em geral, exceto a de serviços hospitalares e de auxílio diagnóstico e terapia, patologia clínica, imagenologia, anatomia patológica e citopatologia, medicina nuclear e análises e patologias clínicas, desde que a prestadora destes serviços seja organizada sob a forma de sociedade empresária e atenda às normas da Agência Nacional de Vigilância Sanitária – Anvisa; (Redação dada pela Lei nº 11.727, de 2008) b) intermediação de negócios; c) administração, locação ou cessão de bens imóveis, móveis e direitos de qualquer natureza; d) prestação cumulativa e contínua de serviços de assessoria creditícia, mercadológica, gestão de crédito, seleção de riscos, administração de contas a pagar e a receber, compra de direitos creditórios resultantes de vendas mercantis a prazo ou de prestação de serviços (factoring). § 2º No caso de atividades diversificadas será aplicado o percentual correspondente a cada atividade. § 3º As receitas provenientes de atividade incentivada não comporão a base de cálculo do imposto, na proporção do benefício a que a pessoa jurídica, submetida ao regime de tributação com base no lucro real, fizer jus. § 4º O percentual de que trata este artigo também será aplicado sobre a receita financeira da pessoa jurídica que explore atividades imobiliárias relativas a loteamento de terrenos, incorporação imobiliária, construção de prédios destinados à venda, bem como a venda de imóveis construídos ou adquiridos para a revenda, quando decorrente da comercialização de imóveis e for apurada por meio de índices ou coeficientes previstos em contrato. (Incluído pela Lei nº 11.196, de 2005).

Imposto sobre Circulação de Mercadorias e Serviços – ICMS e deverão ser excluídas as vendas canceladas, os descontos incondicionais concedidos e os impostos não cumulativos cobrados destacadamente do comprador, dos quais o vendedor, ou o prestador, é mero depositário (exemplo: Imposto sobre Produtos Industrializados – IPI)*.

A alíquota do IR que incidirá sobre a base de cálculo é de 15% (quinze por cento). Há, também, adicional de IR devido pelas pessoas jurídicas assim tributadas, calculado mediante a aplicação do percentual de 10% (dez por cento) sobre a parcela do lucro presumido que exceder ao valor de R$ 60.000,00 (sessenta mil reais) em cada trimestre. A previsão legal está estampada no art. 542 do RIR/1999, na redação da Lei nº 9.249/1995, art. 3º, § 1º, e na Lei nº 9.430/1996, art. 4º.

Lucro real

O art. 14 da Lei nº 9.718/1998, por sua vez, elenca as pessoas jurídicas obrigadas a promoverem a apuração do IR pelo lucro real, são elas:

> I – cuja receita total, no ano-calendário anterior seja superior ao limite de R$ 48.000.000,00 (quarenta e oito milhões de reais), ou proporcional ao número de meses do período, quando inferior a 12 (doze) meses; (Redação dada pela Lei nº 10.637, de 2002);
> II – cujas atividades sejam de bancos comerciais, bancos de investimentos, bancos de desenvolvimento, caixas econômicas, sociedades de crédito, financiamento e investimento, sociedades de crédito imobiliário, sociedades corretoras de títulos, valores mobiliários e câmbio, distribuidoras de títulos e valores mobiliários, empresas de arrendamento mercantil, cooperativas de crédito, empresas de seguros privados e de capitalização e entidades de previdência privada aberta;

* RIR/1999, art. 224, parágrafo único, e arts. 518, 519 e 521.

> III – que tiverem lucros, rendimentos ou ganhos de capital oriundos do exterior;
>
> IV – que, autorizadas pela legislação tributária, usufruam de benefícios fiscais relativos à isenção ou redução do imposto;
>
> V – que, no decorrer do ano-calendário, tenham efetuado pagamento mensal pelo regime de estimativa, na forma do art. 2° da Lei nº 9.430, de 1996;
>
> VI – que explorem as atividades de prestação cumulativa e contínua de serviços de assessoria creditícia, mercadológica, gestão de crédito, seleção e riscos, administração de contas a pagar e a receber, compras de direitos creditórios resultantes de vendas mercantis a prazo ou de prestação de serviços (factoring).
>
> VII – que explorem as atividades de securitização de créditos imobiliários, financeiros e do agronegócio. (Incluído pela Lei nº 12.249, de 11 de junho de 2010).

Interessa saber, a Lei nº 9.718/1998 impõe quais agentes econômicos deverão ser tributados pelo lucro real. Todavia, é possível pessoas jurídicas não obrigadas a mencionado regime optarem pelo lucro real, como forma de melhor administrar suas obrigações tributárias. As principais vantagens são: cálculo do imposto com base no efetivo lucro, compensação de prejuízos, diferimentos de lucros e ganhos e apropriação de despesas incorridas, opção por incentivos fiscais e distribuição aos sócios do lucro efetivo. É bem verdade que terão de exercer maior controle contábil de suas operações dada a exigência legal a que estarão submetidas, ou seja, demanda estrutura administrativa de maior complexidade, como o controle de movimento financeiro, administrativo, estoque, produção, comercialização.

A Lei nº 9.718/1998 impõe quais agentes econômicos deverão ser tributados pelo lucro real.

Quanto ao regime de apuração, as pessoas jurídicas tributadas pelo lucro real poderão optar pelo recolhimento trimestral (31 de março, 30 de junho, 30 de setembro e 31 de dezembro) ou anual. O regime de pagamento, por sua vez, utilizará como suporte o lucro real apurado no trimestre. "A pessoa jurídica sujeita à tributação com base no lucro real poderá, opcionalmente, pagar o imposto de renda mensalmente, determinado sobre base de cálculo estimada. Nessa hipótese, deverá fazer a apuração anual do lucro real em 31 de dezembro de cada ano-calendário" (Perguntas e Respostas DIPJ – RIR/1999, arts. 220 a 222.). A orientação da Secretaria da Receita Federal está amparada no art. 2º da Lei nº 9.430/1996.

A Lei nº 8.981/1995, art. 37, § 1º, prevê a determinação do lucro real precedida da apuração do lucro líquido com observância das disposições das leis comerciais. A lei que dispõe sobre sociedades por ações (Lei nº 6.404, de 15 de dezembro de 1976), no art. 191, prevê que o "Lucro líquido do exercício é o resultado do exercício que remanescer depois de deduzidas as participações de que trata o art. 190" (Brasil, 1976b).

Base de cálculo por estimativa – receita bruta

O RIR/1999 prevê, precisamente nos arts. 223 e 225, a determinação da base de cálculo para apuração do IR por estimativa mensal:

> Art. 223. A base de cálculo do imposto, em cada mês, será determinada mediante a aplicação do percentual de oito por cento sobre a receita bruta auferida mensalmente, observadas as disposições desta Subseção (Lei nº 9.249, de 1995, art. 15, e Lei nº 9.430, de 1996, art. 2º).
>
> § 1º Nas seguintes atividades, o percentual de que trata este artigo será de (Lei nº 9.249, de 1995, art. 15, § 1º):
>
> I – um inteiro e seis décimos por cento, para a atividade de revenda, para consumo, de combustível derivado de petróleo, álcool etílico carburante e gás natural;

II – dezesseis por cento:

a) para a atividade de prestação de serviços de transporte, exceto o de carga, para o qual se aplicará o percentual previsto no *caput* deste artigo;

b) para as pessoas jurídicas cujas atividades sejam de bancos comerciais, bancos de investimentos, bancos de desenvolvimento, caixas econômicas, sociedades de crédito, financiamento e investimento, sociedades de crédito imobiliário, sociedades corretoras de títulos, valores mobiliários e câmbio, distribuidoras de títulos e valores mobiliários, empresas de arrendamento mercantil, cooperativas de crédito, empresas de seguros privados e de capitalização e entidades de previdência privada aberta, observado o disposto no art. 226;

III – trinta e dois por cento, para as atividades de:

a) prestação de serviços em geral, exceto a de serviços hospitalares;

b) intermediação de negócios;

c) administração, locação ou cessão de bens imóveis, móveis e direitos de qualquer natureza;

d) prestação cumulativa e contínua de serviços de assessoria creditícia, mercadológica, gestão e crédito, seleção de riscos, administração de contas a pagar e a receber, compra de direitos creditórios resultantes de vendas mercantis a prazo ou de prestação de serviços (*factoring*).

§ 2° No caso de serviços hospitalares, aplica-se o percentual previsto no caput deste artigo.

§ 3° No caso de atividades diversificadas, será aplicado o percentual correspondente a cada atividade (Lei n° 9.249, de 1995, art. 15, § 2°).

§ 4° A base de cálculo mensal do imposto das pessoas jurídicas prestadoras de serviços em geral, cuja receita bruta anual seja de até cento e vinte mil reais, será determinada mediante aplicação do percentual de dezesseis por cento sobre a receita bruta auferida mensalmente, observado o disposto nos arts. 224, 225 e 227 (Lei n° 9.250, de 1995, art. 40).

§ 5º O disposto no parágrafo anterior não se aplica às pessoas jurídicas que prestam serviços hospitalares e de transporte (Lei nº 9.250, de 1995, art. 40, parágrafo único).

§ 6º As receitas provenientes de atividade incentivada não comporão a base de cálculo do imposto, na proporção do benefício a que a pessoa jurídica, submetida ao regime de tributação com base no lucro real, fizer jus (Lei nº 9.249, de 1995, art. 15, § 3º). [grifo do original]

O art. 225 do RIR/1999 refere-se a ganho de capital a compor a base de cálculo para fins de IR por estimativa:

Art. 225. Os ganhos de capital, demais receitas e os resultados positivos decorrentes de receitas não abrangidas pelo artigo anterior[*], serão acrescidos à base de cálculo de que trata esta Subseção, para efeito de incidência do imposto (Lei nº 8.981, de 1995, art. 32, e Lei nº 9.430, de 1996, art. 2º).

§ 1º O disposto neste artigo não se aplica aos rendimentos tributados pertinentes às aplicações financeiras de renda fixa e renda variável, bem como aos lucros, dividendos ou resultado positivo decorrente da avaliação de investimento pela equivalência patrimonial (Lei nº 8.981, de 1995, art. 32, § 1º, e Lei nº 9.430, de 1996, art. 2º).

§ 2º O ganho de capital, nas alienações de bens do ativo permanente e de aplicações em ouro não tributadas como renda variável, corresponderá à diferença positiva verificada entre o valor da alienação e o respectivo valor contábil (Lei nº 8.981, de 1995, art. 32, § 2º, e Lei nº 9.430, de 1996, art. 2º).

* Art. 224. A receita bruta das vendas e serviços compreende o produto da venda de bens nas operações de conta própria, o preço dos serviços prestados e o resultado auferido nas operações de conta alheia (Lei nº 8.981, de 1995, art. 31). Parágrafo único. Na receita bruta não se incluem as vendas canceladas, os descontos incondicionais concedidos e os impostos não cumulativos cobrados destacadamente do comprador ou contratante dos quais o vendedor dos bens ou o prestador dos serviços seja mero depositário (Lei nº 8.981, de 1995, art. 31, parágrafo único).

É importante notarmos que os percentuais a serem aplicados na estimativa do IR mensal são praticamente os mesmos utilizados àquelas pessoas jurídicas sujeitas ao IR presumido. As deduções da receita bruta estão previstas no parágrafo único do art. 31 da Lei nº 8.981/1995:

> Art. 31. A receita bruta das vendas e serviços compreende o produto da venda de bens nas operações de conta própria, o preço dos serviços prestados e o resultado auferido nas operações de conta alheia.
> Parágrafo único. Na receita bruta, não se incluem as vendas canceladas, os descontos incondicionais concedidos e os impostos não cumulativos cobrados destacadamente do comprador ou contratante dos quais o vendedor dos bens ou o prestador dos serviços seja mero depositário.

Conforme o art. 230 do RIR/1999, nessa opção de pagamento de IR estimativo:

> Art. 230. A pessoa jurídica poderá suspender ou reduzir o pagamento do imposto devido em cada mês, desde que demonstre, através de balanços ou balancetes mensais, que o valor acumulado já pago excede o valor do imposto, inclusive adicional, calculado com base no lucro real do período em curso (Lei nº 8.981, de 1995, art. 35, e Lei nº 9.430, de 1996, art. 2º).

Na apuração do lucro real trimestral, a base de cálculo é o lucro contábil, considerando as adições e as exclusões previstas na legislação, conforme transcrição do art. 274 do RIR/1999:

> Art. 274. Ao fim de cada período de incidência do imposto, o contribuinte deverá apurar o lucro líquido mediante a elaboração, com observância das disposições da lei comercial, do balanço patrimonial, da demonstração do resultado do período de apuração e da demonstração de lucros ou prejuízos acumulados (Decreto-Lei nº 1.598, de 1977, art. 7º, § 4º, e Lei nº 7.450, de 1985, art. 18).

> § 1º O lucro líquido do período deverá ser apurado com observância das disposições da Lei nº 6.404, de 1976 (Decreto-Lei nº 1.598, de 1977, art. 67, inciso XI, Lei nº 7.450, de 1985, art. 18, e Lei nº 9.249, de 1995, art. 5º).
> § 2º O balanço ou balancete deverá ser transcrito no Diário ou no LALUR (Lei nº 8.383, de 1991, art. 51, e Lei nº 9.430, de 1996, arts. 1º e 2º, § 3º).

Deduções da receita bruta

O parágrafo único do art. 31 da Lei nº 8.981/1995 prevê a não inclusão da receita bruta para fins de cálculo do IR:

> Art. 31. A receita bruta das vendas e serviços compreende o produto da venda de bens nas operações de conta própria, o preço dos serviços prestados e o resultado auferido nas operações de conta alheia.
> Parágrafo único. Na receita bruta, não se incluem as vendas canceladas, os descontos incondicionais concedidos e os impostos não cumulativos cobrados destacadamente do comprador ou contratante dos quais o vendedor dos bens ou o prestador dos serviços seja mero depositário.

Alíquota incidente: 15% incidente sobre a base de cálculo. Da mesma forma em que ocorre no adicional de IR pelo regime presumido, deve-se aplicar a alíquota de 10%.

6.4 Distribuição de lucro, pró-labore e remuneração do capital próprio

A distribuição de lucro, seja o lucro arbitrado, seja o presumido ou o real conferido ao titular, sócio ou acionista da pessoa jurídica, está disciplinada no art. 10 da Lei nº 9.249/1995:

> Art. 10. Os lucros ou dividendos calculados com base nos resultados apurados a partir do mês de janeiro de 1996, pagos ou creditados pelas pessoas jurídicas tributadas com base no lucro real, presumido ou arbitrado, não ficarão sujeitos à incidência do imposto de renda na fonte, nem integrarão a base de cálculo do imposto de renda do beneficiário, pessoa física ou jurídica, domiciliado no País ou no exterior.
>
> Parágrafo único. No caso de quotas ou ações distribuídas em decorrência de aumento de capital por incorporação de lucros apurados a partir do mês de janeiro de 1996, ou de reservas constituídas com esses lucros, o custo de aquisição será igual à parcela do lucro ou reserva capitalizado, que corresponder ao sócio ou acionista.

A Lei nº 11.051, de 29 de dezembro de 2004 (Brasil, 2004c), art. 17 (que altera o art. 32 da Lei nº 4.357, de 16 de julho de 1964 – Brasil, 1964a), veda a distribuição de lucro em casos em que a pessoa jurídica esteja em débito de imposto, taxa ou contribuição.

> Art. 32. As pessoas jurídicas, enquanto estiverem em débito, não garantido, para com a União e suas autarquias de Previdência e Assistência Social, por falta de recolhimento de imposto, taxa ou contribuição, no prazo legal, não poderão: a) distribuir ... (VETADO) ... quaisquer bonificações a seus acionistas; b) dar ou atribuir participação de lucros a seus sócios ou quotistas, bem como a seus diretores e demais membros de órgãos dirigentes, fiscais ou consultivos; c) (VETADO).
>
> § 1° A inobservância do disposto neste artigo importa em multa que será imposta: I – às pessoas jurídicas que distribuírem ou pagarem bonificações ou remunerações, em montante igual a 50% (cinquenta por cento) das quantias distribuídas ou pagas indevidamente; e II – aos diretores e demais membros da administração superior que receberem as importâncias indevidas, em montante igual a 50% (cinquenta por cento) dessas importâncias. § 2° A multa

> referida nos incisos I e II do § 1º deste artigo fica limitada, respectivamente, a 50% (cinquenta por cento) do valor total do débito não garantido da pessoa jurídica. (Brasil, 2004c)

Porém, essa restrição deve ser mais bem avaliada porque está, a toda evidência, inibindo qualquer pessoa jurídica a questionar judicialmente algum tributo. Ora, pelo que se pode acentuar, o direito de ação é uma garantia constitucional, insculpida no art. 5º, XXXV, da CF/1988. Ainda, na hipótese de provocar a tutela jurisdicional do Estado e obter a suspensão da exigibilidade do crédito tributário, sem garantia, mesmo assim, a teor da lei, não poderá distribuir lucros ou dividendos. Reflitamos mais, agora em outro vértice. Quer dizer, se a pessoa jurídica estiver enquadrada em algum benefício fiscal, moratória tipo Parcelamento Especial – Paes ou Programa de Recuperação Fiscal – Refis, sem garantia, não poderá distribuir lucro ou dividendos por conta dessa vedação? Esse direito conferido ao beneficiário, seja ele quotista, seja acionista, diretor ou membro de diretoria, pode ter esse direito tolhido, porque a pessoa jurídica está em débito com a Fazenda Pública? Leon Frejda Szklarowsky (2005), em artigo intitulado *Desenterrando norma falecida*, em determinado momento, faz a seguinte reflexão:

> *O direito de ação é uma garantia constitucional, insculpida no art. 5º, XXXV, da CF/1988.*

> *A Constituição de 1988 traça os princípios fundamentais, em que se funda a República brasileira, distinguindo-se os valores sociais do trabalho e a livre iniciativa (art. 1º), consubstanciados no artigo 170, caput. Que se traduz em norma de significativa importância, ao descrever que a ordem econômica se alicerça na valorização do trabalho humano e na livre iniciativa, asseguradas a propriedade privada e a livre concorrência. [...]*
> *Ora, tanto o artigo 32 da Lei nº 4.357 quanto o artigo 17 da Lei nº 11.051, ao limitar a atividade da sociedade*

> *e das pessoas e imiscuir-se no seu corpo, colidem com os parâmetros da Carta Magna, e, por via de consequência, com os ditames da Lei nº 6.404, de 15 de dezembro de 1976 – Lei das Sociedades por Ações, e do Código Civil vigente, no que se refere às sociedades.*
>
> *O artigo 32 suprarreferido e também o artigo 17 não tem o condão de restringir os atos de qualquer sociedade, seja aquela por ações, seja a limitada, nos termos do Estatuto Civil. Não pode, por isso mesmo, impedir a sociedade de distribuir, mesmo que em parte, quaisquer bonificações a seus acionistas ou de dar ou atribuir a participação de lucros a seus sócios ou quotistas, assim como a seus diretores e demais membros de órgãos dirigentes, fiscais ou consultivos, ainda que ela esteja em débito não garantido. Isto porque a estes pertencem as bonificações, os dividendos, a participação de lucros e não mais às sociedades. Pior ainda quando a referida lei proíbe ou restringe o pagamento da remuneração, mesmo que parte dela.*

Harada (2005), ao discorrer sobre o mesmo tema, de maneira especial, quanto às multas de 50%, impostas aos beneficiários e à pessoa jurídica, assegura:

> *Resulta manifesta a inconstitucionalidade dessa "nova redação" conferida pela indigitada norma sob comento, que penaliza com multa de 50% do valor do benefício pecuniário distribuído/recebido na pendência de débito não garantido, para com a União e INSS.*
>
> *Essa garantia só poderia ser exigida para o fim de parcelamento do débito, ou para apresentação de embargos do devedor na execução fiscal, conforme legislações específicas. Nunca, para distribuição de dividendos, lucros ou bonificações, interferindo na liberdade de empresa, especificamente, na liberdade de lucro, assegurada constitucionalmente.*
>
> *E mais, esse dispositivo sob comento, ao ameaçar com pesada imposição de multa pecuniária de forma genérica,*

sequer respeita as hipóteses de suspensão da exigibilidade do crédito tributário, previstas no art. 151 do CTN. Em havendo qualquer débito na empresa, a juízo da Fazenda, não importa se há impugnação tempestiva do débito, ou se há liminar ou tutela antecipatória suspendendo sua exigibilidade. A empresa estará impedida de distribuir lucros, sob pena de sanção pecuniária. Mesmo na hipótese de os computadores da Receita Federal terem sido alimentados com dados errôneos, apontando débitos onde não existem, a empresa não poderá distribuir lucros a menos que promova a garantia prévia desses pseudos débitos. A aberração jurídica da nova redação conferida pelo art. 17 da Lei sob comento fica mais patente, ainda, se confrontada com o texto do art. 186 do CTN, que confere privilégio ao crédito tributário só superado pelos créditos de natureza trabalhista. A nova Lei de Falências, que retira esse privilégio, não tem o condão de alterar normas do CTN.

Daí a absoluta inconstitucionalidade dessa limitação legal que tolhe, ao nosso ver, arbitrária e desnecessariamente, a liberdade de empresa, a liberdade de contratação e, especificamente, a liberdade de lucro, umas e outras intocáveis pelo legislador ordinário. Essa limitação constitui claramente mais um instrumento de coação do contribuinte, para forçá-lo a abrir mão de devido processo legal, do contraditório e da ampla defesa.

Por conseguinte, a legislação que proíbe a distribuição de lucros ou dividendos nos termos consignados está em manifesta dissonância aos ditames constitucionais da livre iniciativa, não podendo, por isso, restringi-los. Ademais, discrepa com normas do CTN, arts. 151 e 186, como bem argumentou Harada (2005).

Note-se, porém, para a hipótese de inexistência de lucro acumulado ou reservas de lucros suficientes à Receita Federal, por meio da Instrução Normativa – IN nº 93, de 24 de dezembro de 1997, art. 48, § 4º, que trata dessa questão:

> § 4° Inexistindo lucros acumulados ou reservas de lucros em montante suficiente, bem assim quando se tratar de lucro que não tenha sido apurado em balanço, a parcela excedente será submetida à tributação, que, no caso de beneficiário pessoa física, dar-se-á com base na tabela progressiva mensal. (Brasil, 1997d)

Quanto ao pró-labore, representado pelo trabalho realizado por sócio, gerente ou profissional, a Secretaria da Receita Federal – SRF, por meio da Instrução Normativa nº 2, de 12 de setembro de 1969, e do Parecer Normativo Coordenador do Sistema de Tributação – PN CST nº 48, de 28 de janeiro de 1972, exclui de conceito de administrador os empregados e congêneres:

> São excluídos do conceito de administrador os empregados que trabalham com exclusividade para uma empresa, subordinados hierárquica e juridicamente, e, como meros prepostos ou procuradores, mediante outorga de instrumento de mandato, exercem essa função cumulativamente com as de seus cargos efetivos, percebendo remuneração ou salário constante do respectivo contrato de trabalho, provado por carteira profissional, bem como o assessor, que é a pessoa que tenha subordinação direta e imediata ao administrador, dirigente ou diretor, e atividade funcional ligada à própria atividade da pessoa jurídica. (Brasil, 1969b; Brasil, 1972)

A Receita Federal, ao orientar sobre remuneração de dirigentes, pergunta 433*, assim os considera:

---

* Qual o critério adotado pela legislação fiscal para conceituar o que sejam diretores ou administrador da pessoa jurídica? Nota: São excluídos do conceito de administrador os empregados que trabalham com exclusividade para uma empresa, subordinados hierárquica e juridicamente, e, como meros prepostos ou procuradores, mediante outorga de instrumento de mandato, exercem essa função cumulativamente com as de seus cargos efetivos, percebendo remuneração ou salário constante do respectivo contrato de trabalho, provado por carteira profissional, bem como o assessor, que é a pessoa que tenha subordinação direta e imediata ao administrador, dirigente ou diretor, e atividade funcional ligada à própria atividade da pessoa jurídica. (Brasil, 1969b; Brasil, 1972)

> De acordo com o entendimento da Administração Tributária, considera-se:
>
> I – Diretor – a pessoa que dirige ou administra um negócio ou uma soma determinada de serviços. Pessoa que exerce a direção mais elevada de uma instituição ou associação civil, ou de uma companhia ou sociedade comercial, podendo ser ou não acionista ou associado. Os diretores são, em princípio, escolhidos por eleição de assembleia, nos períodos assinalados nos seus estatutos ou contratos sociais;
>
> II – Administrador – a pessoa que pratica, com habitualidade, atos privativos de gerência ou administração de negócios da empresa, e o faz por delegação ou designação de assembleia, de diretoria ou de diretor;
>
> III – Conselho de Administração – o órgão instituído pela Lei das Sociedades por Ações, cujos membros recebem, para os efeitos fiscais, o mesmo tratamento de diretores ou administradores. (Brasil, 2011b)

No que tange aos valores pagos ou creditados a título de pró-labore mensalmente pela pessoa jurídica, por conta da redação do art. 88, XIII, da Lei nº 9.430/1997, não há mais limites de valor, podendo ser considerados integralmente como custos ou despesa operacional.

A respeito da remuneração do capital próprio ou juros sobre o capital próprio, o RIR/1999, dessa maneira, disciplina a matéria nos termos do art. 347, § 1º:

> Art. 347. A pessoa jurídica poderá deduzir, para efeitos de apuração do lucro real, os juros pagos ou creditados individualizadamente a titular, sócios ou acionistas, a título de remuneração do capital próprio, calculados sobre as contas do patrimônio líquido e limitados à variação, *pro rata* dia, da Taxa de Juros de Longo Prazo – TJLP (Lei nº 9.249, de 1995, art. 9º).

> § 1º O efetivo pagamento ou crédito dos juros fica condicionado à existência de lucros, computados antes da dedução dos juros, ou de lucros acumulados e reservas de lucros, em montante igual ou superior ao valor de duas vezes os juros a serem pagos ou creditados (Lei nº 9.249, de 1995, art. 9º, § 1º, e Lei nº 9.430, de 1996, art. 78). [grifo do original]

Ao contrário do que ocorre com os dividendos, os juros sobre o capital próprio são tributados na fonte, na razão de 15%, tal como disposto no § 2º do art. 347: "§ 2º Os juros ficarão sujeitos à incidência do imposto na forma prevista no art. 668 [*] (Lei nº 9.249, de 1995, art. 9º, § 2º)".

Síntese

O IR e proventos de qualquer natureza deve ser estudado com a mesma perspicácia que vem sendo adotada ao longo de nosso estudo. Sendo assim, ainda que a CF/1988 explicitamente não defina renda e proventos de qualquer natureza, não se pode admitir considerações econômicas para defini-la. As diversas formas de declaração de imposto sobre a renda representam o efetivo regime a que os agentes econômicos deverão optar. Portanto, os regimes de declaração de

---

* Art. 668. Estão sujeitos ao imposto na fonte, à alíquota de quinze por cento, na data do pagamento ou crédito, os juros calculados sobre as contas do patrimônio líquido, na forma prevista no art. 347 (Lei nº 9.249, de 1995, art. 9º, § 2º). § 1º O imposto retido na fonte será considerado (Lei nº 9.249, de 1995, art. 9º, § 3º, e Lei nº 9.430, de 1996, art. 51, parágrafo único): I – antecipação do devido na declaração de rendimentos, no caso de beneficiário pessoa jurídica tributada com base no lucro real, presumido ou arbitrado; II – tributação definitiva, nos demais casos, inclusive se o beneficiário for pessoa jurídica isenta. § 2º No caso de beneficiária pessoa jurídica tributada com base no lucro real, o imposto de que trata esta Seção poderá ainda ser compensado com o retido por ocasião do pagamento ou crédito de juros, a título de remuneração de capital próprio, a seu titular, sócios ou acionistas." (Lei nº 9.249, de 1995, art. 9º, § 6º).

IR, presumido ou real, não esquecendo aqueles agentes econômicos que poderão ser enquadrados no "simples", apuram com alguns temperamentos o que o legislador traçou na Constituição Federal de 1988 como regra matriz de hipótese de incidência do IR. Note-se, também, diante de margem legal, que é possível o agente econômico, dentro do que foi estudado, planejar a forma mais adequada na opção dos tipos existentes de mencionada tributação.

Questões para revisão

1. (Cespe/UnB – Exame OAB – 2008) A instituição, pela União, de benefício fiscal relativamente ao imposto de renda poderá ser feita:
a) somente em lei que trate do imposto de renda.
b) somente em lei que estabeleça benefícios fiscais.
c) tanto em lei que trate de benefícios fiscais quanto em lei que trate do imposto de renda.
d) em qualquer lei que disponha a respeito de matéria tributária.

2. (Cesgranrio – Técnico em Contabilidade – SFE – 2009) A legislação do imposto de renda estabelece que a base de cálculo do imposto é o lucro real, presumido ou arbitrado, correspondente ao período de apuração. A apuração do imposto de renda com base no lucro arbitrado ocorre com o arbitramento do lucro de duas formas diferentes, que são:
a) lucro bruto conhecido e receita bruta conhecida.
b) lucro bruto não conhecido e lucro real não conhecido.
c) lucro real conhecido e lucro real desconhecido.
d) receita bruta conhecida e lucro real não conhecido.
e) receita bruta conhecida e receita bruta não conhecida.

3. (Funiversa – Contador – Mtur – 2010) Acerca das pessoas jurídicas optantes pela tributação com base no lucro presumido, assinale a alternativa correta:

a) A pessoa jurídica que não esteja obrigada à apuração pelo lucro real, que, em qualquer trimestre do ano-calendário, tiver seu lucro arbitrado não poderá mais optar pela tributação com base no lucro presumido relativamente aos demais trimestres desse ano.
b) A empresa optante pelo Refis e pelo lucro presumido que auferir lucros, rendimentos ou ganhos de capital oriundos do exterior não poderá deduzir o IRPJ pago no exterior do imposto devido no Brasil relativo a esses rendimentos e aos ganhos de capital.
c) As pessoas jurídicas optantes pelo lucro presumido não estão obrigadas à escrituração do livro Registro de Inventário, no qual deverão ser registrados os estoques existentes no término do ano-calendário.
d) O IRPJ apurado, a critério da pessoa jurídica, pode ser pago em até três quotas mensais, iguais e sucessivas, desde que o imposto tenha valor superior a R$ 1.000,00.
e) Não integram a receita bruta para fins de determinação do limite que possibilita a opção pelo lucro presumido as vendas canceladas, as devoluções de vendas, os descontos concedidos incondicionalmente e o IPI cobrado destacadamente do comprador ou do contratante, do qual o vendedor dos bens ou o prestador de serviços seja mero depositário.

4. (Fundação Carlos Chagas – Técnico Judiciário – TRE-PI – 2009) O Lucro Bruto apresentado na Demonstração de Resultados do Exercício é decorrente da diferença entre:

a) receita líquida de vendas e despesas operacionais.
b) receita líquida de vendas e custo das mercadorias vendidas.
c) receita bruta de vendas e deduções da receita bruta.

d) receita bruta de vendas e despesas operacionais.
e) receita bruta de vendas e despesas financeiras.

5. (Esaf – Técnico do Tesouro Nacional – STN – 1998) Assinale a opção *incorreta*:

No que diz respeito ao imposto sobre a renda e proventos de qualquer natureza, pode-se afirmar que:
a) deve ser progressivo, aumentando a alíquota à medida que se eleva a base de cálculo.
b) deve obedecer aos critérios da universalidade e da generalidade.
c) deve obedecer aos princípios da capacidade contributiva, irretroatividade e anterioridade, entre outras.
d) não pode ter suas alíquotas alteradas pelo Poder Executivo.
e) não pode prever hipóteses de isenção, sob pena de violar-se o princípio da igualdade.

6. Defina regime de caixa e de competência para fins de imposto de renda.

7. Por que ganho de caráter indenizatório não deve compor a base de cálculo de imposto de renda e proventos de qualquer natureza?

Questões para reflexão

1. (Fundação Getulio Vargas – Fiscal de Rendas – Sefaz-RJ – 2009) Analise as afirmativas a seguir, uma delas está correta. Justifique.
a) O valor do ICMS devido mensalmente pelas microempresas e empresas de pequeno porte, optantes pelo Simples Nacional, é calculado mediante a aplicação de alíquotas reduzidas definidas em lei estadual.

b) Considera-se microempresa, para fins de enquadramento no Simples Nacional, o empresário, a pessoa jurídica, ou a ela equiparada, que aufira, em cada ano-calendário, receita bruta igual ou inferior a R$ 240.000,00.

c) A microempresa e a empresa de pequeno porte, incluídas no Simples Nacional, ficam desobrigadas de pagar o ICMS incidente na entrada de mercadoria ou bem que importe do exterior.

2. (Fórum Concurseiros – Direito Tributário – 2008) A Constituição Federal permite a aplicação de alíquotas progressivas para a cobrança de quais impostos?

3. (Questão adaptada da prova da Cesgranrio – Contador Júnior – Petrobras – 2011) O Decreto nº 3.000/1999, conhecido na prática por RIR/1999, estabelece, em seu art. 1º, que: "O Imposto sobre a Renda e Proventos de Qualquer Natureza será cobrado e fiscalizado de conformidade com o disposto neste Decreto". Ao contemplar a cobrança do Imposto Renda sobre toda e qualquer forma de renda e provento, nos limites da Lei, o artigo está contemplando qual critério? Discorra sobre esse critério.

4. Qual a forma que o lucro presumido representa para a tributação e quais as pessoas jurídicas que poderão optar por esse regime?

Consultando a legislação

Para desenvolver mais o conteúdo estudado neste capítulo, leia a Constituição Federal de 1988, arts. 5º, XXXV, 153, I, § 2º, III, e 170; a Lei Complementar nº 123/2006, art. 3º, I, II, § 1º, § 2º, § 3º, § 4º e § 5º; a Lei nº 8.981/1995, arts. 31, 37, § 1º; a Lei nº 9.249/1995; a Lei nº 9.430/1996, art. 88, XIII; a Lei nº 9.718/1998, arts. 9º, 10, 13, § 1º, 14; a Lei nº 11.051/2004, art. 17; no Código Tributário Nacional, leia os arts. 43, 44, 45, 151 e 186; no Código Civil, art. 91; e no RIR/1999 – Regulamento de Imposto de Renda, os arts. 223, 225, 274, 347, § 1º, 530 e 531.

VII

Conteúdos do capítulo:

» A legalidade determinante para a tipificação de infração tributária;
» Ações preventivas e repressivas;
» Direito de sobreposição.

Infrações tributárias

O capítulo em referência tem como suporte de raciocínio o que se entende como infração de índole tributária. Nada mais natural, por conseguinte, discorrer sobre este tema, diante de tantas obrigações tributárias a que o agente econômico está sujeito, vale dizer, haverá sanção tributária seja na ação, seja na omissão voluntária ou não, ante a prática de ato qualificado de comissivo por omissão, de determinada obrigação dessa natureza. Logo, é importante estudarmos as infrações de caráter subjetivo e objetivo para que a presente proposta seja adequadamente enfrentada.

Devemos empregar base técnica científica daquilo que se entende por infração tributária; vale afastar, por isso, qualquer eiva conceitual que esteja fora do âmbito jurídico. Por conta dessa constatação, é forçoso diferenciarmos a norma impositiva da sancionante. A primeira trata efetivamente da incidência sobre fatos lícitos, enquanto a segunda de consequências decorrentes de um comportamento denominado *ilícito*.

A doutrina de Sacha Calmon Navarro Coelho (1998, p. 13) expõe da seguinte maneira:

> *De um ponto de vista que considera as normas condicionais em posição estática, segundo a tradição kelseniana, estas se dividem em dois espécimens básicos: normas impositivas e normas sancionantes. A diferença entre elas é simples. As impositivas têm hipóteses de incidência composta de fatos jurígenos lícitos e, por consequência, comandos que impõem direitos e deveres (relações jurídicas obrigacionais). As sancionantes são feitas de hipótese de incidência que representam fatos ilícitos e de consequências que consubstanciam, sempre, sanções (castigos, penas). A norma tributária é do tipo impositiva, como já vimos.*

Mais adiante, ao arrazoar sobre norma impositiva e sancionatória, em cristalina orientação, o autor complementa:

> *A primeira prevê um procedimento obrigatório: pagar tributo. A segunda prescreve uma sanção visando reprimir comportamento ilícito: não ter pago o tributo (que deveria ter sido pago). A primeira produz consequências jurídicas em virtude de fatos lícitos e a segunda possibilita efeitos punitivos em virtude de ter sido praticada uma ação ilícita contra a ordem jurídica. A primeira é impositiva porque acarreta ao seu destinatário um dever (há a imposição de um dever). A segunda é sancionante porque prevê a aplicação, ao seu destinatário, de uma sanção, contra-ataque da ordem jurídica aos que a desrespeitam (há a aplicação de uma sanção).* (Coelho, 1998, p. 14)

Logo, não se fala em negar o direito pela prática de uma ilicitude, isto é, a prática infracional não é a negativa de concebê-lo, situando-o, portanto, fora de seu campo, dito extrajurídico. Coelho (1998, p. 16) conta que foi Kelsen quem incluiu o ilícito no direito: "Antes de Kelsen o ilícito estava fora do direito, era a negação da justiça. O mestre vienense, porém, passou a considerar o ilícito como integrante do direito, conferindo-lhe o papel de ser o meio exclusivo de juridicização das condutas".

Não há como avançar no estudo, todavia, sem levar em conta, em igual caminho de raciocínio, a doutrina de Cóssio bem trabalhada pelo mestre mineiro, quando escora: "Em suma, se para Kelsen a principal norma é que condiciona a sanção: Dada a 'np' (não prestação) deve ser a 's' (a sanção); para Cóssio, a norma principal é a que contém o dever: dada a hipótese ('H') deve ser prestação ('P')" (Coelho, 1998, p. 17). Adiante, o autor professa a diferença conceitual entre ambos:

> *Cóssio chama a endonorma ao momento H-P e de perinorma ao momento ñP-S. As situações abrangidas são alternativas: cumprir a prestação espontaneamente ou submeter-se à sanção. O principal no fenômeno jurídico é aí a normalidade, o acatamento espontâneo ao preceito legal. A norma se enuncia pela possibilidade da prestação e não pela não prestação, como em Kelsen.* (Coelho, 1998, p. 17)

A razão de imprimir conteúdo científico ao assunto ora vertido – infração tributária – tem sua motivação. Ora, se a tipicidade cerrada, desdobramento do princípio da legalidade, deve ser perfeitamente observada no fenômeno da tributação – ocorrência do fato à norma, como garantia constitucional amplamente consagrada –, a infração tributária, como decorrência pelo não cumprimento de referida obrigação, também deve gozar da mesma segurança, independentemente do conteúdo jusfilosófico empregado na investigação proposta.

Segurança esta decorrente da própria leitura da Constituição Federal, de 5 de outubro de 1988, art. 5º, XXXIX (Brasil, 1988a), de onde provém decorrência obrigatória do princípio da legalidade a tipificar conduta ilícita. A obrigação tributária é *ex lege*, ou seja, não pode ser afastada em nenhuma hipótese.

Do ponto de vista prático, sem nos esquecermos, porquanto, do campo teórico anteriormente estudado, na medida em que atesta a limitação legal para conceituar e aplicar o ilícito exacional, o magistério de Carlos Guilherme Francovich Lugones (2007, p. 109) caracteriza a infração à legislação tributária da seguinte maneira: "A infração se caracteriza pelo descumprimento do mandamento legal, por meio de uma atuação aos seus ditames, ou uma abstenção no que se refere ao atendimento do que determina a lei".

> *A obrigação tributária é* ex lege, *ou seja, não pode ser afastada em nenhuma hipótese.*

Não se pode, por isso, perder de vista as regras emanadas do Código Tributário Nacional – CTN, Lei nº 5.172, de 25 de outubro de 1966 (Brasil, 1966c). O art. 97 do CTN determina: "somente a lei pode estabelecer a cominação de penalidades para as ações ou omissões contrárias a seus dispositivos, ou para outras infrações nela definidas". Com base nessas observações, há de se promover a diferença entre uma relação e uma sanção tributária, uma vez que ambos os institutos têm os mesmos requisitos, havendo, no entanto, tratamento distinto quanto a suas consequências. João Dácio Rolim e Daniela Silva de Guimarães Souto bem argumentam sobre esse assunto:

> *Nesse ponto, é necessário ressaltar a diferença entre as relações tributárias e sanções tributárias. Tributo, conforme disposto no art. 3º do Código Tributário Nacional – CTN, é toda prestação pecuniária que não constitua sanção por ato ilícito. Já as penalidades tributárias – ditas sanções –, são aplicadas em virtude*

do cometimento de um ato ilícito. Eis aqui o elemento distintivo do tributo para a sanção: o cometimento do ilícito. Assim, o regime jurídico a que sujeita a sanção tributária algumas peculiaridades com relação ao regime do tributo. (Rolim; Souto, 2004, p. 231)

Sendo assim, promovida a diferença de relação jurídica tributária lícita e a consequência pelo não cumprimento de obrigação com esse conteúdo, delimitada a regra geral a ser observada como condição coadjuvante na aplicação da infração tributária, resta-nos avançar dentro dessa pesquisa, sobranceiros no que toca às condições para aplicação da pena, a ocorrer com o mesmo rigor da obrigação fiscal, erigindo, para tanto, o princípio da legalidade – tipicidade cerrada como meio imprescindível a validar a sanção.

7.1 Infrações subjetiva e objetiva

Muito embora o CTN, ao disciplinar a infração tributária, trate como regra geral a responsabilidade objetiva, ou seja, não há de indagar a vontade do agente no cometimento do ilícito, há tipos penais tributários a colocá-la no núcleo legal, a culpa ou o dolo específico, isto é, o caráter subjetivo passa a fazer parte da legislação como *elemento fundamental* na apuração da infração. Esse grau de subjetividade, por uma simples razão, no mais das vezes é completamente esquecido na descrição do fato típico, ilícito e culpável, de modo a responsabilizar o infrator nas penas descritas em lei. Acrescente-se a isso que a prova deve ser produzida pela autoridade fiscal ou, ainda, por meio do Poder Jurisdicional do Estado, preservando os postulados do contraditório e da ampla defesa, para dizer o mínimo. As garantias constitucionais destinadas à infração penal estão umbilicalmente ligadas à infração tributária subjetiva, na apuração do delito fiscal com essa peculiaridade. De nada adianta presumir que o agente econômico agiu culposamente ou dolosamente na prática da infração tributária, na prática de infrações subjetivas, se não existe prova contundente o bastante para impor responsabilidade a ele. Não é descrevendo tão somente a conduta do agente que a fiscalização irá cumprir difícil tarefa, ainda mais em campo onde ocorreu o legítimo planejamento tributário. Não havendo comprovação de ação/omissão de conduta ilícita, não se deve aplicar sanção, vale dizer, não existe infração tributária, por atipicidade da conduta.

Em outras palavras, o legislador, ao descrever o tipo penal tributário, colocando em sua estrutura a modalidade culposa ou dolosa na consecução da prática delituosa, teve a intenção de promover a responsabilização do agente pelo potencial ofensivo, a imputá-lo com o rigor da lei. Dessa forma, tanto a administração fiscal quanto, possivelmente, a criminal devem buscar nas lições da ciência de direito penal os elementos fundamentais não só para promover a investigação como também a efetiva comprovação do responsável na infração com essa condição.

A infração objetiva, por sua vez, está descrita no art. 136 do CTN, *in verbis*: "Art. 136. Salvo disposição de lei em contrário, a responsabilidade por infrações da legislação tributária independe da intenção do agente ou do responsável e da efetividade, natureza e extensão dos efeitos do ato".

Por conseguinte, as infrações tributárias descritas pelo legislador com esse viés têm esse requisito como forma de exigir o cumprimento da obrigação tributária sob pena de incidir a sanção independentemente do ânimo do agente. O caso mais comum, vale dizer, é aquele em que o contribuinte deixa de pagar o tributo na data prevista, sujeitando-se, por isso, às penalidades legais.

Paulo de Barros Carvalho (2004, p. 507), quando promove estudo sobre as infrações e sanções tributárias, faz brilhantes considerações a respeito do tema em foco:

> *Salvo disposição de lei em contrário, a responsabilidade por infrações da legislação tributária independe da intenção do agente ou do responsável e da efetividade, natureza e extensão dos efeitos do ato (CTN, art. 136). Eis aqui uma declaração de princípio em favor da responsabilidade objetiva. Mas, como não está em termos absolutos, a possibilidade de dispor em sentido contrário oferta espaço para que a autoridade legislativa construa as chamadas infrações subjetivas.*
>
> *O art. 137 aponta os casos em que a responsabilidade é pessoa do agente: [...].*

Como assegurado por Carvalho (2004), ainda que possa relativizar a responsabilidade objetiva pela prática de infrações nesse campo, o legislador promoveu a responsabilização do agente pelo exercício da prática do tipo subjetivo, logo no art. 137* do CTN.

A relativização da responsabilidade objetiva encontra amparo na redação do art. 138 do CTN:

> Art. 138. A responsabilidade é excluída pela denúncia espontânea da infração, acompanhada, se for o caso, do pagamento do tributo devido e dos juros de mora, ou do depósito da importância arbitrada pela autoridade administrativa, quando o montante do tributo dependa de apuração.

---

* Art. 137. A responsabilidade é pessoal ao agente:

I – quanto às infrações conceituadas por lei como crimes ou contravenções, salvo quando praticadas no exercício regular de administração, mandato, função, cargo ou emprego, ou no cumprimento de ordem expressa emitida por quem de direito;

II – quanto às infrações em cuja definição o dolo específico do agente seja elementar;

III – quanto às infrações que decorram direta e exclusivamente de dolo específico:

a) das pessoas referidas no artigo 134, contra aquelas por quem respondem;

b) dos mandatários, prepostos ou empregados, contra seus mandantes, preponentes ou empregadores;

c) dos diretores, gerentes ou representantes de pessoas jurídicas de direito privado, contra estas.

> Parágrafo único. Não se considera espontânea a denúncia apresentada após o início de qualquer procedimento administrativo ou medida de fiscalização, relacionados com a infração.

Diante da inteligência do artigo em mira, pode-se promover o pagamento extemporâneo sem haver imputação de responsabilidade ao infrator em tal hipótese, isto é, realizar o pagamento desde que computados juros de mora, antes de qualquer procedimento administrativo ou fiscalizatório. A chamada *denúncia espontânea* tem esse escopo, estimular a prática do cumprimento da obrigação tributária ainda que a destempo, antes que a "máquina pública" promova atos inerentes à sua atividade com todo o custo operacional que isso possa representar.

A prática, porém, tem demonstrado certo equívoco, principalmente pelo Poder Judiciário, na melhor aplicação de referido dispositivo, porque entende não existir denúncia espontânea em tributos sujeitos a homologação por lançamento, modalidade esta disciplinada no art. 150 do CTN. Essa sistemática de tributação ocorre quando a legislação atribui ao sujeito passivo o dever de antecipar o pagamento sem prévio exame da autoridade administrativa, como é o caso das principais exações: Imposto de Renda – IR, Contribuição para o Financiamento da Seguridade Social – Cofins, Programa de Integração Social – PIS, Imposto sobre Produtos Industrializados – IPI, Contribuição Social sobre o Lucro Líquido – CSLL, Contribuições sociais, Imposto sobre Serviços de Qualquer Natureza – ISS ou ISQN, Imposto sobre Operações relativas à Circulação de Mercadorias e sobre Prestações de Serviços de Transporte Interestadual e Intermunicipal e de Comunicação – ICMS etc. No âmbito da esfera federal, há a figura da chamada *Declaração de Débitos e Créditos de Tributos Federais* – DCTF, cujo propósito é prestar mensalmente* informações relativas a valores de débitos e créditos referentes a tributos e contribuições administradas pela Receita Federal do Brasil – RFB. Trata-se de *obrigação acessória*, verdadeira confissão de dívida, a que o sujeito passivo está compelido a informar à RFB mensalmente, sob pena de ser responsabilizado por meio de multa em caso de descumprimento. Escorado em mencionada atualidade, poder-se-ia sustentar a tese de que não havendo o pagamento do débito tributário no tempo devido, inobstante reconhecido por meio de DCTF e ausente qualquer iniciativa administrativa, o sujeito passivo poderia lançar mão do art. 138 do CTN com o intuito de afastar imposição de alguma penalidade. Contudo, o Superior Tribunal de Justiça – STJ, por meio da Primeira Seção – reunião das duas Turmas de Direito Público – pacificou o entendimento mediante a Súmula nº 360, onde se lê que os tributos sujeitos a homologação por lançamento constantes em DCTF não afastam a imposição de multa, repelindo, por isso, o benefício da denúncia espontânea. Releva conferir, neste rumo de juízo, o Informativo nº 373 do STF:

> RECURSO REPETITIVO. PIS. COFINS. MULTA. DENÚNCIA ESPONTÂNEA. SÚM. Nº 360-STJ. A Seção, ao julgar recurso repetitivo (art. 543-C do CPC), com objetivo de afastar a aplicação de multa imposta pela Fazenda, reiterou que o contribuinte não tem o benefício da denúncia espontânea (art. 138 do CTN) quanto aos tributos sujeitos a lançamento por homologação (Pis/Cofins) por ele declarados (em Declaração de Débitos e Créditos Tributários Federais – DCTF) porque se constituiu o crédito, mas o valor foi recolhido

* As normas disciplinadoras da DCTF, relativas a fatos geradores que ocorrerem a partir de 1º de janeiro de 2010, são as estabelecidas pela Instrução Normativa Receita Federal do Brasil – IN RFB nº 974, de 27 de novembro de 2009, que revogou a IN RFB nº 903, de 30 de dezembro de 2008. As empresas devem apresentar DCTF mensal, sendo extinta a DCTF semestral.

extemporaneamente, incidindo multa moratória (Súm. nº 360-STJ). Precedentes citados: AgRg nos EREsp 638.069-SC, DJ 13/6/2005; REsp 510.802-SP, DJ 14/6/2004, e AgRg nos EREsp 804.785-PR, DJ 16/10/2006. (STF, 2004c)

Assim, o alcance do instituto da denúncia espontânea teve o seu espectro de alcance bem limitado por conta dessa orientação jurisprudencial, que, em última análise, deve decidir sobre matéria de índole infraconstitucional. Somente em casos pontuais, onde o sujeito passivo, por exemplo, retifica a DCTF por conta de uma compensação presumida e equivocada, verifica, por isso, crédito em favor do Fisco federal, promove o pagamento do tributo logo após a aludida constatação, tem encontrado proteção no Poder Judiciário, afastando a imposição de multa com amparo na redação do art. 138 do CTN. O incitamento concedido pelo legislador complementar ao agente econômico é abstraído, em certa medida e como veremos, do aspecto temporal, pois ao deixar de pagar o tributo no prazo, terá de promover invariavelmente o pagamento com imposição de multa, em tributos sujeitos a homologação por lançamento e declarados em DCTF, praticamente desaparecendo o instituto da denúncia espontânea, ante edição de súmula nesse sentido.

A atividade administrativa de lançamento é vinculada e obrigatória sob pena de responsabilidade funcional.

De qualquer maneira, e não se perca de vista, tanto as infrações ditas subjetivas quanto as objetivas podem ser mais bem "calibradas" não pela administração fazendária, porque a atividade administrativa de lançamento é vinculada e obrigatória sob pena de responsabilidade funcional, de acordo com a escrita contida no art. 142 do CTN, mas pela câmara julgadora extrajudicante, ou por meio de ação judicial a provocar o poder jurisdicional do Estado, invocando a letra do art. 122 do CTN, que prevê a interpretação mais favorável ao acusado, em caso de dúvida quanto: "I – à capitulação legal do fato; II – à natureza ou às circunstâncias materiais do fato, ou à natureza ou extensão dos seus efeitos; III – à autoria, imputabilidade, ou punibilidade; IV – à natureza da penalidade aplicável, ou à sua graduação".

Por outro lado, e cientes do princípio da legalidade encravado na correta advertência legal sobre a previsão de infração tributária, a legitimar a imposição de sanção, o que parece óbvio demais, há benefício a ser lembrado e ressaltado como imperativo categórico, muitas vezes deixado de lado, notadamente pela administração tributária federal. Sublinhamos, para tanto, o encargo previsto no Decreto-Lei nº 1.025, de 21 de outubro de 1969, em sua redação original:

> Art. 1º. É declarada extinta a participação de servidores públicos na cobrança da Dívida da União, a que se referem os artigos 21 da Lei nº 4.439, de 27 de outubro de 1964, e 1º, inciso II, da Lei nº 5.421, de 25 de abril de 1968, passando a taxa, no total de 20% (vinte por cento), paga pelo executado, a ser recolhida aos cofres públicos, como renda da União. (Brasil, 1969a)

Após sucessivas alterações, o Decreto-Lei nº 1.025/1969, precisamente a Lei nº 8.383, de 30 de dezembro de 1991, § 2º do art. 57, prevê a forma de cálculo do citado encargo como sendo sobre o montante do débito, inclusive multas, atualizado monetariamente e com acréscimo de juros de mora:

> Art. 57. [...]
> § 2º. O encargo referido no art. 1º do Decreto-Lei nº 1.025, de 21 de outubro de 1969, modificado pelo art. 3º do Decreto-Lei nº 1.569, de 8 de agosto de 1977, e art. 3º do Decreto-Lei nº 1.645, de 11 de dezembro de 1978, será calculado sobre o montante do débito, inclusive multas, atualizado monetariamente e acrescido de juros e multa de mora. (Brasil, 1991c)

O art. 61 da Lei nº 9.430, de 27 de dezembro de 1996 (Brasil, 1996c)*, por sua vez, prevê a incidência de multa em tributos e contribuições administrados pela Secretaria da Receita Federal, na razão de 0,33% por dia de atraso, limitado a 20% incidentes sobre o valor do débito, ou seja, não bastasse a previsão do Decreto-Lei nº 1.025/1969, outra legislação veio acrescer a penalidade tributária nesses moldes. Facilmente percebemos o alto custo a ser suportado pelo contribuinte que não cumpre o seu dever em pagar ao fisco no prazo legal, porque efetivamente irá arcar em até 40% de multa, somada a taxa Selic na apuração do débito vencido e não pago. Outras multas evidentemente existem a tipificar determinada ação ou omissão, como é o caso da Lei nº 4.502, de 30 de novembro de 1964 (Brasil, 1964b), art. 80**, que prevê a incidência de multa de 75% do valor do imposto que deixou de ser lançado – IPI, ou recolhido. Em igual rumo, há previsão de multa de 50%, 75%, 150% e até 225% (multas com esse calibre são aplicadas, no mais das vezes, levando em conta a subjetividade infracional – já estudada), dependendo do grau da violação do injusto, de acordo com

---

* Art. 61. Os débitos para com a União, decorrentes de tributos e contribuições administrados pela Secretaria da Receita Federal, cujos fatos geradores ocorrerem a partir de 1º de janeiro de 1997, não pagos nos prazos previstos na legislação específica, serão acrescidos de multa de mora, calculada à taxa de trinta e três centésimos por cento, por dia de atraso. (Vide Decreto nº 7.212, de 2010).

§ 1º A multa de que trata este artigo será calculada a partir do primeiro dia subsequente ao do vencimento do prazo previsto para o pagamento do tributo ou da contribuição até o dia em que ocorrer o seu pagamento.

§ 2º O percentual de multa a ser aplicado fica limitado a vinte por cento.

§ 3º Sobre os débitos a que se refere este artigo incidirão juros de mora calculados à taxa a que se refere o § 3º do art. 5º, a partir do primeiro dia do mês subsequente ao vencimento do prazo até o mês anterior ao do pagamento e de um por cento no mês de pagamento. (Vide Lei nº 9.716, de 1998).

** Art. 80. A falta de lançamento do valor, total ou parcial, do imposto sobre produtos industrializados na respectiva nota fiscal ou a falta de recolhimento do imposto lançado sujeitará o contribuinte à multa de ofício de 75% (setenta e cinco por cento) do valor do imposto que deixou de ser lançado ou recolhido. (Redação dada pela Lei nº 11.488, de 2007) (Vide Decreto nº 7.212, de 2010).

o disposto na Lei nº 9.430/1996, art. 44. Mas, retornemos ao inusitado Decreto-Lei nº 1.025/1969. Não foram poucas as discussões judiciais que orbitaram sobre a legalidade de apontada exigência, uma vez que questionavam sua natureza jurídica. Uns sustentavam a qualidade de taxa, outros, de honorários advocatícios, a remunerar os serviços afetos ao exercício da atividade da procuradoria da Fazenda Nacional. A fim de neutralizar a discussão sobre o tema, o antigo Tribunal Federal de Recursos editou a Súmula nº 168, de 9 de outubro de 1984, com o seguinte enunciado: "O encargo de 20% (vinte por cento), do Decreto-Lei nº 1.025, de 1969, é sempre devido nas execuções fiscais da união e substitui, nos embargos, a condenação do devedor em honorários advocatícios" (TFR, 1984).

Deveras, em substituição aos honorários normalmente arbitrados judicialmente em execução fiscal, o Decreto-Lei nº 1.025/1969 continua hígido em sua exigência e arrimado em decisões que avalizam sua legalidade ao entendimento de que se enquadra como "cobertura das despesas realizadas no fito de promover a apreciação dos tributos não recolhidos"*. Mais recentemente, em 2007, o Ministro Castro Meira decidiu sobre o tema dizendo: "Em execução fiscal promovida pela Fazenda Nacional, os honorários advocatícios já foram incluídos no valor do encargo de 20%, mostrando-se, assim, impertinente nova condenação em honorários."**. Honorários advocatícios representam pagamento pelo serviço prestado ao Procurador da Fazenda Nacional – custo operacional, que agiu em defesa dos interesses da Administração Pública Federal, não sendo devida a fixação de novo encargo, seja na execução fiscal, seja nos eventuais embargos

* Transcrição parcial do Recurso Especial nº 154.763/MG, Primeira Turma do Superior Tribunal de Justiça, Relator: Ministro Milton Luiz Pereira, Diário da Justiça em 03/11/1998. p. 28. (STJ, 1998)

** Transcrição parcial do Recurso Especial nº 979.540/PE, Segunda Turma do Superior Tribunal de Justiça, Relator: Ministro Castro Meira, Diário da Justiça em 18/10/2007. p. 345. (STJ, 2007)

a serem ofertados. A pergunta, porém, repousa na hipótese de não existir cobrança fiscal. Antes de iniciar o ajuizamento de respectiva execução, mesmo assim é devido o pagamento? A Fazenda Federal deve suportar ônus traduzido em despesas operacionais com tal característica, se o contribuinte espontaneamente pagou o tributo acrescido de juros? Paga-se referido encargo a que título?

Leandro Paulsen (2002, p. 1.197), ao suprir as indagações apontadas, traz a lume, por meio da Revista do Supremo Tribunal Federal em representação nº 1.077, que, em caso similar, afastou encargo com esse traço:

> Violação à razoabilidade pela ausência de relação com qualquer despesa efetiva e com a efetiva remuneração dos procuradores. Por fim, mesmo que o encargo legal atenda concomitantemente à satisfação de honorários advocatícios e à cobertura de despesas realizadas no fito de promover a remuneração de despesas com os atos necessários à apreciação dos tributos, a ausência de fixação de um teto à sua exigência atenta contra o princípio da razoabilidade, por potencial ausência de equivalência entre a medida adotada e o critério que a dimensiona, como já reconheceu em hipótese similar, o Supremo Tribunal Federal, declarando a inconstitucionalidade da criação de taxa judiciária em percentual fixo, que, em alguns casos, impossibilitaria o direito fundamental de acesso à justiça, além de não ser razoavelmente equivalente ao custo real do serviço, com desproporção entre o custo do serviço e a taxa cobrada. (STF, 1985)

De fato, a Corte Suprema Nacional decidiu pela inconstitucionalidade da Lei nº 10.421, de 3 de dezembro de 1971*, oriunda do Estado de São Paulo, que exigia encargo semelhante, quando

---

* Recurso Extraordinário nº 84.884/SP. Supremo Tribunal Federal, julgado em 13 de abril de 1977.

da inscrição do crédito em dívida ativa, porque estava a macular as redações dos arts. 113 e 201 do CTN. Por outro vértice, quando ocorre o pagamento desse ônus sem a promoção de ajuizamento por parte da Procuradoria Fiscal, a lei prevê um abatimento de 50% sobre a multa cominada, ou seja, só se pode cobrar o encargo previsto no Decreto-Lei nº 1.025/1969 na razão de 10% e não cheio – 20%, como costumeiramente cobra a Receita Federal.

A amparar a convicção ora externada, veja a redação do Decreto-Lei nº 1.569, de 8 de agosto de 1977 (Brasil, 1977a), com a alteração dada pelo Decreto-Lei nº 2.163, de 19 de setembro de 1984, no art. 3º, que estipulou a redução do encargo para o patamar de 10% na hipótese de ser pago antes do ajuizamento da execução:

> Art. 3º O encargo previsto no artigo 1º do Decreto-Lei nº 1.025, de 21 de outubro de 1969, calculado sobre o montante do débito, inclusive multas, atualizado monetariamente e acrescido dos juros e multa de mora, será reduzido para 10% (dez por cento), caso o débito, inscrito como Dívida Ativa da União, seja pago antes do ajuizamento da execução. (Brasil, 1984)

Em relação a isso, a previsão legal é cristalina, no sentido de compelir o próprio Poder Público Federal a promover a redução de acordo com o que está explicitado. Não são poucos os pagamentos promovidos pelo sujeito passivo tributário pela via extrajudicial, isto é, antes de existir qualquer procedimento judicial cobrando integralmente. Logo, é incontestável a infração ao princípio da legalidade quando a Fazenda Pública exige o pagamento integral de determinado encargo.

Apenas como reforço de retórica, há inúmeras execuções fiscais em que se fixam honorários à Fazenda Pública logo no despacho inicial, o que faz aumentar significativamente o débito tributário, podendo chegar em 60%* incidente sobre o valor vencido e não pago, acrescido da taxa Selic como indexador monetário, muito embora o Poder Judiciário – STJ – tenha afastado a sucumbência no cômputo final do débito tributário, fazendo incidir o Decreto-Lei nº 1.025/1969 como substituto. Entretanto, a iniciativa a essa insatisfação deve vir do contribuinte, não sendo corrigida sem a convincente e devida provocação.

Embora o princípio do não confisco doutrinariamente não se aplique a multas infracionais tributárias, porque é voltado às relações lícitas, conforme estudado em tópico específico, a razoabilidade, nesses casos, deve adequar-se de maneira a favorecer a justiça fiscal, arrefecendo substancialmente imposições muitas vezes impagáveis, diante de uma realidade econômica em que a atividade empresarial, força motriz dessa ordem, há de ser assegurada pelo que está estatuído no art. 170 da CF/1988.

A justiça fiscal não pode virar as costas diante do atual quadro da economia brasileira.

A importância que se deve infundir no exercício dessa atividade, atrelada à realidade concorrencial cada vez mais proeminente, em que a tributação acaba por partilhar grande parte das receitas empresariais como dissertado, deve servir ao julgador como argumento relevante a calibrar a aplicação de determinada sanção, diante, por exemplo, do pagamento de tributo a destempo. A justiça fiscal não pode virar as costas diante do atual quadro da economia brasileira, marcado por sua estabilidade, traçado de relações outras, com natureza diversa, onde não há permissão à cobrança de multa acima de 2% (caso típico das relações de consumo, inadimplência de condomínio). Não se pode aceitar cobrança aviltante de multa tributária

* 20%, previsão no art. 61 da Lei nº 9.430/1996, + 20% de encargo, Decreto-Lei nº 1.025/1969, + 20% de honorários sucumbenciais, art. 20, § 4º do Código de Processo Civil.

em infrações objetivas, diante dessa situação, o que certamente provoca repercussões gerais a ecoar no Congresso Nacional e nas respectivas Casas Legislativas da Federação, abrindo discussões de modo a viabilizar várias moratórias fiscais a que temos testemunhado, sejam elas municipais, estaduais, distrital e, sobretudo, federal. A percepção de que está havendo essa cultura – inadimplir tributos porque são impagáveis, dada a sua elevada carga e as pesadas multas, aguardar autorização legal para promover a moratória fiscal, bem como perdão de tais imposições, para poder continuar o empreendedorismo –, tem revelado grau de frequência incompatível com o que se pode compreender como exigência de sanção tributária equilibrada, que traduza efetivamente o grau do injusto diante de uma prática infracional, de pouca repercussão para a Administração Pública, porque não precisou promover maiores esforços para receber tributo atrasado, ou seja, não ajuizou qualquer ação para esse objetivo. Devemos ter em mente não só a *razoabilidade* como também a *proporcionalidade* como critérios norteadores na aplicação da sanção tributária. Ainda precisamos avançar muito nesse campo. Sabe-se perfeitamente que o direito tributário apresenta-se como norma de rejeição social, por fundamentos evidentes – ninguém quer pagar tributo, sendo necessário diminuir a fossa existente entre o contribuinte e o Fisco. Por uma questão social, cultural e histórica, o esforço a reduzir, seja para atender às necessidades do Estado (*lato sensu*), provedor do que se entende por *desenvolvimento sustentável em sua ampla satisfação*, que em última análise está a serviço dos cidadãos, seja para diminuir a sensação do apetite arrecadatório ao exigir multa apurada, promulgando-se leis mais voltadas sob esse aspecto, deve ser o mote a conduzir a política fiscal. A lei, tal como avaliada, ainda que preveja algum tipo de graduação, é ainda

A lei, tal como avaliada, ainda que preveja algum tipo de graduação, é ainda deveras onerosa.

deveras onerosa. O Poder Judiciário, no mesmo eito, tem demonstrado alguma insensibilidade daquilo que se pode traduzir como verdadeiro ancoradouro de justiça fiscal. E nem se diga em não poder negá-la, pois está legitimada para tanto, basta reconhecê-la em face de sua incompatibilidade com o sistema. É o que Lobato e Coelho (2008, p. 9) chamam de *legislador negativo*, ao assim professarem: "Legislador negativo o juiz é ao negar aplicação a lei incompatível com o sistema ('revogação' judicial da lei feita pelo parlamento). Este poder decorre da zeladoria das leis conferida ao Poder Judiciário pela Constituição". Portanto, mais uma razão para não se imiscuir de relevante função julgadora.

Síntese

As garantias constitucionais afetas ao sistema tributário nacional são as mesmas que devem ser empregadas quando há infração dessa ordem. As infrações subjetivas devem ser rigorosamente examinadas para atender ao tipo penal existente, sem o qual não haverá ilícito cometido pela atipicidade de conduta. A infração objetiva, por sua vez, ainda que alheia aos fatores subjetivos, deverá obedecer à estrita legalidade, contrariamente ao que prevê o Decreto-Lei nº 1.025/1969, ainda existente e resistente ao tempo.

Questões para revisão

1. (Fundação Carlos Chagas – Juiz – TJ-PE – 2011) A responsabilidade por infrações, em nosso sistema tributário, é excluída:
   a) pelo pedido de parcelamento do débito fiscal, antes da decisão administrativa.

b) pela propositura de ação declaratória de inexistência de relação jurídica tributária, antes da instauração de qualquer procedimento administrativo.
c) pela denúncia espontânea da infração apresentada a qualquer tempo.
d) pela denúncia espontânea da infração apresentada no curso do procedimento fiscal, antes da decisão administrativa.
e) pela superveniência de sucessão tributária.

2. (Vunesp – 132º Exame – OAB-SP – 2007) Assinale a alternativa correta:

a) A responsabilidade do contribuinte é excluída pela denúncia espontânea da infração, desde que acompanhada do pagamento do tributo devido, da multa punitiva e dos juros de mora.
b) Jamais haverá exclusão de responsabilidade do contribuinte que praticou infração fiscal, mesmo que ingresse com denúncia espontânea da infração acompanhada do pagamento do tributo devido e dos juros de mora.
c) A responsabilidade do contribuinte é excluída pela denúncia espontânea da infração, acompanhada, se for o caso, do pagamento do tributo devido e dos juros de mora, ou do depósito da importância arbitrada pela autoridade administrativa, quando o montante do tributo depender de apuração.
d) Mesmo com início de qualquer procedimento administrativo fiscal, como a lavratura do Termo de Início de Fiscalização, a responsabilidade do contribuinte será excluída pela denúncia à infração acompanhada, se for o caso, do pagamento do tributo devido e dos juros de mora.

3. (Questão elaborada com base na prova da Esaf – Auditor-Fiscal do Tesouro Estadual – SET-RN – 2005) Em relação ao tema

responsabilidade por infrações da legislação tributária, avalie o acerto das formulações adiante e marque com C as corretas e com E as erradas; em seguida, marque a resposta correta:

( ) A denúncia espontânea da infração, acompanhada de pedido de parcelamento do valor do tributo devido e dos juros de mora e apresentada antes do início de qualquer procedimento administrativo ou medida de fiscalização, exclui a responsabilidade do agente.

( ) Salvo disposição de lei em contrário, a responsabilidade por infrações da legislação tributária depende da intenção do agente.

( ) A responsabilidade é pessoal ao agente quanto às infrações da legislação tributária em cuja definição o dolo específico do agente seja elementar.

a) C, E, E.
b) C, C, E.
c) E, E, C.
d) E, C, C.
e) E, E, E.

4. Conforme a exegese do art. 136 do Código Tributário Nacional, são irrelevantes para caracterizar a responsabilidade por infrações:

a) a intenção do agente responsável.
b) o ato ter se efetivado.
c) a natureza do ato.
d) os efeitos do ato.

5. Dispõe o Código Tributário Nacional, art. 135, II, que são pessoalmente responsáveis pelos créditos correspondentes a obrigações tributárias resultantes de atos praticados com excesso de poderes ou infração de lei, contrato ou estatuto os mandatários, prepostos e empregados. Por sua vez, o mesmo diploma dispõe no art. 137, III, "b", que a responsabilidade é pessoal do agente

quanto às infrações que decorrem direta e exclusivamente de dolo específico dos mandatários, prepostos ou empregados, contra seus mandantes, preponentes ou empregadores. Já o Código Civil, parágrafo único do art. 1.177, dispõe que os prepostos, no exercício de suas funções, são pessoalmente responsáveis, perante os preponentes, pelos atos culposos e, perante terceiros, solidariamente com o preponente, pelos atos dolosos. Da conjugação desses dispositivos, é correto concluir que:

a) a regra de direito civil prevalece sobre a regra de direito tributário, por ser a lei civil mais nova que a lei tributária.
b) a responsabilidade tributária do preposto por excesso de poderes, infração de lei, contrato ou estatuto é sempre solidária com o preponente, por entendimento pacífico e unânime na doutrina e na jurisprudência.
c) o preposto responde pessoalmente pelos tributos cujos fatos geradores decorreram exclusivamente do excesso de poderes ou infração de lei, contrato ou estatuto.
d) existe um conflito entre as regras dos arts. 135, II, e 137, III, "b", do CTN, devendo prevalecer a regra do art. 135, II, do CTN, por interpretação com o parágrafo único do art. 1.177 do Código Civil.
e) o preponente responde solidariamente com o preposto pelas infrações tributárias por este cometidas de forma dolosa.

6. No que consiste as garantias constitucionais no que toca à prática de infração tributária?

7. Diferencie infração tributária de origem subjetiva e objetiva.

Questões para reflexão

1. Como é a responsabilidade por infrações nos casos de dolo?
2. Quais são as pessoas que respondem pessoalmente por infrações decorrentes de dolo específico?
3. Qual o efeito da denúncia espontânea?
4. O que acontece com a denúncia apresentada no curso da ação fiscal?
5. Se o contribuinte não cumprir com o seu dever de pagar o Fisco no prazo correto, há um altíssimo custo a ser suportado. Que custo é esse?

Consultando a legislação

Para desenvolver mais o conteúdo estudado neste capítulo, leia a Constituição Federal de 1988, arts. 5°, II, XXXIX, e 170; no Código Tributário Nacional, os arts. 128 a 138; no Decreto-Lei n° 1.025/1969, o art. 1°; na Lei n° 8.383/1991, o art. 57, § 2°; na Lei n° 9.430/1996, o art. 61; na Lei n° 4.502/1964, o art. 80; no Decreto-Lei n° 1.569/1977, o art. 3° (alterado pelo Decreto-Lei n° 2.163/1984) e a Lei do Estado de São Paulo n° 10.421/1971.

VIII

A contabilidade como fonte formal da tributação

Conteúdos do capítulo:

» Relevância e contribuição da contabilidade tributária como ciência diversa do direito tributário.

Este capítulo tem o propósito de trazer a você, leitor, não só elementos relevantes à seara tributária, como também alertá-lo acerca da importância aplicada à ciência contábil, cada qual dentro de seus limites. Portanto, não basta apenas tratar do direito tributário, é preciso enveredar em outro ramo do conhecimento para melhor conferir razões aptas ao domínio dessa instigante questão, fato este de que nos ocuparemos na sequência.

Inquestionavelmente, o direito tributário exerce influência sobre a contabilidade, a qual é responsável pela escrituração da pessoa jurídica, não apenas como argumento de discurso, mas porque os impostos, ao incidirem sobre fatos geradores decorrentes do empreendedorismo da pessoa jurídica, comprovam tal assertiva, conforme já vimos nos capítulos anteriores. Por exemplo, quando lhe é exigido o Imposto de Renda – IR, seja pelo regime real, seja pelo presumido, não há como tributá-lo sobre o patrimônio, uma vez que só poderá recair sobre renda e proventos de qualquer natureza, conforme a redação da norma impositiva constitucional. Lembre-se sempre disso.

Assim, já que não podemos negar a influência que a contabilidade exerce sobre o direito tributário, Ricardo Mariz de Oliveira, por meio da obra *Fundamentos de imposto de renda*, destina um capítulo ao tema em destaque – "Noções básicas sobre a contabilidade". Nesse capítulo, já no início de seu raciocínio, esse autor pontifica:

> *Assim, vamos ver no que consiste a contabilidade, com sua função e suas exigências primordiais. Vamos ver também como ela se expressa – a sua linguagem –, e quais as suas convenções e os seus princípios fundamentais, que, inclusive, estão prestigiados pela norma jurídica do art. 177 da Lei nº 6.404, de 15.12.1976, a qual determina que o lucro líquido seja apurado de acordo com os critérios dessa lei e com os* "princípios contábeis geralmente aceitos", *outra denominação mais antiga para os princípios fundamentais de contabilidade.* (Oliveira, 2008, p. 1.012, grifo do original)

Por outro ângulo, e apenas para melhor ajustar e visualizar o nosso estudo, o direito e a contabilidade são ciências diversas, tal como dito pelo renomado professor:

> *o direito trata da própria existência ou inexistência dos direitos e das obrigações em geral, enfim, do patrimônio das pessoas, bem como das obrigações tributárias, da sua quantificação e de todos os seus demais elementos substantivos, ao passo que a contabilidade trata do registro formal e escritural dos fatos que dão origem aos direitos e às obrigações que constituem o patrimônio, bem como desses mesmos direitos e obrigações, incluindo as obrigações tributárias, assim como trata do próprio registro formal e escritural destas, juntamente com todos os elementos do ativo do passivo e suas mudanças.* (Oliveira, 2008, p. 1.012)

Por isso, os registros e os controles exercidos sobre qualquer atividade econômica, conforme a citação de Oliveira (2008), é ciência que ocupa posto relevante ao nosso estudo. Está-se a falar em última análise em registro de fatos relevantes ao direito, não havendo espaço para ficção, vale dizer, registra-se e demonstra-se com esteio na norma jurídica, não a mudando, a alterando ou a transformando. De qualquer maneira, a avaliação da carga tributária passa efetivamente pelos aspectos preventivos contábeis, de modo a melhor suportá-la. Numa palavra, devemos optar em recolher o IR e, juntamente, a Contribuição Social sobre o Lucro Líquido – CSLL decidindo pela declaração na forma presumida ou real? O custo operacional disso é compensatório? Nada impede que possa existir alguma confluência quanto ao conhecimento estratégico de administração de empresas para tomada de decisões, o fundamento contábil não passa longe dessa realidade, cada vez mais presente em nosso meio. O planejamento contábil endossa essa afirmação, pois fornece elementos precisos para isso, conforme as palavras de Láudio Camargo Fabretti, quando afirma que:

> *A contabilidade, entre outras funções, é instrumento gerencial para a tomada de decisões. Por isso, deve estar atualizada e emitir relatórios simples e claro para o administrador.*
>
> *[...]*
>
> *A contabilidade tem ainda outras funções, como:*
>
> *a) registrar os fatos administrativos (memória);*
>
> *b) demonstrar e controlar as mutações patrimoniais (controle);*
>
> *c) servir como elemento de prova em juízo ou tribunal (documento);*
>
> *d) fornecer elementos para que os acionistas ou sócios possam examinar as contas da diretoria e aprová-las ou não (direção);*

> *e) demonstrar ao Fisco o cumprimento da legislação tributária (fiscal);*
> *f) fornecer dados para a tomada de decisões etc. (gestão);*
> *g) a legislação tributária tem, constantemente, criado novas obrigações acessórias (escrituração, preenchimento de formulários, prestação de informações ao Fisco etc.) com multas elevadas, cujo correto cumprimento tem um alto custo administrativo.* (Fabretti, 2009, p. 9-10)

É importante lembrarmos as primeiras lições contidas no Capítulo 1 desta obra, entre as quais se destaca a de Becker, na qual não se conformava já em 1950 da quantidade de imposições tributárias, principais e acessórias, notabilizada por preenchimento de guias, códigos, tabelas, enfim, uma exorbitância de documentos fiscais que sempre apavoravam o contribuinte, o qual nunca estava completamente seguro de suas obrigações e de seus direitos. A nossa atualidade não está muito distante da fala de Becker. De qualquer maneira, e voltando ao ponto de reflexão, não se está a estudar a contabilidade no seu exercício elementar (registro de livros escriturais, diários, razão, caixa etc.), mas a sua contribuição para o direito tributário. Por conseguinte, neste capítulo iremos discorrer sobre a contabilidade tributária, que muito embora seja concebida como ciência diversa, ou seja, sua órbita é diferente daquela que nos ocupamos até agora, indubitavelmente exerce influência em face do direito tributário.

O problema, na maioria das vezes, tem origem em conflitos assentados em critérios divergentes, ou até mesmo de interpretação de um conceito contábil ou econômico, por ausência de conceito jurídico, que não podem interferir no resultado a que está previsto. É fundamental pensarmos de novo na doutrina de Oliveira (2008), quando trabalha com esse ponto:

> *É possível, entretanto, que, mesmo na ausência de um diferente critério, previsto em norma jurídica especial, algum lançamento seja feito sob uma ótica econômica e empresarial própria e justa, sendo, nestes casos, necessária ampla informação para a devida transparência dos fatos e dos direitos e obrigações que acarretam.*
> *[...] cabe dizer que um dos preceitos mais assentados na prática do direito tributário é de que os critérios adotados para a contabilização são de livre escolha do contribuinte, desde que não fique alterado o resultado. Isto vem sendo afirmado sistematicamente pelo fisco e pela jurisprudência administrativa, e bem se ajusta a tudo o que foi dito anteriormente.*
> *Aliás, tal preceito e tais afirmações têm sentido no fato de que o modo de contabilizar equivale ao modo de falar comum, pois, da mesma maneira que se pode dizer a mesma coisa através de palavras distintas ou de diversas combinações gramaticais, a contabilidade também pode se expressar por diferentes meios e diferentes contas. O essencial, tanto quanto se deve falar a verdade, é não haver mentira, pois mentira, no caso da contabilidade, redunda em alteração da demonstração do resultado e do patrimônio, ou seja, em resultado e patrimônio inexatos, o que contraria a própria função existencial da contabilidade.* (Oliveira, 2008, p. 1021-1023)

Após essa pequena exposição, ficamos ciente da importância da contabilidade no mundo do direito tributário aliada ao correto lançamento, porque é adequado e real, consubstanciado na verdade de seus elementos retirados da legislação aplicável ao caso e plenamente justificável pelo critério comum. Conforme ensina Oliveira (2008), dirijamos nossas atenções às leis que regem a escrituração, tais como a legislação societária: Lei nº 6.404, de 15 de dezembro de 1976 (Brasil, 1976b), chamada de *Lei das Sociedades por Ações*,

Regulamento de Imposto de Renda – RIR (Decreto nº 3.000, de 26 de março de 1999 – Brasil, 1999b) e Lei nº 10.406, de 10 de janeiro de 2002 (Brasil, 2002f), que institui o Código Civil brasileiro. Lourival Lopes da Silva (2007, p. 37-38), ao discorrer sobre mencionadas normas, afirma:

> *As empresas observarão, em registros auxiliares, sem modificação da escrituração mercantil e das demonstrações reguladas pela legislação societária (Lei nº 6.404/1976), as disposições de lei tributária ou de legislação especial sobre a atividade que constitui seu objeto, que prescrevem métodos ou critérios contábeis diferentes ou determinem a elaboração de outras demonstrações financeiras.*
>
> *De acordo com o Código Civil brasileiro (Lei nº 10.406/2002), o empresário e a sociedade empresária são obrigados a seguir um sistema de contabilidade, mecanizado ou não, com base na escrituração uniforme de seus livros, em correspondência com a documentação respectiva, e a levantar anualmente o balanço patrimonial e a demonstração do resultado.*
>
> *[...]*
>
> *Legislação Fiscal*
>
> *De acordo com o Regulamento do Imposto de Renda – RIR, a pessoa jurídica é obrigada a seguir ordem uniforme de escrituração, utilizando os livros e papéis adequados, cujo número e espécie ficam a seu critério. É obrigatório o uso de Livro Diário, encadernado com folha numeradas seguidamente, em que serão lançados, dia a dia, diretamente ou por reprodução, os atos ou operações da atividade, ou que modifiquem ou possam a vir a modificar a situação patrimonial da pessoa jurídica.*

Esses são, por conseguinte, os principais veículos disciplinadores de escrituração contábil. Recentemente, ocorreram alterações na forma de contabilização de fatos contábeis, por meio da Lei nº 11.638, de 28 de dezembro de 2007 (Brasil, 2007b), modificando a estrutura contábil das empresas brasileiras. A Lei nº 11.941, de 27 de maio 2009 (Brasil, 2009b), instituiu o regime tributário de transição.

A *compreensão* do sistema constitucional tributário, tal como exposto nas linhas traçadas anteriormente, em sintonia com os fundamentos contábeis, no exato entendimento de que devem registrar e elaborar referidas demonstrações, isto é, cada qual com sua ciência e medida influência, dão-nos conta de argumentos interpretativos valiosos no sentido de melhor aplicar a lei, como desejada pelo legislador. Sendo assim, as Leis nº 11.638/2007 e nº 11.941/2009 tiveram o propósito de harmonizar a *Lei das Sociedades por Ações* – Lei nº 6.404/1976 – aos princípios fundamentais e às melhores práticas contábeis internacionais.

Para não ficar no vazio o enfrentamento da nova legislação, aproveitando da mesma forma a Resolução nº 1.159, de 13 de fevereiro de 2009 (CFC, 2009), do Conselho Federal de Contabilidade – CFC, a qual aprovou o Comunicado Técnico nº 01, impende destacar as principais mudanças que ocorreram na lei de sociedades anônimas por conta da Lei nº 11.638/2007, com os ajustes promovidos pela Medida Provisória nº 449, de 3 de dezembro de 2008 (Brasil, 2008c), a qual foi convertida na Lei nº 11.941/2009:

(a) Classificação do Ativo e do Passivo em "Circulante" e "Não Circulante";
(b) Extinção do grupo Ativo Permanente;
(c) Restrição ao longo do exercício de 2008 e extinção, na data de 5/12/08, do subgrupo "Ativo Diferido";
(d) Criação do subgrupo "Intangível" no grupo do Ativo Não Circulante;
(e) Proibição da prática da reavaliação espontânea de ativos;
(f) Aplicação, ao final de cada exercício social, do teste de recuperabilidade dos ativos (teste de impairment);

> (g) Registro, em contas de ativo e passivo, dos contratos de arrendamento mercantil financeiro (leasing);
> (h) Extinção do grupo Resultados de Exercícios Futuros;
> (i) Criação, no Patrimônio Líquido, da conta de "Ajustes de Avaliação Patrimonial";
> (j) Destinação do saldo de Lucros Acumulados;
> (k) Alteração da sistemática de contabilização das doações e subvenções fiscais, anteriormente contabilizadas em conta de Reserva de Capital;
> (l) Alteração da sistemática de contabilização dos prêmios nas emissões de debêntures, anteriormente contabilizados em conta de Reserva de Capital;
> (m) Extinção da classificação das Receitas e Despesas em Operacionais e Não Operacionais;
> (n) Substituição da Demonstração das Origens e Aplicações de Recursos (DOAR) pela Demonstração dos Fluxos de Caixa (DFC) no conjunto das Demonstrações Contábeis obrigatórias;
> (o) Obrigatoriedade da elaboração da Demonstração do Valor Adicionado (DVA) pelas Companhias Abertas;
> (p) Criação do Regime Tributário de Transição (RTT);
> (q) Implantação da apuração do Ajuste a Valor Presente de elementos do ativo e do passivo. (CFC, 2009)

A Lei nº 11.941/2009, por sua vez, trouxe inúmeras alterações na legislação tributária, entre as quais a revogação de artigos da Lei nº 11.638/2007 (por exemplo, arts. 177, § 7º, e 179, V), instituindo o regime tributário de transição e novas redações*, que trataram de alterar a Lei nº 6.404/1976. Essa confusão legal intranquilizou os operadores do direito e os profissionais contábeis, uma vez que não se sabe até quando irão introduzir novas práticas em tais searas e a periodicidade disso.

---

* Arts. 177, § 2º, 178, § 1º, § 2º, 182, § 3º, 183, I, VIII, § 2º, § 3º, 184, III, 187, VI, 226, § 3º, e 248.

Quanto aos reflexos tributários, o Regime Tributário de Transição – RTT, nos moldes do art. 15 da Lei nº 11.941/2009, prevê:

> Art. 15. Fica instituído o Regime Tributário de Transição – RTT de apuração do lucro real, que trata dos ajustes tributários decorrentes dos novos métodos e critérios contábeis introduzidos pela Lei nº 11.638, de 28 de dezembro de 2007, e pelos arts. 37 e 38 desta Lei.
>
> § 1º O RTT vigerá até a entrada em vigor de lei que discipline os efeitos tributários dos novos métodos e critérios contábeis, buscando a neutralidade tributária.
>
> § 2º Nos anos-calendário de 2008 e 2009, o RTT será optativo, observado o seguinte:
>
> I – a opção aplicar-se-á ao biênio 2008-2009, vedada a aplicação do regime em um único ano-calendário;
>
> II – a opção a que se refere o inciso I deste parágrafo deverá ser manifestada, de forma irretratável, na Declaração de Informações Econômico-Fiscais da Pessoa Jurídica 2009;
>
> III – no caso de apuração pelo lucro real trimestral dos trimestres já transcorridos do ano-calendário de 2008, a eventual diferença entre o valor do imposto devido com base na opção pelo RTT e o valor antes apurado deverá ser compensada ou recolhida até o último dia útil do primeiro mês subsequente ao de publicação desta Lei, conforme o caso;
>
> IV – na hipótese de início de atividades no ano-calendário de 2009, a opção deverá ser manifestada, de forma irretratável, na Declaração de Informações Econômico-Fiscais da Pessoa Jurídica 2010.
>
> § 3º Observado o prazo estabelecido no § 1º deste artigo, o RTT será obrigatório a partir do ano-calendário de 2010, inclusive para a apuração do imposto sobre a renda com base no lucro presumido ou arbitrado, da Contribuição Social sobre o Lucro Líquido – CSLL, da Contribuição para o PIS/Pasep e da Contribuição para o Financiamento da Seguridade Social – Cofins.

> § 4° Quando paga até o prazo previsto no inciso III do § 2° deste artigo, a diferença apurada será recolhida sem acréscimos.

Da mesma forma, é de bom para o nosso entendimento transcrevermos o art. 16 da mesma lei:

> Art. 16. As alterações introduzidas pela Lei n° 11.638, de 28 de dezembro de 2007, e pelos arts. 37 e 38 desta Lei que modifiquem o critério de reconhecimento de receitas, custos e despesas computadas na apuração do lucro líquido do exercício definido no art. 191 da Lei n° 6.404, de 15 de dezembro de 1976, não terão efeitos para fins de apuração do lucro real da pessoa jurídica sujeita ao RTT, devendo ser considerados, para fins tributários, os métodos e critérios contábeis vigentes em 31 de dezembro de 2007.
> Parágrafo único. Aplica-se o disposto no caput deste artigo às normas expedidas pela Comissão de Valores Mobiliários, com base na competência conferida pelo § 3° do art. 177 da Lei n° 6.404, de 15 de dezembro de 1976, e pelos demais órgãos reguladores que visem a alinhar a legislação específica com os padrões internacionais de contabilidade.

Das prescrições legais anteriormente transcritas, é importante destacarmos: a) a instituição do RTT teve como objetivo buscar a neutralidade tributária até que lei posterior discipline os efeitos tributários dos novos métodos e critérios contábeis; b) o RTT passa a ser obrigatório a partir do ano-calendário de 2010, inclusive para quem apura IR com base no lucro presumido ou arbitrado, da mesma forma a CSLL, o Programa de Integração Social – PIS e a Contribuição para o Financiamento de Seguridade Social – Cofins; c) ratificando as prescrições oriundas da Lei nº 11.638/2007, a Lei nº 11.941/2009 estabeleceu que as alterações antes introduzidas, que modificaram o critério de reconhecimento de receitas, custos e despesas computados na apuração do lucro líquido do exercício, não terão efeitos para fins de apuração do lucro real da pessoa jurídica sujeita ao RTT, devendo ser considerados, para fins tributários, os métodos e os critérios contábeis vigentes em 31 de dezembro de 2007.

Em 2009, a Receita Federal do Brasil – RFB expediu a Instrução Normativa nº 949, de 16 de junho de 2009, regulamentando o Regime Tributário de Transição – RTT. É importante destacar que o RTT é *passageiro*, ou seja, só produzirá efeitos até que outra legislação entre em vigor a disciplinar os efeitos tributários dos novos métodos contábeis.

Sacha Calmon Navarro Coelho e Valter Lobato, ao discorrerem sobre a Lei nº 11.638/2007, sem as alterações ocorridas pela Lei nº 11.941/2009, e após fazerem ponderações de relevo especialmente no que toca à interpretação e à integração das normas tributárias, ressaltando o conteúdo e o alcance dos institutos privados, realçados pelos arts. 109 e 110 do CTN, em cotejo com as mudanças contábeis iniciadas pela Lei nº 11.638/2007, ditam-nos observações quanto à exegese empregada em tal veículo normativo:

> *A teimosia para aplicação do direito não deve se distanciar dos cânones do sistema constitucional tributário.*

> *Destarte, com tais diretrizes deve ser interpretada a Lei nº 11.638/2007, qual seja: a) a regra deve ser de neutralidade fiscal, pois esta é a intenção da lei, enfim, onde já existiam critérios específicos fiscais e onde for possível o controle em livros apartados, não pode o novo texto legal alterar a sistemática tributária; b) eventuais modificações, por imprudência do legislador, somente poderão ocorrer nas lacunas legais, onde não exista lei específica regulando a matéria. Repita-se, podem ser alterados os reflexos (art. 109, do CTN), mas nunca os conceitos de lucro (art. 100[*], CTN). Pensamos que este não é o caso do ágio na subscrição de ações ou na aquisição*

* Na verdade, os autores referem-se ao art. 110 do Código Tributário Nacional.

> *de investimentos ou mesmo os valores recebidos a título de doações e subvenções, pois o justo, o moral e ético é que não trafeguem pelo resultado fiscal, conforme fundamentação anteriormente declinada.*
> *O Direito é uno e único, alimenta-se da mesma fonte, como nos ensina Geraldo Ataliba. Temos que nos preocupar com a Teoria Geral do Direito e com os princípios do Direito Tributário, pois estes, sim, devem alimentar a todos. O restante é mera consequência, de mais difícil compreensão ou de absoluta percepção.* (Coelho; Lobato, 2008, p. 15)

Ainda que notáveis juristas tenham examinado a Lei nº 11.638/2007, sem as alterações previstas na Lei nº 11.941/2009, sobretudo porque a segregação da contabilidade fiscal e societária, antes prevista no art. 177, § 2º, da Lei nº 6.404/1976 – Lei das Sociedades por Ações –, foi alterada, a teimosia para aplicação do direito não deve se distanciar dos cânones do sistema constitucional tributário, conforme inúmeras vezes cuidamos em apresentar na presente obra e afiançado pela melhor doutrina jurídica.

Síntese

Nessas conclusões, não podemos negar a importância da ciência contábil na promoção de lançamentos fiscais, todos relevantes a traduzir a dinâmica tributária, como já asseverado anteriormente. Dessa maneira, o direito tributário notabiliza-se por ser norma de sobreposição, ou seja, ampara-se, no mais das vezes, em conceitos extraídos de legislações esparsas. Sendo assim, pode inexistir conceito jurídico hábil o bastante para amparar determinado lançamento fiscal, vindo a credenciar, por isso, a definição contida em elementos contábeis. Logo, temos mais uma boa razão para considerarmos a contabilidade tributária como elemento a justificar o domínio de seu conhecimento. É evidente que se está a prestigiar a verdade contábil, consubstanciada em prática impregnada de boa-fé, não falando em ação ou omissão ilícita, sob qualquer ângulo, na medida em que é absolutamente razoável justificação dos meios empregados. Por conseguinte, não basta conhecermos o sistema tributário nacional tal como apresentado, você, leitor, também deve debruçar-se no estudo da ciência contábil como forma de aperfeiçoamento profissional e conceitual, principalmente quando tem o propósito de colocá-lo em prática nos interesses voltados às pessoas jurídicas com finalidades lucrativas.

Questões para revisão

1. (Fepese – Auditor-Fiscal da Receita Estadual – Sefaz-SC – 2010) O objeto da contabilidade é:
a) o patrimônio das entidades.
b) a apuração do resultado das entidades.
c) o planejamento contábil das entidades.
d) o controle e o planejamento das entidades.
e) o fornecimento de informações a seus usuários de modo geral.

2. (Cesgranrio – Técnico em Contabilidade – Petrobras – 2010) A partir de 1º de janeiro de 2009 passou a ser obrigatória a adoção do ECD – Escrituração Contábil Digital (SPED) para as empresas:
a) com capital social superior a R$ 2.000.000,00.
b) com faturamento superior a R$ 40.000.000,00 por ano.
c) que tenham mais de 1.000 empregados registrados.
d) sujeitas à tributação do imposto de renda com base no lucro real ou no lucro presumido.
e) sujeitas à tributação do imposto de renda com base no lucro real.

3. (Cesgranrio – Técnico em Contabilidade – Petrobras – 2010) A legislação tributária vigente exige a entrega, em cada exercício, da Declaração Anual de Informações Econômico-Fiscais das Pessoas Jurídicas (DIPJ). Sob esse enfoque, considere as seguintes informações:

   I – empresas tributada pelo lucro real;

   II – empresa tributada pelo lucro presumido;

   III – empresa tributada pelo lucro arbitrado;

   IV – entidade imune;

   V – entidade isenta.

   Estão obrigadas à entrega da DIPJ:

a) I e II, apenas.
b) III e IV, apenas.
c) I, II e V, apenas.
d) I, III, IV e V, apenas.
e) I, II, III, IV e V.

4. (Cesgranrio – Analista de Gestão Corporativa – EPE – 2010) Sobre conceitos, objeto, função e objetivos da Contabilidade, analise as afirmações a seguir.

   I – O principal objetivo da contabilidade consiste em identificar as contas de apuração dos custos e resultados.

   II – A função administrativa tem por objetivo o controle do patrimônio.

   III – O objeto da contabilidade é o patrimônio que compreende apenas a parte positiva do balanço.

   IV – Os bens corpóreos e os incorpóreos são classificados no passivo.

   Está correto apenas o que se afirma em:

   a) II.
   b) III.
   c) I e III.
   d) II e IV.
   e) I, III e IV.

5. (Fepese – Auditor-Fiscal da Receita Estadual – Sefaz-SC – 2010) O Novo Código Civil que estabelece ao empresário e à sociedade empresária a obrigação de seguir um sistema de contabilidade com base na escrituração uniforme de seus Livros afirma também que o livro Diário é o mais importante e, por isso, está sujeito a certas formalidades quanto a sua apresentação e registros.

Identifique as formalidades intrínsecas:

a) Livro encadernado com costura, as páginas numeradas mecanicamente, devendo os lançamentos obedecerem a uma ordem cronológica e uniforme.

b) Deve possuir termos de abertura e de encerramento e a escrituração deve relatar fielmente o fato contábil ocorrido, sendo essa obrigatoriedade uma formalidade intrínseca.

c) Deve estar rubricado, em todas as páginas, pelo funcionário da Junta Comercial ou do Cartório com competência para este fim, e não pode conter nos registros rasuras, borrões ou emendas, sendo essa obrigatoriedade uma formalidade extrínseca

d) Não pode conter registro nas entrelinhas e nas margens, intervalos em branco, borrões, rasuras, emendas, e a escrituração deve seguir um método uniforme.

e) Deve conter a individualização e a clareza dos lançamentos nele feitos, assim como estarem assinados os termos de abertura e de encerramento pelo comerciante ou seu procurador e pelo contabilista habilitado.

6. Defina a contabilidade para a pessoa jurídica como fundamento elementar no campo do direito tributário.

7. Estudar a contabilidade não interfere na ciência do direito tributário?

Questões para reflexão

1. Qual a importância da contabilidade no direito tributário.

2. Apesar de a contabilidade tributária ser prestigiada para o direito tributário, elas são ciências diversas. Existem outras funções relevantes entre essas duas ciências?

Consultando a legislação

Para desenvolver mais o conteúdo estudado neste capítulo, leia o Código Tributário Nacional, arts. 109 e 110, as Leis n° 6.404/1976, n° 10.406/2002, n° 11.638/2007, art. 177, e n° 11.941/2009, arts. 15 e 16, a Resolução n° 1.159/2009 do Conselho Federal de Contabilidade e a Instrução Normativa da Receita Federal do Brasil n° 949/2009, sendo que apresentaremos esta no Anexo.

para concluir...

Em breves palavras, reputo importante expor o conteúdo desta obra, como forma de justificá-la, cujo propósito é auxiliar o leitor a melhor compreendê-la. De fato, o objetivo aqui é trazer a lume, de maneira mais didática possível, a vastidão do direito tributário, com base em conceitos oriundos da Constituição Federal de 1988. Toda e qualquer ciência deve ter como método de investigação critérios compatíveis com a epistemologia, justamente para evitar contradições e divergências que podem comprometer qualquer estudo. Portanto, o critério lançado sempre teve esse condão, vale dizer, extrair da descrição do objeto respostas mais adequadas à realidade, sejam elas de cunho doutrinário, sejam jurisprudencial, evitando-se ao máximo o choque de proposições. Outrossim, esta obra teve o propósito não só de informar o leitor, mas também de instigá-lo a pesquisar o constante estudo do direito constitucional tributário, uma vez que o vertedouro da investigação sempre deve conduzi-lo à prática da curiosidade. Assim a exercendo, certamente contribuirá não só para apurar sua intelectualidade, mas de alguma forma também para a comunidade na qual está inserido.

referências

AMARO, L. *Direito tributário brasileiro*. 12. ed. São Paulo: Saraiva, 2006.

ANDRADE FILHO, E. O. *Imposto de renda*. 5. ed. São Paulo: Atlas, 2008.

ANEEL – Agência Nacional de Energia Elétrica. Resolução n. 249, de 6 de maio de 2002. Relator: José Mário Miranda Abdo. *Diário Oficial da União*, Brasília, 7 maio 2002a. Disponível em: <http://www.cermoful.com.br/legislacao/res2002-249.pdf>. Acesso em: 8 dez. 2011.

______. Resolução n. 295, de 25 de junho de 2003. Relator: José Mário Miranda Abdo. *Diário Oficial da União*, Brasília, 26 jun. 2003. Disponível em: <http://www.cermoful.com.br/legislacao/res2003-295.pdf>. Acesso em: 8 dez. 2011.

______. Resolução n. 351, de 27 de junho de 2002. Relator: José Mário Miranda Abdo. *Diário Oficial da União*, Brasília, 28 jun. 2002b. Disponível em: <http://www.cermoful.com.br/legislacao/res2002-351.pdf>. Acesso em: 8 dez. 2011.

ÁVILA, H. *Sistema constitucional tributário*. São Paulo: Saraiva, 2004.

BALEEIRO, A. *Direito tributário*. Rio de Janeiro: Forense, 2004.

______. *Limitações constitucionais ao poder de tributar*. 7. ed. rev. e compl. à luz da Constituição de 1988 até a Emenda Constitucional nº 10/1996. Rio de Janeiro: Forense, 2001.

BARRETO, P. A. *Contribuições*: regime jurídico, destinação e controle. São Paulo: Noeses, 2006.

BARRETO, A. F. *ISS na constituição e na lei*. 2. ed. São Paulo: Dialética, 2005.

______. Ausência de subsunção diante de fato insuficiente. *Revista de Direito Tributário*, São Paulo, n. 63, p. 264-265, set. 1993.

BASTOS, C. R.; MARTINS, I. G. da S. *Comentários à Constituição do Brasil*: promulgada em 5 de abril de 1988. São Paulo: Saraiva, 1988.

BECHO, R. L. O planejamento tributário na doutrina tradicional. *Revista Dialética de Direito Tributário*, São Paulo, n. 176, p. 136-155, maio 2010.

BECKER, A. A. *Teoria geral do direito tributário*. 3. ed. São Paulo: Lejus, 1998.

BERTI, F. de A. *Pedágio*: natureza jurídica. 2. ed. Curitiba: Juruá, 2006.

BOGO, L. A. *Elisão tributária*: licitude e abuso do direito. Curitiba: Juruá, 2006.

BORGES, J. S. M. Hierarquia e sintaxe constitucional da lei complementar tributária. *Revista Dialética de Direito Tributário*, São Paulo, n. 150. p. 67-78. mar. 2008.

BOTTALLO, E. D. Alguns reflexos do código civil no direito tributário. In: GRUPENMACHER, B. T. (Coord.). *Direito tributário e o novo código civil*. São Paulo: Quartier Latin, 2004.

BRASIL. Constituição (1891). *Diário Oficial da República dos Estados Unidos do Brasil*, Rio de Janeiro, 24 fev. 1891. Disponível em: <http://www.planalto.gov.br/ccivil_03/constituicao/Constitui%C3%A7ao91.htm>. Acesso em: 9 dez. 2011.

______. Constituição (1934). *Diário Oficial da República dos Estados Unidos do Brasil*. Rio de Janeiro, 16 jul. 1934. Disponível em: <http://www.planalto.gov.br/ccivil_03/constituicao/constitui%C3%A7ao34.htm>. Acesso em: 8 dez. 2011.

______. Constituição (1967). *Diário Oficial da União*, Brasília, 20 out. 1967a. Disponível em: <http://www.planalto.gov.br/ccivil_03/constituicao/constituicao67.htm>. Acesso em: 9 dez. 2011.

______. Constituição (1988). *Diário Oficial da União*, Brasília, 5 out. 1988a. Disponível em: <http://www.planalto.gov.br/ccivil_03/constituicao/constitui%C3%A7ao.htm>. Acesso em: 8 dez. 2011.

BRASIL. Constituição (1988). Emenda Constitucional n. 20, de 15 de dezembro de 1998. *Diário Oficial da União*, Poder Legislativo, Brasília, 16 dez. 1998a. Disponível em: <http://www6.senado.gov.br/legislacao/ListaPublicacoes.action?id=102492&tipoDocumento=EMC&tipoTexto=PUB>. Acesso em: 9 dez. 2011.

______. Constituição (1988). Emenda Constitucional n. 21, de 18 de março de 1999. *Diário Oficial da União*, Poder Legislativo, Brasília, 19 mar. 1999a. Disponível em: <http://www6.senado.gov.br/legislacao/ListaPublicacoes.action?id=102493&tipoDocumento=EMC&tipoTexto=PUB>. Acesso em: 9 dez. 2011.

______. Constituição (1988). Emenda Constitucional n. 29, de 13 de setembro de 2000. *Diário Oficial da União*, Poder Legislativo, Brasília, 14 set. 2000a. Disponível em: <http://www6.senado.gov.br/legislacao/ListaPublicacoes.action?id=230431&tipoDocumento=EMC&tipoTexto=PUB>. Acesso em: 9 dez. 2011.

______. Constituição (1988). Emenda Constitucional n. 32, de 11 de setembro de 2001. *Diário Oficial da União*, Poder Legislativo, Brasília, 12 set. 2001a. Disponível em: <http://www6.senado.gov.br/legislacao/ListaPublicacoes.action?id=233515&tipoDocumento=EMC&tipoTexto=PUB>. Acesso em: 9 dez. 2011.

______. Constituição (1988). Emenda Constitucional n. 33, de 11 de dezembro de 2001. *Diário Oficial da União*, Poder Legislativo, Brasília, 12 dez. 2001b. Disponível em: <http://www6.senado.gov.br/legislacao/ListaPublicacoes.action?id=234020&tipoDocumento=EMC&tipoTexto=PUB>. Acesso em: 6 dez. 2011.

______. Constituição (1988). Emenda Constitucional n. 39, de 19 de dezembro de 2002. *Diário Oficial da União*, Poder Legislativo, Brasília, 20 dez. 2002a. Disponível em: <http://www6.senado.gov.br/legislacao/ListaPublicacoes.action?id=235903&tipoDocumento=EMC&tipoTexto=PUB>. Acesso em: 6 dez. 2011.

______. Constituição (1988). Emenda Constitucional n. 42, de 19 de dezembro de 2003. *Diário Oficial da União*, Poder Legislativo, Brasília, 31 dez. 2003a. Disponível em: <http://www6.senado.gov.br/legislacao/ListaPublicacoes.action?id=238167&tipoDocumento=EMC&tipoTexto=PUB>. Acesso em: 6 dez. 2011.

BRASIL. Decreto n. 3.000, de 26 de março de 1999. *Diário Oficial da União*, Poder Executivo, Brasília, 29 mar. 1999b. Disponível em: <http://www6.senado.gov.br/legislacao/ListaPublicacoes.action?id=151683&tipoDocumento=DEC&tipoTexto=PUB>. Acesso em: 2 dez. 2011.

______. Decreto n. 3.624, de 5 de outubro de 2000. *Diário Oficial da União*, Poder Executivo, Brasília, 9 out. 2000b. Disponível em: <http://www6.senado.gov.br/legislacao/ListaPublicacoes.action?id=230612&tipoDocumento=DEC&tipoTexto=PUB>. Acesso em: 2 dez. 2011.

______. Decreto n. 3.737, de 30 de janeiro de 2001. *Diário Oficial da União*, Poder Executivo, Brasília, 31 jan. 2001c. Disponível em: <http://www6.senado.gov.br/legislacao/ListaTextoIntegral.action?id=219124&norma=231778&anexos=>. Acesso em: 2 dez. 2011.

______. Decreto n. 3.949, de 3 de outubro de 2001. *Diário Oficial da União*, Poder Executivo, Brasília, 4 out. 2001d. Disponível em: <http://www6.senado.gov.br/legislacao/ListaPublicacoes.action?id=233660&tipoDocumento=DEC&tipoTexto=PUB>. Acesso em: 2 dez. 2011.

______. Decreto n. 4.195, de 11 de abril de 2002. *Diário Oficial da União*. Poder Executivo, Brasília, 12 abr. 2002b. Disponível em: <http://www6.senado.gov.br/legislacao/ListaPublicacoes.action?id=234553&tipoDocumento=DEC&tipoTexto=PUB>. Acesso em: 2 dez. 2011.

______. Decreto n. 4.382, de 19 de setembro de 2002. *Diário Oficial da União*, Poder Executivo, Brasília, 20 set. 2002c. Disponível em: <http://www6.senado.gov.br/legislacao/ListaPublicacoes.action?id=235297&tipoDocumento=DEC&tipoTexto=PUB>. Acesso em: 6 dez. 2011.

______. Decreto n. 4.494, de 3 de dezembro de 2002. *Diário Oficial da União*. Poder Executivo, Brasília, 4 dez. 2002d. Disponível em: <http://www6.senado.gov.br/legislacao/ListaPublicacoes.action?id=235748&tipoDocumento=DEC&tipoTexto=PUB>. Acesso em: 2 dez. 2011.

______. Decreto n. 4.544, de 26 de dezembro de 2002. *Diário Oficial da União*. Poder Executivo, Brasília, 27 dez. 2002e. Disponível em: <http://www6.senado.gov.br/legislacao/ListaPublicacoes.action?id=236111&tipoDocumento=DEC&tipoTexto=PUB>. Acesso em: 2 dez. 2011.

BRASIL. Decreto n. 6.957, de 9 de setembro de 2009. *Diário Oficial da União*. Poder Executivo, Brasília, 10 set. 2009a. Disponível em: <http://www6.senado.gov.br/legislacao/ListaPublicacoes.action?id=259667&tipoDocumento=DEC&tipoTexto=PUB>. Acesso em: 2 dez. 2011.

______. Decreto n. 7.212, de 15 de junho de 2010. *Diário Oficial da União*. Poder Executivo, Brasília, 16 jun. 2010a. Disponível em: <http://www6.senado.gov.br/legislacao/ListaPublicacoes.action?id=261468&tipoDocumento=DEC&tipoTexto=PUB>. Acesso em: 2 dez. 2011.

______. Decreto-Lei n. 37, de 18 de dezembro de 1966. *Diário Oficial da União*, Poder Executivo, Brasília, 21 nov. 1966a. Disponível em: <http://www6.senado.gov.br/legislacao/ListaPublicacoes.action?id=102359&tipoDocumento=DEL&tipoTexto=PUB>. Acesso em: 6 dez. 2011.

______. Decreto-Lei n. 195, de 24 de fevereiro de 1967. *Diário Oficial da União*, Poder Executivo, Brasília, 27 fev. 1967b. Disponível em: <http://www6.senado.gov.br/legislacao/ListaPublicacoes.action?id=117180&tipoDocumento=DEL&tipoTexto=PUB>. Acesso em: 2 dez. 2011.

______. Decreto-Lei n. 229, de 28 de fevereiro de 1967. *Diário Oficial da União*, Poder Executivo, Brasília, 28 fev. 1967c. Disponível em: <http://www6.senado.gov.br/legislacao/ListaPublicacoes.action?id=117209&tipoDocumento=DEL&tipoTexto=PUB>. Acesso em: 2 dez. 2011.

______. Decreto-Lei n. 1.025, de 21 de outubro de 1969. *Diário Oficial da União*, Poder Executivo, Brasília, 21 out. 1969a. Disponível em: <http://www6.senado.gov.br/legislacao/ListaPublicacoes.action?id=119490&tipoDocumento=DEL&tipoTexto=PUB>. Acesso em: 6 dez. 2011.

______. Decreto-Lei n. 1.569, de 8 de agosto de 1977. *Diário Oficial da União*, Poder Executivo, Brasília, 9 ago. 1977a. Disponível em: <http://www6.senado.gov.br/legislacao/ListaPublicacoes.action?id=124131&tipoDocumento=DEL&tipoTexto=PUB>. Acesso em: 6 dez. 2011.

BRASIL. Decreto-Lei n. 1.578, de 11 de outubro de 1977. *Diário Oficial da União*, Poder Executivo, Brasília, 12 out. 1977b. Disponível em: <http://www6.senado.gov.br/legislacao/ListaPublicacoes.action?id=124271&tipoDocumento=DEL&tipoTexto=PUB>. Acesso em: 6 dez. 2011.

______. Decreto-Lei n. 1.598, de 26 de dezembro de 1977. *Diário Oficial da União*, Poder Executivo, Brasília, 27 dez. 1977c. Disponível em: <http://www6.senado.gov.br/legislacao/ListaPublicacoes.action?id=124492&tipoDocumento=DEL&tipoTexto=PUB>. Acesso em: 6 dez. 2011.

______. Decreto-Lei n. 2.163, de 19 de setembro de 1984. *Diário Oficial da União*, Poder Executivo, Brasília, 20 set. 1984. Disponível em: <http://www6.senado.gov.br/legislacao/ListaPublicacoes.action?id=128955&tipoDocumento=DEL&tipoTexto=PUB>. Acesso em: 6 dez. 2011.

______. Decreto-Lei n. 2.472, de 1º de setembro de 1988. *Diário Oficial da União*, Poder Executivo, Brasília, 2 set. 1988b. Disponível em: <http://www6.senado.gov.br/legislacao/ListaPublicacoes.action?id=132305&tipoDocumento=DEL&tipoTexto=PUB>. Acesso em: 6 dez. 2011.

______. Decreto-Lei n. 5.452, de 1º de maio de 1943. *Diário Oficial da União*, Poder Executivo, Brasília, 9 ago. 1943. Disponível em: <http://www6.senado.gov.br/legislacao/ListaPublicacoes.action?id=102344&tipoDocumento=DEL&tipoTexto=PUB>. Acesso em: 6 dez. 2011.

______. Lei n. 2.613, de 23 de setembro de 1955. *Diário Oficial da União*, Poder Legislativo, Brasília, 27 set. 1955. Disponível em: <http://www6.senado.gov.br/legislacao/ListaPublicacoes.action?id=110623&tipoDocumento=LEI&tipoTexto=PUB>. Acesso em: 6 dez. 2011.

______. Lei n. 4.357, de 16 de julho de 1964. *Diário Oficial da União*, Poder Legislativo, Brasília, 17 jul. 1964a. Disponível em: <http://www.planalto.gov.br/ccivil_03/leis/L4357.htm>. Acesso em: 6 dez. 2011.

BRASIL. Lei n. 4.502, de 30 de novembro de 1964. *Diário Oficial da União*, Poder Legislativo, Brasília, 30 nov. 1964b. Disponível em: <http://www6.senado.gov.br/legislacao/ListaPublicacoes.action?id=115283&tipoDocumento=LEI&tipoTexto=PUB>. Acesso em: 6 dez. 2011.

______. Lei n. 5.143, de 20 de outubro de 1966. *Diário Oficial da União*, Poder Legislativo, Brasília, 24 out. 1966b. Disponível em: <http://www6.senado.gov.br/legislacao/ListaPublicacoes.action?id=116771&tipoDocumento=LEI&tipoTexto=PUB>. Acesso em: 6 dez. 2011.

______. Lei n. 5.172, de 25 de outubro de 1966. *Diário Oficial da União*, Poder Legislativo, Brasília, 27 out. 1966c. Disponível em: <http://www.planalto.gov.br/ccivil_03/Leis/L5172.htm>. Acesso em: 6 dez. 2011.

______. Lei n. 6.386, de 9 de dezembro de 1976. *Diário Oficial da União*, Poder Legislativo, Brasília, 10 dez. 1976a. Disponível em: <http://www6.senado.gov.br/legislacao/ListaPublicacoes.action?id=123782&tipoDocumento=LEI&tipoTexto=PUB>. Acesso em: 6 dez. 2011.

______. Lei n. 6.404, de 15 de dezembro de 1976. *Diário Oficial da União*, Poder Legislativo, Brasília, 17 dez. 1976b. Disponível em: <http://www6.senado.gov.br/legislacao/ListaPublicacoes.action?id=102378&tipoDocumento=LEI&tipoTexto=PUB>. Acesso em: 6 dez. 2011.

______. Lei n. 7.450, de 23 de dezembro de 1985. *Diário Oficial da União*, Poder Legislativo, Brasília, 24 dez. 1985. Disponível em: <http://www6.senado.gov.br/legislacao/ListaPublicacoes.action?id=129990&tipoDocumento=LEI&tipoTexto=PUB>. Acesso em: 6 dez. 2011.

______. Lei n. 7.689, de 15 de dezembro de 1988. *Diário Oficial da União*, Poder Legislativo, Brasília, 16 dez. 1988c. Disponível em: <http://www6.senado.gov.br/legislacao/ListaPublicacoes.action?id=132585&tipoDocumento=LEI&tipoTexto=PUB>. Acesso em: 6 dez. 2011.

BRASIL. Lei n. 7.691, de 15 de dezembro de 1988. *Diário Oficial da União*, Poder Legislativo, Brasília, 16 dez. 1988d. Disponível em: <http://www6.senado.gov.br/legislacao/ListaPublicacoes.action?id=132587&tipoDocumento=LEI&tipoTexto=PUB>. Acesso em: 6 dez. 2011.

______. Lei n. 7.713, de 22 de dezembro de 1988. *Diário Oficial da União*, Poder Legislativo, Brasília, 23 dez. 1988e. Disponível em: <http://www6.senado.gov.br/legislacao/ListaPublicacoes.action?id=132652&tipoDocumento=LEI&tipoTexto=PUB>. Acesso em: 6 dez. 2011.

______. Lei n. 7.714, de 29 de dezembro de 1988. *Diário Oficial da União*, Poder Legislativo, Brasília, 31 dez. 1988f. Disponível em: <http://www6.senado.gov.br/legislacao/ListaPublicacoes.action?id=132655&tipoDocumento=LEI&tipoTexto=PUB>. Acesso em: 6 dez. 2011.

______. Lei n. 7.766, de 11 de maio de 1989. *Diário Oficial da União*, Poder Legislativo, Brasília, 12 maio 1989a. Disponível em: <http://www6.senado.gov.br/legislacao/ListaPublicacoes.action?id=132863&tipoDocumento=LEI&tipoTexto=PUB>. Acesso em: 7 dez. 2011.

______. Lei n. 7.787, de 30 de junho de 1989. *Diário Oficial da União*, Poder Legislativo, Brasília, 3 jul. 1989b. Disponível em: <http://www6.senado.gov.br/legislacao/ListaPublicacoes.action?id=132989&tipoDocumento=LEI&tipoTexto=PUB>. Acesso em: 7 dez. 2011.

______. Lei n. 8.019, de 11 de abril de 1990. *Diário Oficial da União*, Poder Legislativo, Brasília, 12 abr. 1990a. Disponível em: <http://www6.senado.gov.br/legislacao/ListaPublicacoes.action?id=133890&tipoDocumento=LEI&tipoTexto=PUB>. Acesso em: 7 dez. 2011.

______. Lei n. 8.029, de 12 de abril de 1990. *Diário Oficial da União*, Poder Legislativo, Brasília, 13 abr. 1990b. Disponível em: <http://www6.senado.gov.br/legislacao/ListaPublicacoes.action?id=133900&tipoDocumento=LEI&tipoTexto=PUB>. Acesso em: 7 dez. 2011.

______. Lei n. 8.033, de 12 de abril de 1990. *Diário Oficial da União*, Poder Legislativo, Brasília, 13 abr. 1990c. Disponível em: <http://www6.senado.gov.br/legislacao/ListaPublicacoes.action?id=133902&tipoDocumento=LEI&tipoTexto=PUB>. Acesso em: 7 dez. 2011.

BRASIL. Lei n. 8.154, de 28 de dezembro de 1990. *Diário Oficial da União*, Poder Legislativo, Brasília, 31 dez. 1990d. Disponível em: <http://www6.senado.gov.br/legislacao/ListaPublicacoes.action?id=134572&tipoDocumento=LEI&tipoTexto=PUB>. Acesso em: 7 dez. 2011.

_____. Lei n. 8.212, de 24 de julho de 1991. *Diário Oficial da União*, Poder Legislativo, Brasília, 27 jul. 1991a. Disponível em: <http://www6.senado.gov.br/legislacao/ListaPublicacoes.action?id=102423&tipoDocumento=LEI&tipoTexto=PUB>. Acesso em: 7 dez. 2011.

_____. Lei n. 8.218, de 29 de agosto de 1991. *Diário Oficial da União*, Poder Legislativo, Brasília, 30 ago. 1991b. Disponível em: <http://www6.senado.gov.br/legislacao/ListaPublicacoes.action?id=135294&tipoDocumento=LEI&tipoTexto=PUB>. Acesso em: 7 dez. 2011.

_____. Lei n. 8.383, de 30 de dezembro de 1991. *Diário Oficial da União*, Poder Legislativo, Brasília, 31 dez. 1991c. Disponível em: <http://www6.senado.gov.br/legislacao/ListaPublicacoes.action?id=136065&tipoDocumento=LEI&tipoTexto=PUB>. Acesso em: 7 dez. 2011.

_____. Lei n. 8.398, de 7 de janeiro de 1992. *Diário Oficial da União*, Poder Legislativo, Brasília, 8 jan. 1992a. Disponível em: <http://www6.senado.gov.br/legislacao/ListaPublicacoes.action?id=136169&tipoDocumento=LEI&tipoTexto=PUB>. Acesso em: 7 dez. 2011.

_____. Lei n. 8.540, de 22 de dezembro de 1992. *Diário Oficial da União*, Poder Legislativo, Brasília, 23 dez. 1992b. Disponível em: <http://www6.senado.gov.br/legislacao/ListaPublicacoes.action?id=137324&tipoDocumento=LEI&tipoTexto=PUB>. Acesso em: 7 dez. 2011.

_____. Lei n. 8.620, de 5 de janeiro de 1993. *Diário Oficial da União*, Poder Legislativo, Brasília, 6 jan. 1993. Disponível em: <http://www6.senado.gov.br/legislacao/ListaPublicacoes.action?id=137527&tipoDocumento=LEI&tipoTexto=PUB>. Acesso em: 7 dez. 2011.

_____. Lei n. 8.850, de 28 de janeiro de 1994. *Diário Oficial da União*, Poder Legislativo, Brasília, 29 jan. 1994a. Disponível em: <http://www6.senado.gov.br/legislacao/ListaPublicacoes.action?id=139046&tipoDocumento=LEI&tipoTexto=PUB>. Acesso em: 7 dez. 2011.

BRASIL. Lei n. 8.870, de 15 de abril de 1994. *Diário Oficial da União*, Poder Legislativo, Brasília, 16 abr. 1994b. Disponível em: <http://www6.senado.gov.br/legislacao/ListaPublicacoes.action?id=139270&tipoDocumento=LEI&tipoTexto=PUB>. Acesso em: 7 dez. 2011.

______. Lei n. 8.894, de 21 de junho de 1994. *Diário Oficial da União*, Poder Legislativo, Brasília, 22 jun. 1994c. Disponível em: <http://www6.senado.gov.br/legislacao/ListaPublicacoes.action?id=139536&tipoDocumento=LEI&tipoTexto=PUB>. Acesso em: 7 dez. 2011.

______. Lei n. 8.981, de 20 de janeiro de 1995. *Diário Oficial da União*, Poder Legislativo, Brasília, 23 jan. 1995a. Disponível em: <http://www6.senado.gov.br/legislacao/ListaPublicacoes.action?id=140699&tipoDocumento=LEI&tipoTexto=PUB>. Acesso em: 7 dez. 2011.

______. Lei n. 9.004, de 16 de março de 1995. *Diário Oficial da União*, Poder Legislativo, Brasília, 17 mar. 1995b. Disponível em: <http://www6.senado.gov.br/legislacao/ListaPublicacoes.action?id=140914&tipoDocumento=LEI&tipoTexto=PUB>. Acesso em: 7 dez. 2011.

______. Lei n. 9.065, de 20 de junho de 1995. *Diário Oficial da União*, Poder Legislativo, Brasília, 21 jun. 1995c. Disponível em: <http://www6.senado.gov.br/legislacao/ListaPublicacoes.action?id=141450&tipoDocumento=LEI&tipoTexto=PUB>. Acesso em: 7 dez. 2011.

______. Lei n. 9.069, de 29 de junho de 1995. *Diário Oficial da União*, Poder Legislativo, Brasília, 30 jun. 1995d. Disponível em: <http://www6.senado.gov.br/legislacao/ListaPublicacoes.action?id=141501&tipoDocumento=LEI&tipoTexto=PUB>. Acesso em: 7 dez. 2011.

______. Lei n. 9.249, de 26 de dezembro de 1995. *Diário Oficial da União*, Poder Legislativo, Brasília, 27 dez. 1995e. Disponível em: <http://www6.senado.gov.br/legislacao/ListaPublicacoes.action?id=142774&tipoDocumento=LEI&tipoTexto=PUB>. Acesso em: 7 dez. 2011.

______. Lei n. 9.250, de 26 de dezembro de 1995. *Diário Oficial da União*, Poder Legislativo, Brasília, 27 dez. 1995f. Disponível em: <http://www6.senado.gov.br/legislacao/ListaPublicacoes.action?id=142775&tipoDocumento=LEI&tipoTexto=PUB>. Acesso em: 7 dez. 2011.

______. Lei n. 9.393, de 19 de dezembro de 1996. *Diário Oficial da União*, Poder Legislativo, Brasília, 20 dez. 1996a. Disponível em: <http://www6.senado.gov.br/legislacao/ListaPublicacoes.action?id=145190&tipoDocumento=LEI&tipoTexto=PUB>. Acesso em: 7 dez. 2011.

BRASIL. Lei n. 9.424, de 24 de dezembro de 1996. *Diário Oficial da União*, Poder Legislativo, Brasília, 26 dez. 1996b. Disponível em: <http://www6.senado.gov.br/legislacao/ListaPublicacoes.action?id=145371&tipoDocumento=LEI&tipoTexto=PUB>. Acesso em: 7 dez. 2011.

______. Lei n. 9.430, de 27 de dezembro de 1996. *Diário Oficial da União*, Poder Legislativo, Brasília, 30 dez. 1996c. Disponível em: <http://www6.senado.gov.br/legislacao/ListaPublicacoes.action?id=145385&tipoDocumento=LEI&tipoTexto=PUB>. Acesso em: 7 dez. 2011.

______. Lei n. 9.496, de 11 de setembro de 1997. *Diário Oficial da União*, Poder Legislativo, Brasília, 12 set. 1997a. Disponível em: <http://www6.senado.gov.br/legislacao/ListaPublicacoes.action?id=146903&tipoDocumento=LEI&tipoTexto=PUB>. Acesso em: 7 dez. 2011.

______. Lei n. 9.528, de 10 de dezembro de 1997. *Diário Oficial da União*, Poder Legislativo, Brasília, 11 dez. 1997b. Disponível em: <http://www6.senado.gov.br/legislacao/ListaPublicacoes.action?id=147813&tipoDocumento=LEI&tipoTexto=PUB>. Acesso em: 7 dez. 2011.

______. Lei n. 9.532, de 10 de dezembro de 1997. *Diário Oficial da União*, Poder Legislativo, Brasília, 12 dez. 1997c. Disponível em: <http://www6.senado.gov.br/legislacao/ListaPublicacoes.action?id=147817&tipoDocumento=LEI&tipoTexto=PUB>. Acesso em: 7 dez. 2011.

______. Lei n. 9.716, de 26 de novembro de 1998. *Diário Oficial da União*, Poder Legislativo, Brasília, 27 nov. 1998b. Disponível em: <http://www6.senado.gov.br/legislacao/ListaPublicacoes.action?id=150784&tipoDocumento=LEI&tipoTexto=PUB>. Acesso em: 7 dez. 2011.

______. Lei n. 9.718, de 27 de novembro de 1998. *Diário Oficial da União*, Poder Legislativo, Brasília, 28 nov. 1998c. Disponível em: <http://www6.senado.gov.br/legislacao/ListaPublicacoes.action?id=150794&tipoDocumento=LEI&tipoTexto=PUB>. Acesso em: 7 dez. 2011.

BRASIL. Lei n. 9.779, de 19 de janeiro de 1999. *Diário Oficial da União*, Poder Legislativo, Brasília, 20 jan. 1999c. Disponível em: <http://www6.senado.gov.br/legislacao/ListaPublicacoes.action?id=151354&tipoDocumento=LEI&tipoTexto=PUB>. Acesso em: 7 dez. 2011.

______. Lei n. 9.998, de 17 de agosto de 2000. *Diário Oficial da União*, Poder Legislativo, Brasília, 18 ago. 2000c. Disponível em: <http://www6.senado.gov.br/legislacao/ListaPublicacoes.action?id=230280&tipoDocumento=LEI&tipoTexto=PUB>. Acesso em: 7 dez. 2011.

______. Lei n. 10.052, de 28 de novembro de 2000. *Diário Oficial da União*, Poder Legislativo, Brasília, 29 nov. 2000d. Disponível em: <http://www6.senado.gov.br/legislacao/ListaPublicacoes.action?id=231145&tipoDocumento=LEI&tipoTexto=PUB>. Acesso em: 7 dez. 2011.

______. Lei n. 10.168, de 29 de dezembro de 2000. *Diário Oficial da União*, Poder Legislativo, Brasília, 30 dez. 2000e. Disponível em: <http://www6.senado.gov.br/legislacao/ListaPublicacoes.action?id=231547&tipoDocumento=LEI&tipoTexto=PUB>. Acesso em: 7 dez. 2011.

______. Lei n. 10.256, de 9 de julho de 2001. *Diário Oficial da União*, Poder Legislativo, Brasília, 10 jul. 2001e. Disponível em: <http://www6.senado.gov.br/legislacao/ListaPublicacoes.action?id=233150&tipoDocumento=LEI&tipoTexto=PUB>. Acesso em: 7 dez. 2011.

______. Lei n. 10.332, de 19 de dezembro de 2001. *Diário Oficial da União*, Poder Legislativo, Brasília, 20 dez. 2001f. Disponível em: <http://www6.senado.gov.br/legislacao/ListaPublicacoes.action?id=234092&tipoDocumento=LEI&tipoTexto=PUB>. Acesso em: 7 dez. 2011.

______. Lei n. 10.406, de 10 de janeiro de 2002. *Diário Oficial da União*, Poder Legislativo, Brasília, 11 jan. 2002f. Disponível em: <http://www.planalto.gov.br/ccivil_03/Leis/L10001.htm>. Acesso em: 6 dez. 2011.

______. Lei n. 10.438, de 26 de abril de 2002. *Diário Oficial da União*, Poder Legislativo, Brasília, 29 abr. 2002g. Disponível em: <http://www.planalto.gov.br/ccivil_03/leis/2002/L10438.htm>. Acesso em: 12 dez. 2011.

BRASIL. Lei n. 10.637, de 30 de dezembro de 2002. *Diário Oficial da União*, Poder Legislativo, Brasília, 31 dez. 2002h. Disponível em: <http://www6.senado.gov.br/legislacao/ListaPublicacoes.action?id=236088&tipoDocumento=LEI&tipoTexto=PUB>. Acesso em: 7 dez. 2011.

______. Lei n. 10.666, de 8 de maio de 2003. *Diário Oficial da União*, Poder Legislativo, Brasília, 9 maio 2003b. Disponível em: <http://www6.senado.gov.br/legislacao/ListaPublicacoes.action?id=236572&tipoDocumento=LEI&tipoTexto=PUB>. Acesso em: 7 dez. 2011.

______. Lei n. 10.833, de 29 de dezembro de 2003. *Diário Oficial da União*, Poder Legislativo, Brasília, 30 dez. 2003c. Disponível em: <http://www6.senado.gov.br/legislacao/ListaPublicacoes.action?id=238163&tipoDocumento=LEI&tipoTexto=PUB>. Acesso em: 7 dez. 2011.

______. Lei n. 10.865, de 30 de abril de 2004. *Diário Oficial da União*, Poder Legislativo, Brasília, 30 abr. 2004a. Disponível em: <http://www6.senado.gov.br/legislacao/ListaPublicacoes.action?id=238610&tipoDocumento=LEI&tipoTexto=PUB>. Acesso em: 7 dez. 2011.

______. Lei n. 10.893, de 13 de julho de 2004. *Diário Oficial da União*, Poder Legislativo, Brasília, 14 jul. 2004b. Disponível em: <http://www6.senado.gov.br/legislacao/ListaPublicacoes.action?id=238935&tipoDocumento=LEI&tipoTexto=PUB>. Acesso em: 7 dez. 2011.

______. Lei n. 11.051, de 29 de dezembro de 2004. *Diário Oficial da União*, Poder Legislativo, Brasília, 30 dez. 2004c. Disponível em: <http://www6.senado.gov.br/legislacao/ListaPublicacoes.action?id=240311&tipoDocumento=LEI&tipoTexto=PUB>. Acesso em: 12 dez. 2011.

______. Lei n. 11.196, de 21 de novembro de 2005. *Diário Oficial da União*, Poder Legislativo, Brasília, 22 nov. 2005. Disponível em: <http://www6.senado.gov.br/legislacao/ListaPublicacoes.action?id=253316&tipoDocumento=LEI&tipoTexto=PUB>. Acesso em: 8 dez. 2011.

______. Lei n. 11.488, de 15 de junho de 2007. *Diário Oficial da União*, Poder Legislativo, Brasília, 15 jun. 2007a. Disponível em: <http://www6.senado.gov.br/legislacao/ListaPublicacoes.action?id=255736&tipoDocumento=LEI&tipoTexto=PUB>. Acesso em: 8 dez. 2011.

BRASIL. Lei n. 11.638, de 28 de dezembro de 2007. *Diário Oficial da União*, Poder Legislativo, Brasília, 28 dez. 2007b. Disponível em: <http://www6.senado.gov.br/legislacao/ListaPublicacoes.action?id=256660&tipoDocumento=LEI&tipoTexto=PUB>. Acesso em: 8 dez. 2011.

______. Lei n. 11.648, de 31 de março de 2008. *Diário Oficial da União*, Poder Legislativo, Brasília, 31 mar. 2008a. Disponível em: <http://www6.senado.gov.br/legislacao/ListaPublicacoes.action?id=256954&tipoDocumento=LEI&tipoTexto=PUB>. Acesso em: 8 dez. 2011.

______. Lei n. 11.727, de 23 de junho de 2008. *Diário Oficial da União*, Poder Legislativo, Brasília, 24 jun. 2008b. Disponível em: <http://www6.senado.gov.br/legislacao/ListaPublicacoes.action?id=257346&tipoDocumento=LEI&tipoTexto=PUB>. Acesso em: 8 dez. 2011.

______. Lei n. 11.941, de 27 de maio 2009. *Diário Oficial da União*, Poder Legislativo, Brasília, 28 maio 2009b. Disponível em: <http://www6.senado.gov.br/legislacao/ListaPublicacoes.action?id=258860&tipoDocumento=LEI&tipoTexto=PUB>. Acesso em: 8 dez. 2011.

______. Lei n. 12.101, de 27 de novembro de 2009. *Diário Oficial da União*, Poder Legislativo, Brasília, 30 nov. 2009c. Disponível em: <http://www6.senado.gov.br/legislacao/ListaPublicacoes.action?id=260211&tipoDocumento=LEI&tipoTexto=PUB>. Acesso em: 8 dez. 2011.

______. Lei n. 12.249, de 11 de junho de 2010. *Diário Oficial da União*, Poder Legislativo, Brasília, 14 jun. 2010b. Disponível em: <http://www6.senado.gov.br/legislacao/ListaPublicacoes.action?id=261443&tipoDocumento=LEI&tipoTexto=PUB>. Acesso em: 8 dez. 2011.

______. Lei Complementar n. 7, de 7 de setembro de 1970. *Diário Oficial da União*, Poder Legislativo, Brasília, 8 set. 1970a. Disponível em: <http://www6.senado.gov.br/legislacao/ListaPublicacoes.action?id=120100&tipoDocumento=LCP&tipoTexto=PUB>. Acesso em: 8 dez. 2011.

______. Lei Complementar n. 8, de 3 de dezembro de 1970. *Diário Oficial da União*, Poder Legislativo, Brasília, 4 dez. 1970b. Disponível em: <http://www6.senado.gov.br/legislacao/ListaPublicacoes.action?id=120280&tipoDocumento=LCP&tipoTexto=PUB>. Acesso em: 8 dez. 2011.

BRASIL. Lei Complementar n. 70, de 30 de dezembro de 1991. *Diário Oficial da União*, Poder Legislativo, Brasília, 31 dez. 1991d. Disponível em: <http://www6.senado.gov.br/legislacao/ListaPublicacoes.action?id=136049&tipoDocumento=LCP&tipoTexto=PUB>. Acesso em: 8 dez. 2011.

______. Lei Complementar n. 87, de 13 de setembro de 1996. *Diário Oficial da União*, Poder Legislativo, Brasília, 16 set. 1996d. Disponível em: <http://www6.senado.gov.br/legislacao/ListaPublicacoes.action?id=144274&tipoDocumento=LCP&tipoTexto=PUB>. Acesso em: 8 dez. 2011.

______. Lei Complementar n. 100, de 22 de dezembro de 1999. *Diário Oficial da União*, Poder Legislativo, Brasília, 23 dez. 1999d. Disponível em: <http://www6.senado.gov.br/legislacao/ListaPublicacoes.action?id=228619&tipoDocumento=LCP&tipoTexto=PUB>. Acesso em: 8 dez. 2011.

______. Lei Complementar n. 102, de 11 de julho de 2000. *Diário Oficial da União*, Poder Legislativo, Brasília, 12 jul. 2000f. Disponível em: <http://www6.senado.gov.br/legislacao/ListaPublicacoes.action?id=230121&tipoDocumento=LCP&tipoTexto=PUB>. Acesso em: 8 dez. 2011.

______. Lei Complementar n. 104, de 10 de janeiro de 2001. *Diário Oficial da União*, Poder Legislativo, Brasília, 11 jan. 2001g. Disponível em: <http://www6.senado.gov.br/legislacao/ListaPublicacoes.action?id=231635&tipoDocumento=LCP&tipoTexto=PUB>. Acesso em: 8 dez. 2011.

______. Lei Complementar n. 110, de 29 de junho de 2001. *Diário Oficial da União*, Poder Legislativo, Brasília, 30 jun. 2001h. Disponível em: <http://www6.senado.gov.br/legislacao/ListaPublicacoes.action?id=233120&tipoDocumento=LCP&tipoTexto=PUB>. Acesso em: 8 dez. 2011.

______. Lei Complementar n. 114, de 16 de dezembro de 2002. *Diário Oficial da União*, Poder Legislativo, Brasília, 17 dez. 2002i. Disponível em: <http://www6.senado.gov.br/legislacao/ListaPublicacoes.action?id=235885&tipoDocumento=LCP&tipoTexto=PUB>. Acesso em: 8 dez. 2011.

BRASIL. Lei Complementar n. 116, de 31 de julho de 2003. *Diário Oficial da União*, Poder Legislativo, Brasília, 1º ago. 2003d. Disponível em: <http://www6.senado.gov.br/legislacao/ListaPublicacoes.action?id=237083&tipoDocumento=LCP&tipoTexto=PUB>. Acesso em: 8 dez. 2011.

______. Lei Complementar n. 122, de 12 de dezembro de 2006. *Diário Oficial da União*, Poder Legislativo, Brasília, 13 dez. 2006a. Disponível em: <http://www6.senado.gov.br/legislacao/ListaPublicacoes.action?id=255082&tipoDocumento=LCP&tipoTexto=PUB>. Acesso em: 8 dez. 2011.

______. Lei Complementar n. 123, de 14 de dezembro de 2006. *Diário Oficial da União*, Poder Legislativo, Brasília, 15 dez. 2006b. Disponível em: <http://www6.senado.gov.br/legislacao/ListaPublicacoes.action?id=255115&tipoDocumento=LCP&tipoTexto=PUB>. Acesso em: 8 dez. 2011.

______. Lei Complementar n. 139, de 10 de novembro de 2011. *Diário Oficial da União*, Poder Legislativo, Brasília, 11 nov. 2011a. Disponível em: <http://www.planalto.gov.br/ccivil_03/leis/LCP/Lcp139.htm>. Acesso em: 14 abr. 2012.

______. Medida Provisória n. 14, de 21 de dezembro de 2001. *Diário Oficial da União*, Brasília, 21 dez. 2001i. Disponível em: <http://www6.senado.gov.br/legislacao/ListaPublicacoes.action?id=234105&tipoDocumento=MPV&tipoTexto=PUB>. Acesso em: 12 dez. 2011.

______. Medida Provisória n. 66, de 29 de agosto de 2002. *Diário Oficial da União*, Brasília, 30 ago. 2002j. Disponível em: <http://www6.senado.gov.br/legislacao/ListaTextoIntegral.action?id=222606&norma=235226&anexos=>. Acesso em: 8 dez. 2011.

______. Medida Provisória n. 232, de 30 de dezembro de 2004. *Diário Oficial da União*, Brasília, 30 dez. 2004d. Disponível em: <http://www6.senado.gov.br/legislacao/ListaPublicacoes.action?id=240353&tipoDocumento=MPV&tipoTexto=PUB>. Acesso em: 8 dez. 2011.

______. Medida Provisória n. 449, de 3 de dezembro de 2008. *Diário Oficial da União*, Brasília, 4 dez. 2008c. Disponível em: <http://www6.senado.gov.br/legislacao/ListaTextoIntegral.action?id=237166&norma=258086&anexos=>. Acesso em: 12 dez. 2011.

BRASIL. Receita Federal. *Declaração de informações econômico--fiscais da pessoa jurídica 2011*: perguntas e respostas – declarações da pessoa jurídica. Cap. 1. Disponível em: <http://www.receita.fazenda.gov.br/Publico/perguntao/dipj2011/CapituloI-DeclaracoesdaPessoaJuridica2011.pdf>. Acesso em: 12 dez. 2011b.

______. Instrução Normativa n. 2, de 12 de setembro de 1969. *Diário Oficial da União*, Brasília, 8 out. 1969b. Disponível em: <http://www.fiscosoft.com.br/objetos/in_srf_2_1969_anexo.pdf>. Acesso em: 12 dez. 2011.

______. Instrução Normativa n. 93, de 24 de dezembro de 1997. *Diário Oficial da União*, Brasília, 29 dez. 1997d. Disponível em: <http://www.receita.fazenda.gov.br/legislacao/ins/ant2001/1997/insrf09397.htm>. Acesso em: 8 dez. 2011.

______. Instrução Normativa n. 949, de 16 de junho de 2009. *Diário Oficial da União*, Brasília, 17 jun. 2009d. Disponível em: <http://www.receita.fazenda.gov.br/legislacao/ins/2009/in9492009.htm>. Acesso em: 8 dez. 2011.

______. Instrução Normativa n. 974, de 27 de novembro de 2009. *Diário Oficial da União*, Brasília, 30 nov. 2009e. Disponível em: <http://www.receita.fazenda.gov.br/legislacao/ins/2009/in9742009.htm>. Acesso em: 8 dez. 2011.

______. Parecer Normativo Coordenador do Sistema de Tributação n. 48, de 28 de janeiro de 1972. *Diário Oficial da União*, Brasília, 21 mar. 1972. Disponível em: <http://www.fiscosoft.com.br/g/4n0/parecer-normativo-coordenador-do-sistema-de-tributacao-cst-n-48-de-28011972>. Acesso em: 12 dez. 2011.

CALMON, E. Comentário aos artigos 16 a 28. In: FREITAS, V. P. de. (Coord.). *Código tributário nacional comentado, doutrina e jurisprudência, artigo por artigo*. 2. ed. São Paulo: RT, 2004.

CAMARGOS, L. D. B. A contribuição para o Instituto Nacional de Colonização e Reforma Agrária (Incra) à luz da Emenda Constitucional n. 33/2001. *Revista Dialética de Direito Tributário*, São Paulo, n. 156, p. 71-79, set. 2008.

CARRAZZA, R. A. Contribuições de intervenção no domínio econômico – perfil constitucional – inexigibilidade da contribuição para o Incra – Questões Conexas. *Revista Dialética de Direito Tributário*, São Paulo, n. 170, p. 93-128, nov. 2010.

______. *Curso de direito constitucional tributário*. 23. ed. São Paulo: Malheiros, 2007.

______. *Imposto sobre a renda* (perfil constitucional e temas específicos). São Paulo: Malheiros, 2005.

CARVALHO, C. Breves considerações sobre elisão e evasão fiscais. In: PEIXOTO, M. M.; CARVALHO, C. *Planejamento tributário*. São Paulo: Quartier Latin, 2004.

CARVALHO, P. de B. *Curso de direito tributário*. 13. ed. São Paulo: Saraiva, 2000.

CASTRO, A. B. *Sujeição passiva no imposto sobre a renda*. São Paulo: Saraiva, 2004.

CFC – Conselho Federal de Contabilidade. Resolução n. 1.159, de 13 de fevereiro de 2009. *Diário Oficial da União*, Brasília, 4 mar. 2009. Disponível em: <http://www.normaslegais.com.br/legislacao/resolucaocfc1159_2009.htm>. Acesso em: 8 dez. 2011.

CINTRA, C. C. S.; LOPES FILHO, J. M. As contribuições no sistema tributário brasileiro. In: MACHADO, H. de B. (Coord.). *As contribuições no sistema tributário brasileiro*. São Paulo: Dialética, 2003.

COELHO, S. C. N. *Comentário à Constituição de 1988*. Rio de Janeiro: Forense, 2006.

______. *Curso de direito tributário brasileiro*. 9. ed. São Paulo: Forense, 2006.

______. Elisão fiscal e a Lei Complementar n. 104/2001. In: ROCHA, V. de O. (Coord.). *O planejamento tributário e a Lei Complementar 104*. São Paulo: Dialética, 2001.

______. *Teoria e prática das multas tributárias*. 2. ed. Rio de Janeiro: Forense, 1998.

COELHO, S. C. N.; MANEIRA, E. Planejamento tributário/incorporação de empresas – questões atinentes ao IRPJ e à CSLL. *Revista Dialética de Direito Tributário*, São Paulo, n. 135, p. 95-114, dez. 2006.

COSTA, R. H. *Praticabilidade e justiça tributária*: exequibilidade da lei tributária e direitos do contribuinte. São Paulo: Malheiros, 2007.

DINIZ, M. H. *Código civil anotado*. 9. ed. rev. e atual. de acordo com o novo Código Civil (Lei 10.406, de 10-1-2002). São Paulo: Saraiva, 2003.

FABRETTI, L. C. *Contabilidade tributária*. 11. ed. São Paulo: Atlas, 2009.

FERRAZ, R.; BOARETO, L. A.; SOUZA NETO, N. ISS sobre leasing momento de a(in)firmação do sistema tributário brasileiro. *Revista Dialética de Direito Tributário*, São Paulo, n. 163. p. 73-97, abr. 2000.

FISCHER, O. C. *A contribuição ao PIS*. São Paulo: Dialética, 1999.

GRECO, M. A. *Contribuições*: (uma figura 'sui generis'). São Paulo: Dialética, 2000.

______. *Planejamento fiscal e interpretação da lei tributária*. São Paulo: Dialética, 1998.

GRUPENMACHER, B. T. Local em que é devido o tributo. In: SILVA MARTINS, I. G.; PEIXOTO, M. M. *ISS, LC 116/2003*. Curitiba: Juruá, 2006.

HARADA, K. *Direito financeiro e tributário*. 15. ed. São Paulo: Atlas, 2010.

______. Lei n. 11.051/2004. Novo furor tributário. Débitos fiscais e distribuição de lucros. *Jus Navigandi*, Teresina, ano 9, n. 597, 25 fev. 2005. Disponível em: <http://jus2.uol.com.br/doutrina/texto.asp?id=6375>. Acesso em: 7 set. 2010.

______. *Sistema tributário na Constituição de 1988*. 3. ed. Curitiba: Juruá, 2008.

JANCZESKI, C. A. A controvertida contribuição de melhoria. *Revista Dialética de Direito Tributário*, São Paulo, n. 30, mar. 1998.

KONKEL JÚNIOR, N. *Contribuições sociais*. São Paulo: Quartier Latin, 2005.

LOBATO, V. S.; COELHO, S. C. N. A norma tributária e a Lei 11.638/2007. *Direito Tributário, Societário e a Reforma da Lei da S/A*. São Paulo: Quartir Latin, 2008.

LUGONES, C. G. F. Infrações e sanções tributárias e o Decreto n. 4.453/2002. In: FREITAS, V. P. (Coord.). *Importação e exportação no direito brasileiro*. 2. ed. São Paulo: Revista dos Tribunais, p. 109. 2007.

MACHADO, H. de B. (Coord.). As contribuições no Sistema Tributário Brasileiro. São Paulo: Dialética, 2003.

MACHADO, H. de B. *Comentários ao código tributário nacional*. 2. ed. São Paulo: Atlas, 2007.

______. Comentários aos artigos 3º a 5º. In: MARTINS, I. G. da S. (Coord.). *Comentários ao código tributário nacional*. 3. ed. São Paulo: Saraiva, 2002a. v. 1.

______. *Curso de direito tributário*. 31. ed. São Paulo: Malheiros, 2010.

______. Os empréstimos compulsórios. *Revista Dialética de Direito Tributário*, São Paulo, n. 79, abr. 2002b.

______. Os limites da contribuição de melhoria. *Revista Dialética de Direito Tributário*, São Paulo, n. 21, jun. 1997.

______. *Os princípios jurídicos da tributação na Constituição de 1988*. 5. ed. São Paulo: Dialética, 2004.

MARINS, J. *Elisão tributária e sua regulação*. São Paulo: Dialética, 2002.

MARQUES, M. S. *Classificação constitucional dos tributos*. São Paulo: Max Limonad, 2000.

MARTINS, I. G. da S. *Contribuições especiais numa divisão quinquipartida dos tributos*. São Paulo: Resenha Tributária, 1976.

MELLO, C. A. B. de. *Conteúdo jurídico do princípio da igualdade*. 3. ed. São Paulo: Malheiros, 1999.

MELO, J. E. S. de. *Contribuições sociais no sistema tributário*. São Paulo: Malheiros, 2006.

______. *Curso de direito tributário*. 7. ed. São Paulo: Dialética, 2007.

MOSQUERA, R. Q. *Renda e proventos de qualquer natureza*: o imposto e o conceito constitucional. São Paulo: Dialética, 1996.

NIETZSCHE, F. *Assim falou Zaratustra*: um livro para todos e para ninguém. Tradução e notas de Mário Ferreira dos Santos. São Paulo: Civilização Brasileira, 2003.

OLIVEIRA, R. M. de. *Fundamentos do imposto de renda*. São Paulo: Quartier Latin, 2008.

OLIVEIRA, Y. D. de. Comentários aos artigos 96 e 97. In: MARTINS, I. G. da S. (Coord.). *Comentários ao código tributário nacional*. São Paulo: Saraiva, 1998.

PACHECO, M. R. O princípio da anterioridade no direito tributário. In: PAULSEN, L.; BRUM VAZ, P. A. (Org.). *Curso modular de direito tributário*. Florianópolis: Conceito Editorial, 2008.

PAULSEN, L. *Direito tributário*: Constituição e Código Tributário à luz da doutrina e jurisprudência. 9. ed. São Paulo: Malheiros, 2002.

PAULSEN, L.; VELLOSO, A. P. Controle das contribuições interventivas e sociais pela sua base econômica: a descurada especificação do seu objeto pela EC 33/01 e os seus reflexos tributários. *Revista Dialética de Direito Tributário*, São Paulo, n. 149, p. 16-26, dez. 2008.

PIMENTA, P. R. L. Contribuição para o custeio do serviço de iluminação pública. *Revista Dialética de Direito Tributário*, São Paulo, n. 95, p. 100-109, ago. 2003.

RABELLO FILHO, F. P. *O princípio da anterioridade da lei tributária*. São Paulo: RT, 2002.

ROLIM, J. D.; SOUTO, D. S. de G. Sanções administrativas tributárias. In: MACHADO, H. de B. (Coord.). *Sanções administrativas tributárias*. São Paulo: Dialética, 2004.

ROSA JÚNIOR, L. E. Impostos. In: GOMES, M. L.; ANTONELLI, L. P. (Coord.). *Curso de direito tributário brasileiro*. São Paulo: Quartier Latin, 2005. v. 1.

SÃO PAULO (Estado). Lei n. 10.421, de 3 de dezembro de 1971. *Diário Oficial do Estado de São Paulo*, 4 dez. 1971. Disponível em: <http://www.al.sp.gov.br/repositorio/legislacao/lei/1971/lei%20 n.10.421,%20de%2003.12.1971.htm>. Acesso em: 8 dez. 2011.

SILVA, J. A. da. *Curso de direito constitucional positivo*. 23. ed. São Paulo: Malheiros, 2004.

SILVA, L. L. da. *Contabilidade geral e tributária*. 4. ed. São Paulo: IOB Thomson, 2007.

SILVA, O. J. de P. e. *Vocabulário jurídico*. 18. ed. Rio de Janeiro: Forense, 2001.

STF – Supremo Tribunal Federal. Ação Declaratória de Constitucionalidade n. 1-1, de 13 de outubro de 1993. Relator: Moreira Alves. *Diário da Justiça*, Brasília, 16 jun. 1995. Disponível em: <http://www.stf.jus.br/portal/geral/verPdfPaginado.asp?id=1856 32&tipo=TP&descricao=ADC%2F1>. Acesso em: 15 dez. 2011.

STF – Supremo Tribunal Federal. Ação Direta de Inconstitucionalidade n. 124-8, de 1º de agosto de 2008. Relator: Joaquim Barbosa. *Diário da Justiça Eletrônico*. 17 abr. 2009a. Disponível em: <http://redir.stf.jus.br/paginadorpub/paginador.jsp?docTP=AC&docID=586937>. Acesso em: 12 abr. 2011.

______. Ação Direta de Inconstitucionalidade n. 551-1, de 24 de outubro de 2002. Relator: Ilmar Galvão. *Diário da Justiça*, 14 fev. 2003a. Disponível em: <http://redir.stf.jus.br/paginadorpub/paginador.jsp?docTP=AC&docID=266412>. Acesso em: 13 dez. 2011.

______. Ação Direta de Inconstitucionalidade n. 605, de 23 de outubro de 1991. *Diário da Justiça*, Brasília, 5 mar. 1993a. Disponível em: <http://redir.stf.jus.br/paginadorpub/paginador.jsp?docTP=AC&docID=346493>. Acesso em: 15 dez. 2011.

______. Ação Direta de Inconstitucionalidade n. 1.709-3, de 10 de fevereiro de 2000. Relator: Maurício Corrêa. *Diário da Justiça*, 31 mar. 2000. Disponível em: <http://www.jusbrasil.com.br/filedown/dev0/files/JUS2/STF/IT/ADI_1709_MT%20_10.02.2000.pdf>. Acesso em: 13 dez. 2011.

______. Ação Direta de Inconstitucionalidade n. 1.802-3, de 27 de agosto de 1998. Relator: Sepúlveda Pertence. *Diário da Justiça*, Brasília, 13 abr. 2004a. Disponível em: <http://www.jusbrasil.com.br/filedown/dev3/files/JUS2/STF/IT/ADI_1802_DF_1278849989511.pdf>. Acesso em: 13 dez. 2011.

______. Ação Direta de Inconstitucionalidade n. 2.325-0, de 23 de setembro de 2004. Relator: Marco Aurélio. *Diário da Justiça*, 6 out. 2006a. Disponível em: <http://redir.stf.jus.br/paginadorpub/paginador.jsp?docTP=AC&docID=347546>. Acesso em: 13 dez. 2011.

______. Ação Direta de Inconstitucionalidade n. 2.551-1, de 2 de abril de 2003. Relator: Celso de Mello. *Diário da Justiça*, 20 abr. 2006b. Disponível em: <http://redir.stf.jus.br/paginadorpub/paginador.jsp?docTP=AC&docID=266148>. Acesso em: 13 dez. 2011.

______. Ação Direta de Inconstitucionalidade n. 3.260-7, de 29 de março de 2007. Relator: Eros Grau. *Diário da Justiça*, Brasília, 29 jun. 2007. Disponível em: <http://redir.stf.jus.br/paginadorpub/paginador.jsp?docTP=AC&docID=469696>. Acesso em: 13 dez. 2011.

STF – Supremo Tribunal Federal. Ação Direta de Inconstitucionalidade n. 4.016-2, de 1º de agosto de 2008. Relator: Gilmar Mendes. *Diário da Justiça Eletrônico*, Brasília, 24 abr. 2009b. Disponível em: <http://redir.stf.jus.br/paginadorpub/paginador.jsp?docTP=AC&docID=589291>. Acesso em: 13 dez. 2011.

______. Agravo Regimental no Agravo de Instrumento n. 694.836, de 24 de novembro de 2009. *Diário da Justiça Eletrônico*, Brasília, 18 dez. 2009c. Disponível em: <http://www.jusbrasil.com.br/filedown/dev2/files/JUS2/STF/IT/AI_694836_SP_1261163840995.pdf>. Acesso em: 13 dez. 2011.

______. Agravo Regimental no Recurso Extraordinário n. 441.537-2, de 5 de setembro de 2006. Relator: Eros Grau. *Diário da Justiça*, 29 set. 2006c. Disponível em: <http://www.jusbrasil.com.br/filedown/dev4/files/JUS2/STF/IT/RE_441537_ES_1279030725475.pdf>. Acesso em: 13 dez. 2011.

______. *Informativo n. 362*, Brasília, 20 a 24 de setembro de 2004b. Disponível em: <http://www.stf.jus.br//arquivo/informativo/documento/informativo362.htm>. Acesso em: 14 dez. 2011.

______. *Informativo n. 373*, Brasília, 6 a 10 de dezembro de 2004c. Disponível em: <http://www.stf.jus.br//arquivo/informativo/documento/informativo373.htm>. Acesso em: 14 dez. 2011.

______. *Informativo n. 543*, Brasília, 20 a 24 de abril de 2009d. Disponível em: <http://www.stf.jus.br//arquivo/informativo/documento/informativo543.htm>. Acesso em: 14 dez. 2011.

______. Recurso Extraordinário n. 116.121, de 11 de outubro de 2000. Relator: Octavio Gallotti. *Diário da Justiça*, 25 maio 2001b. Disponível em: <http://www.jusbrasil.com.br/filedown/dev4/files/JUS2/STF/IT/RE_116121_SP_1279116039193.pdf>. Acesso em: 13 dez. 2011.

______. Recurso Extraordinário n. 138.284-8, de 1º de julho de 1992. Relator: Carlos Velloso. *Diário da Justiça*, Brasília, 28 ago. 1992a. Disponível em: <http://www.almeidamelo.com.br/images/acordaos/stf/re_138284.pdf>. Acesso em: 13 dez. 2011.

STF – Supremo Tribunal Federal. Recurso Extraordinário n. 146.733-9, de 29 de junho de 1992. Relator: Moreira Alves. *Diário da Justiça*, Brasília, 6 nov. 1992b. Disponível em: <http://redir.stf.jus.br/paginadorpub/paginador.jsp?docTP=AC&docID=210152>. Acesso em: 13 dez. 2011.

______. Recurso Extraordinário n. 150.764-1, de 16 de dezembro de 1992. Relator: Sepúlveda Pertence. *Diário da Justiça*, Brasília, 2 abr. 1993b. Disponível em: <http://www.jusbrasil.com.br/filedown/dev0/files/JUS2/STF/IT/RE_150764_PE%20_16.12.1992.pdf>. Acesso em: 13 dez. 2011.

______. Recurso Extraordinário n. 166.772-9, de 12 de maio de 1994. *Diário da Justiça*, Brasília, 16 dez. 1994. Relator: Marco Aurélio. Disponível em: <http://redir.stf.jus.br/paginadorpub/paginador.jsp?docTP=AC&docID=216095>. Acesso em: 13 dez. 2011.

______. Recurso Extraordinário n. 225.062-8, de 25 de novembro de 1998. Relator: Carlos Velloso. *Diário da Justiça*, Brasília, 6 abr. 2001a. Disponível em: <http://www.jusbrasil.com.br/filedown/dev1/files/JUS2/STF/IT/RE_225602_CE%20_25.11.1998.pdf>. Acesso em: 13 dez. 2011.

______. Recurso Extraordinário n. 363.852, de 6 de abril de 2010. Relator: Marco Aurélio. *Diário da Justiça Eletrônico*, Brasília, 20 abr. 2010. Disponível em: <http://www.jusbrasil.com.br/jurisprudencia/8930668/recurso-extraordinario-re-363852-mg-stf>. Acesso em: 13 dez. 2011.

______. Recurso Extraordinário n. 377.457-3, de 17 de setembro de 2008. Relator: Gilmar Mendes. *Diário da Justiça Eletrônico*, Brasília, 19 dez. 2008. Disponível em: <http://redir.stf.jus.br/paginadorpub/paginador.jsp?docTP=AC&docID=570335>. Acesso em: 13 dez. 2011.

______. Recurso Extraordinário n. 381.964-0, de 17 de setembro de 2008. Relator: Gilmar Mendes. *Diário da Justiça Eletrônico*, Brasília, 13 mar. 2009e. Disponível em: <http://redir.stf.jus.br/paginadorpub/paginador.jsp?docTP=AC&docID=581065>. Acesso em: 13 dez. 2011.

STF – Supremo Tribunal Federal. Recurso Extraordinário n. 390.840-5, de 9 de novembro de 2005. Relator: Marco Aurélio. *Diário da Justiça*, Brasília, 15 ago. 2006d. Disponível em: <http://www.jusbrasil.com.br/filedown/dev0/files/JUS2/STF/IT/RE_390840_MG%20_09.11.2005.pdf>. Acesso em: 13 dez. 2011.

_____. Recurso Extraordinário n. 541. 511-2, de 22 de abril de 2009. Relator: Ricardo Lewandowski. *Diário da Justiça Eletrônico*, Brasília, 26 jun. 2009f. Disponível em: <http://www.jusbrasil.com.br/filedown/dev4/files/JUS2/STF/IT/RE_541511_RS_1278963396870.pdf>. Acesso em: 13 dez. 2011.

_____. Recurso Extraordinário n. 562.276, de 3 de novembro de 2010. Relatora: Ellen Gracie. *Diário da Justiça Eletrônico*, Brasília, 10 fev. 2011. Disponível em: <http://www.jusbrasil.com.br/filedown/dev5/files/JUS2/STF/IT/RE_562276_PR_1308254402147.pdf>. Acesso em: 13 dez. 2011.

_____. Representação n. 1.077, de 28 de março de 1984. Relator: Moreira Alves. *Revista Trimestral de Jurisprudência*, Brasília, v. 112, p. 34-67, abr. 1985. Disponível em: <http://www.stf.jus.br/arquivo/cms/publicacaoRTJ/anexo/112_1.pdf>. Acesso em: 14 dez. 2011.

_____. Súmula n. 668, de 24 de setembro de 2003. *Diário da Justiça*, Brasília, 13 out. 2003b. Disponível em: <http://www.stf.jus.br/portal/jurisprudencia/listarJurisprudencia.asp?s1=668.NUME.%20NAO%20S.FLSV.&base=baseSumulas>. Acesso em: 13 dez. 2011.

_____. Súmula n. 670, de 24 de setembro de 2003. *Diário da Justiça*, Brasília, 13 out. 2003c. Disponível em: <http://www.stf.jus.br/portal/jurisprudencia/listarJurisprudencia.asp?s1=670.NUME.%20NAO%20S.FLSV.&base=baseSumulas>. Acesso em: 13 dez. 2011.

STJ – Supremo Tribunal de Justiça. Recurso Especial n. 154.763, de 8 de setembro de 1998. Relator: Milton Luiz Pereira. *Diário da Justiça*, Brasília, 3 nov. 1998. Disponível em: <http://www.jusbrasil.com.br/filedown/dev5/files/JUS2/STJ/IT/RESP_154763_MG_1308320300485.pdf>. Acesso em: 15 dez. 2011.

_____. Recurso Especial n. 979.540, de 4 de outubro de 2007. Relator: Castro Meira. *Diário da Justiça*, 18 out. 2007. Disponível em: <http://www.jusbrasil.com.br/filedown/dev5/files/JUS2/STJ/IT/RESP_979540_PE_1306936247492.pdf>. Acesso em: 15 dez. 2011.

SZKLAROWSKY, L. F. Desenterrando norma falecida. Lei n. 11.051/2005: proibição de distribuição de lucros em pessoas jurídicas em débito para com a União. *Jus Navigandi*, Teresina, ano 10, n. 698, 3 jun. 2005. Disponível em: <http://jus2.uol.com.br/doutrina/texto.asp?id=6834>. Acesso em: 18 jul. 2011.

TFR – Tribunal Federal de Recursos. Súmula n. 168, de 9 de outubro de 1984. *Diário da Justiça*, 30 nov. 1984. Disponível em: <http://www.dji.com.br/normas_inferiores/sumula_tfr/tfr__168.htm>. Acesso em: 13 dez. 2011.

TOMÉ, F. D. P. Alcance da imunidade das receitas de exportação (art. 149, parágrafo 2º, I, da Constituição): a questão da Contribuição Social sobre o Lucro Líquido. In: COELHO, S. C. N. (Org.). *Contribuições para a seguridade social*. São Paulo: Quartier Latin, 2007. p. 319-336. v. 1.

TÔRRES, H. T. Funções das leis complementares no sistema tributário nacional – hierarquia de normas – papel do CTN no ordenamento. *Revista Diálogo Jurídico*, Salvador, CAJ – Centro de Atualização Jurídica, n. 10, jan. 2002. Disponível em: <http://www.direitopublico.com.br>. Acesso em: 24 de janeiro de 2012.

VELLOSO, A. P. *Conceitos e competências tributárias*. São Paulo: Dialética, 2005.

______. Contribuições sobre a receita de concursos de prognósticos. *Revista de Dialética de Direito Tributário*, São Paulo, n. 114. p. 7-23, mar. 2005.

VERLI, F. *Taxas e preço públicos*: prestações coativas de direito público. São Paulo: Revista dos Tribunais, 2005.

XAVIER, A. *Os princípios da legalidade e da tipicidade da tributação*. São Paulo: Revista dos Tribunais, 1978.

Instrução Normativa da Receita Federal do Brasil nº 949, de 16 de junho de 2009

Regulamenta o Regime Tributário de Transição (RTT), institui o Controle Fiscal Contábil de Transição (FCONT) e dá outras providências. Alterada pela Instrução Normativa RFB nº 1.139, de 28 de março de 2011.

O SECRETÁRIO ADJUNTO DA RECEITA FEDERAL DO BRASIL, no uso das atribuições de que tratam o inciso III do art. 261 e o inciso I do art. 262 do Regimento Interno da Secretaria da Receita Federal do Brasil, aprovado pela Portaria MF nº 125, de 4 de março de 2009, e tendo em vista o disposto na Lei nº 6.404, de 15 de dezembro de 1976, com a redação dada pela Lei nº 11.638, de 28 de dezembro de 2007, e pela Lei nº 11.941, de 27 de maio de 2009, nos §§ 2º e 3º do art. 8º do Decreto-Lei nº 1.598, de 26 de dezembro de 1977, e no art. 24 da Lei nº 11.941, de 2009, resolve:

Capítulo I
Do Regime Tributário de Transição (RTT)
Seção Única Das Disposições Gerais

Art. 1º As pessoas jurídicas sujeitas ao Regime Tributário de Transição (RTT), instituído pela Lei nº 11.941, de 27 de maio de 2009, devem observar as disposições desta Instrução Normativa.

Art. 2º As alterações introduzidas pela Lei nº 11.638, de 28 de dezembro de 2007, e pelos arts. 37 e 38 da Lei nº 11.941, de 2009, que modifiquem o critério de reconhecimento de receitas, custos e despesas computadas na escrituração contábil, para apuração do lucro líquido do exercício definido no art. 191 da Lei nº 6.404, de 15 de dezembro de 1976, não terão efeitos para fins de apuração do lucro real e da base de cálculo da Contribuição Social sobre o Lucro Líquido (CSLL) da pessoa jurídica sujeita ao RTT, devendo ser considerados, para fins tributários, os métodos e critérios contábeis vigentes em 31 de dezembro de 2007.

Parágrafo único. Aplica-se o disposto no caput às normas expedidas pela Comissão de Valores Mobiliários (CVM), com base na competência regulamentar conferida pelo § 3º do art. 177 da Lei nº 6.404, de 1976, e pelos demais órgãos reguladores que visem alinhar a legislação específica com os padrões internacionais de contabilidade.

Art. 3º A pessoa jurídica sujeita ao RTT, para reverter o efeito da utilização de métodos e critérios contábeis diferentes daqueles previstos na legislação tributária, baseada nos critérios contábeis vigentes em 31 de dezembro de 2007, nos termos do art. 2º, deverá:

I – utilizar os métodos e critérios da legislação societária para apurar, em sua escrituração contábil, o resultado do período antes do Imposto sobre a Renda, deduzido das participações;

II – utilizar os métodos e critérios contábeis aplicáveis à legislação tributária, a que se refere o art. 2º, para apurar o resultado do período, para fins fiscais;

III – determinar a diferença entre os valores apurados nos incisos I e II; e

IV – ajustar, exclusivamente no Livro de Apuração do Lucro Real (LALUR), o resultado do período, apurado nos termos do inciso I, pela diferença apurada no inciso III.

§ 1º Para a realização do ajuste específico, de que trata o inciso IV do caput, deverá ser mantido o controle definido nos arts. 7º a 9º.

§ 2º O ajuste específico no LALUR, referido no inciso IV, não dispensa a realização dos demais ajustes de adição e exclusão, prescritos ou autorizados pela legislação tributária em vigor, para apuração da base de cálculo do imposto.

§ 3º Os demais ajustes a que se refere o § 2º devem ser realizados com base nos valores mantidos nos registros do controle previsto nos arts. 7º a 9º.

Capítulo II
Das Disposições Específicas para Aplicação do RTT

Art. 4º Para tratamento tributário das subvenções para investimento, inclusive mediante isenção ou redução de impostos concedidas como estímulo à implantação ou expansão de empreendimentos econômicos, e das doações, feitas pelo Poder Público, a que se refere o § 2º do art. 38 do Decreto-Lei nº 1.598, de 26 de dezembro de 1977, a pessoa jurídica deverá:

I – reconhecer, em sua escrituração contábil, o valor da doação ou subvenção em conta de resultado pelo regime de competência, inclusive com observância das determinações constantes das normas expedidas pela CVM, no uso da competência regulamentar conferida pela Lei nº 6.404, de 1976, no caso de companhias abertas e pelas demais pessoas jurídicas que optem pela sua observância;

II – excluir, no LALUR, o valor referente à parcela do lucro líquido do exercício decorrente de doações ou subvenções governamentais para investimentos, para fins de apuração do lucro real;

III – manter o valor referente à parcela do lucro líquido do exercício decorrente da doação ou subvenção na reserva de lucros a que se refere o art. 195-A da Lei nº 6.404, de 1976; e

IV – adicionar, no LALUR, para fins de apuração do lucro real, o valor referido no inciso II do caput, no momento em que ele tiver destinação diversa daquela referida no inciso III do caput.

Parágrafo único. As doações e subvenções de que trata o caput serão tributadas caso seja dada destinação diversa da prevista neste artigo, inclusive nas hipóteses de:

I – capitalização do valor e posterior restituição de capital aos sócios ou ao titular, mediante redução do capital social, hipótese em que a base para a incidência será o valor restituído, limitado ao valor total das exclusões decorrentes de doações ou subvenções governamentais para investimentos;

II – restituição de capital aos sócios ou ao titular, mediante redução do capital social, nos 5 (cinco) anos anteriores à data da doação ou subvenção, com posterior capitalização do valor da doação ou subvenção, hipótese em que a base para a incidência será o valor restituído, limitado ao valor total das exclusões decorrentes de doações ou subvenções governamentais para investimentos; ou

III – integração à base de cálculo dos dividendos obrigatórios.

Art. 5º Para observância do tratamento tributário do prêmio na emissão de debêntures na forma prescrita pelo art. 38 do Decreto-Lei nº 1.598, de 1977, a pessoa jurídica deverá:

I – reconhecer, em sua escrituração contábil, o valor do prêmio na emissão de debêntures em conta do resultado pelo regime de competência e de acordo com as determinações constantes das normas expedidas pela CVM, no uso da competência regulamentar conferida pela Lei nº 6.404, de 1976, com a redação dada pela Lei nº 11.638, de 2007, no caso de companhias abertas e outras que optem pela sua observância;

II – excluir, no LALUR, o valor referente à parcela do lucro líquido do exercício decorrente do prêmio na emissão de debêntures, para fins de apuração do lucro real;

III – manter o valor referente à parcela do lucro líquido do exercício decorrente do prêmio na emissão de debêntures em reserva de lucros específica; e

IV – adicionar, no LALUR, para fins de apuração do lucro real, o valor referido no inciso II do caput, no momento em que ele tiver destinação diversa daquela referida no inciso III do caput.

§ 1º A reserva de lucros específica a que se refere o inciso III do caput, para fins do limite de que trata o art. 199 da Lei nº 6.404, de 1976, terá o mesmo tratamento dado à reserva de lucros prevista no art. 195-A da referida Lei.

§ 2º O prêmio na emissão de debêntures de que trata o caput será tributado caso seja dada destinação diversa da prevista neste artigo, inclusive nas hipóteses de:

I – capitalização do valor e posterior restituição de capital aos sócios ou ao titular, mediante redução do capital social, hipótese em que a base para a incidência será o valor restituído, limitado ao valor total das exclusões decorrentes de prêmios na emissão de debêntures;

II – restituição de capital aos sócios ou ao titular, mediante redução do capital social, nos 5 (cinco) anos anteriores à data da emissão das debêntures com o prêmio, com posterior capitalização do valor do prêmio, hipótese em que a base para a incidência será o valor restituído, limitado ao valor total das exclusões decorrentes de prêmios na emissão de debêntures; ou

III – integração à base de cálculo dos dividendos obrigatórios.

Art. 6º É vedado, para fins de gozo da isenção prevista no art. 38 do Decreto-Lei nº 1.598, de 1977, o registro, no controle a que se referem os arts. 7º a 9º, de reserva de capital, para as operações referidas nos arts. 4º e 5º.

Capítulo III
Do Controle Fiscal Contábil de Transição (FCONT)

Art. 7º Fica instituído o Controle Fiscal Contábil de Transição (FCONT) para fins de registros auxiliares previstos no inciso II do § 2º do art. 8º do Decreto-Lei nº 1.598, de 1977, destinado obrigatória e exclusivamente às pessoas jurídicas sujeitas cumulativamente ao lucro real e ao RTT.

Art. 8º O FCONT é uma escrituração, das contas patrimoniais e de resultado, em partidas dobradas, que considera os métodos e critérios contábeis aplicados pela legislação tributária, nos termos do art. 2º.

§ 1º A utilização do FCONT é necessária à realização dos ajustes previstos no inciso IV do art. 3º, não podendo ser substituído por qualquer outro controle ou memória de cálculo.

§ 2º Para fins de escrituração do FCONT, poderá ser utilizado critério de atribuição de custos fixos e variáveis aos produtos acabados e em elaboração mediante rateio diverso daquele utilizado para fins societários, desde que esteja integrado e coordenado com o restante da escrituração, nos termos do art. 294 do Decreto nº 3.000, de 26 de março de 1999.

§ 3º O atendimento à condição prevista no § 2º impede a aplicação do disposto no art. 296 do Decreto nº 3.000, de 1999.

~~§ 4º No caso de não existir lançamento com base em métodos e critérios diferentes daqueles prescritos pela legislação tributária, baseada nos critérios contábeis vigentes em 31 de dezembro de 2007, nos termos do art. 2º, fica dispensada a elaboração do FCONT.~~

§ 4º A elaboração do FCONT é obrigatória, mesmo no caso de não existir lançamento com base em métodos e critérios diferentes daqueles prescritos pela legislação tributária, baseada nos critérios contábeis vigentes em 31 de dezembro de 2007, nos termos do art. 2º. (Redação dada pela Instrução Normativa RFB nº 1.139, de 28 de março de 2011)

Art. 9º O FCONT deverá ser apresentado em meio digital até às 24 (vinte e quatro) horas (horário de Brasília) do dia 30 de novembro de 2009, mediante a utilização de aplicativo a ser disponibilizado no dia 15 de outubro de 2009, no sítio da Secretaria da Receita Federal do Brasil na Internet, no endereço <http://www.receita.fazenda.gov. br>.

Parágrafo único. Para a apresentação do FCONT é obrigatória a assinatura digital mediante utilização de certificado digital válido.

Capítulo IV
Da Aplicação do RTT ao Lucro Presumido

Art. 10. Para as pessoas jurídicas sujeitas ao RTT, o lucro presumido deverá ser apurado de acordo com a legislação de regência do tributo, com utilização dos métodos e critérios contábeis a que se referem os arts. 2º a 6º, independentemente da forma de contabilização determinada pelas alterações da legislação societária decorrentes da Lei nº 11.638, de 2007, da Lei nº 11.941, de 2009, e da respectiva regulamentação. Parágrafo único. Na apuração da base de cálculo referida no caput, proceder-se-á aos seguintes ajustes:

I – exclusão de valores referentes à receita auferida cuja tributação poderá ser diferida para períodos subsequentes, em decorrência de diferenças de métodos e critérios contábeis determinados pela legislação societária, em relação àqueles aplicáveis à legislação tributária;

II – adição de valores não incluídos na receita auferida cuja tributação fora diferida de períodos anteriores, em decorrência de diferenças de métodos e critérios contábeis determinados pela legislação societária, em relação àqueles aplicáveis à legislação tributária.

Art. 11. Para fins do disposto no art. 10, o contribuinte deverá manter memória de cálculo que permita:

I – identificar o valor da receita auferida em cada período; e

II – controlar os montantes das respectivas exclusões e adições à base de cálculo, a que se refere o parágrafo único do art. 10.

Capítulo V
Da Aplicação do RTT à Contribuição para o PIS/Pasep e à Contribuição para o Financiamento da Seguridade Social (Cofins)

Art. 12. As pessoas jurídicas sujeitas ao RTT deverão apurar a base de cálculo da contribuição para o PIS/Pasep e da Contribuição para o Financiamento da Seguridade Social (Cofins) de acordo com a legislação de regência de cada contribuição, com utilização dos métodos e critérios contábeis a que se referem os arts. 2º a 6º, independentemente da forma de contabilização determinada pelas alterações da legislação societária decorrentes da Lei nº 11.638, de 2007, da Lei nº 11.941, de 2009, e da regulamentação.

§ 1º O disposto no caput aplica-se também à apuração dos créditos decorrentes do regime de não cumulatividade, que deverão ter por base os registros do controle a que se referem os arts. 7º a 9º.

§ 2º Para apuração da base de cálculo referida no caput, deverão ser efetuados os seguintes ajustes:

I – exclusão de valores referentes à receita auferida cuja tributação poderá ser diferida para períodos subsequentes, em decorrência de diferenças de métodos e critérios contábeis determinados pela legislação societária, em relação àqueles aplicáveis à legislação tributária;

II – adição de valores não incluídos na receita auferida cuja tributação fora diferida de períodos anteriores, em decorrência de diferenças de métodos e critérios contábeis determinados pela legislação societária, em relação àqueles aplicáveis à legislação tributária.

Art. 13. Esta Instrução Normativa entra em vigor na data de sua publicação.

Otacílio Dantas Cartaxo

respostas

Capítulo 1

Questões para revisão

1. c

2. E, E, C, E, C, C.

3. d

4. e

5. Certo.

6. Segundo a Constituição Federal de 1988, compete à União Federal instituir impostos comuns a teor do art. 145, competência residual, conforme previsão do art. 154, I, e competência extraordinária ou especial, de acordo com a regra estatuída no art. 154, II, todos da Superlei.

7. As competências que cada ente tributante possui são rígidas o bastante em razão do comando emanado da Constituição Federal de 1988, quando atribuiu à União, aos estados, ao Distrito Federal e aos municípios a possibilidade de instituírem tributos. Outrossim, o Código Tributário Nacional, servil a este mandamento, apenas melhor expressou essa regra, na dicção do art. 7º. Já a transferência de capacidade de arrecadar e fiscalizar pode ser feita por autarquias e empresas estatais.

Questões para reflexão

1. A competência tributária é o poder conferido à União, aos estados, ao Distrito Federal e aos municípios de instituir tributos por meio do processo legislativo discriminado nas normas constitucionais. Sendo assim,

decorre do princípio federativo que somente as pessoas que detêm poder de legislar possuem competência tributária ou, em outros termos, "poder de tributar". Portanto, as pessoas dotadas de poder de legislar a respeito da criação ou da instituição dos tributos são os entes federativos ou as pessoas políticas, isto é, a União, os estados, o Distrito Federal e os municípios. Devemos entender que a Constituição Federal, de 5 de outubro de 1988, não institui os tributos, mas, sim, outorga a competência tributária para os entes federativos criarem os tributos, além de descrever de que forma essa competência pode ser exigida.

2. Conforme o art. 146, I, da Carta Maior, cabe à lei complementar dispor sobre conflitos de competência, em matéria tributária, entre a União, os estados, o Distrito Federal e os municípios. A norma jurídica, portanto, é a lei complementar.

3. I) importação de produtos estrangeiros; II) propriedade territorial rural; III) os impostos estaduais em território federal e, se o território não for dividido em municípios, cumulativamente, os impostos municipais.

4. A competência tributária caracteriza-se pela privatividade ou exclusividade para criação de tributos pela pessoa política legitimada para o tributo correspondente; indelegabilidade, visto que a competência não pode ser transferida para outra pessoa política; incaducabilidade ou imprescribilidade, já que o não exercício da competência não determina a extinção do direito de instituir o tributo; inalterabilidade, dado que a competência tributária da pessoa política é escudada no texto constitucional, não podendo ser modificada pela própria pessoa política que detém a competência; irrenunciabilidade, visto que a pessoa política não pode abrir mão da competência; e facultatividade, visto que a oportunidade para o exercício da competência tributária é da pessoa política que a detém.

5. Pode ser definida como o poder atribuído pela Constituição Federal e seus entes políticos do estado, observando as normas gerais de direito tributário de cobrar, instituir e fiscalizar o tributo. A competência tributária da União está prevista nos arts. 153 e 154 da CF/1988. Os impostos que podem ser instituídos por ela são: imposto de importação,

imposto de exportação, Imposto de Renda – IR, Imposto sobre Produtos Industrializados – IPI, Imposto sobra Operações de Crédito, Câmbio e Seguros – IOF, Imposto sobre a Propriedade Territorial Rural – ITR, Imposto sobra Grande Fortunas – IGF, imposto extraordinário (em caso de guerra), empréstimo compulsório, impostos residuais e contribuições especiais. A competência tributária dos estados e do Distrito Federal está prevista no art. 155 da CF/1988. Os impostos que podem ser instituídos por eles são: Imposto sobre Circulação de Mercadorias e Serviços – ICMS, Imposto de Transmissão Causa Mortis e Doação – ITCMD e Imposto sobre a Propriedade de Veículos Automotores – IPVA. A competência tributária dos municípios e do Distrito Federal está prevista no art. 156 da CF/1988. Os impostos que podem ser instituídos por eles são: Imposto Predial e Territorial Urbano – IPTU, Imposto Sobre Serviços de Qualquer Natureza – ISS ou ISQN e Imposto sobre Transmissão de Bem Imóveis – ITBI.

Capítulo 2

Questões para revisão

1. d

2. d

3. d

4. d

5. e

6. Em termos de interpretação da Constituição não se aplica, porque a redação do art. 150, IV, da CF/1988 deixa claro que a proibição é de índole tributária, e não decorrente de sanção por ato ilícito. Por outro lado, o Supremo Tribunal Federal tem afastada imposição de multa tributária tendo em vista o caráter confiscatório, promovendo, portanto, alguma hermenêutica para fundamentar suas razões na aplicação do artigo em referência.

7. Se atentarmos para a redação do art. 145, § 2º, da CF/1988, podemos dizer que não, uma vez que a capacidade contributiva lá tem assento, e expressamente determina a aplicação dessa garantia tão somente aos impostos. Todavia, doutrinadores de relevo, como Roque A. Carrazza, defendem a ideia de que

a capacidade contributiva é consequência da proibição de instituição de tributo com efeito confiscatório. Sendo assim, por decorrência lógica e sistemática do Texto Maior, o princípio da capacidade contributiva deve ser aplicado às contribuições sociais.

Questões para reflexão

1. Sim. Não há qualquer objeção constitucional a limitar referida garantia em face de, tão somente, um Poder Público interno.

2. A assertiva está completamente equivocada. O legislador constitucional determinou a proibição de confisco em tributos, ou seja, não dirigiu especificamente em razão da espécie tributária, o que, em tese, poderia limitar seu alcance.

3. Na verdade, o princípio da isonomia, verdadeiro valor republicano, garante tratamento igualitário a todos, indistintamente. Sendo assim, a redação estampada no art. 5º da Carta Maior já seria o bastante para avalizar essa afirmação. Todavia, o art. 150, II, da CF/1988 expressamente proíbe qualquer distinção em razão de ocupação profissional ou função exercida, independentemente da denominação jurídica dos rendimentos, títulos ou direitos.

4. Os três devem ser tributados com a mesma carga de imposto de renda, apenas havendo progressividade de alíquotas em face de cada faixa de remuneração.

5. Sobre a renda e os proventos de qualquer natureza, predial e territorial urbano, sobre a transmissão onerosa de bens imóvel ou territorial rural.

Capítulo 3

Questões para revisão

1. b

2. b

3. e

4. d

5. a

6. Sim, existe distinção. Lei complementar de índole nacional tem como atribuição atender a prescrição contida no art. 146 da Constituição Federal de 1988. Essa abrangência nacional impõe, não obstante a possibilidade de legislar concorrentemente sobre a matéria (União, estados e

Distrito Federal), tal como previsto no art. 24, I, da Carta Maior, as diretrizes que deverão ser obedecidas pelos poderes públicos legiferantes nesta área. Já a lei complementar concebida como federal nada mais é do que a atribuição de exercer a competência da União Federal em seu domínio tributário.

7. Sim. Há casos em que a própria CF/1988 prevê a instituição de tributo por meio de lei complementar. Exemplo típico é a criação de imposto sobre grandes fortunas (art. 153, VI, da CF/1988). Mas há casos em que o legislador constitucional silenciou à respeito, tal como previsto no art. 150, VI, "c", da Carta Maior. A imunidade lá encartada deve ser disciplinada por meio de lei complementar, muito embora não expresso explicitamente.

Questões para reflexão

1. No Brasil – Estado Federado – a Constituição Federal fundamenta a validade de todas as regras jurídicas da União, dos estados e dos municípios. Uma lei federal só é válida se estiver no seu âmbito de atuação, traçado na Constituição Federal. Uma lei estadual vale se estiver de acordo com a esfera de competência do estado para regular determinada matéria, nos termos da mesma Constituição Federal. Assim, se uma lei federal invade a competência estadual, torna-se inválida e inconstitucional; não se trata de hierarquia, mas de conflito de competências, a ser resolvido sempre com base na Carta Magna.

2. Conforme estabelece o art. 146, III, da CF/1988, compete à lei complementar estabelecer normas gerais em matéria de legislação tributária. Logo, não terá valência lei ordinária com esse objetivo, uma vez que invadirá competência estranha à sua função.

3. O art. 146, II, da CF/1988 expressamente determina à lei complementar regular as limitações constitucionais ao poder de tributar, determinando à lei ordinária outras atribuições que não estas.

4. Compete à lei complementar, conforme redação do art. 146, III, "a", da CF/1988, a definição de tributos e de suas espécies, bem como em relação aos impostos discriminados na Constituição, fatos geradores, bases de cálculo e contribuintes.

5. O empréstimo compulsório (art. 148 da CF/1988) e o

imposto extraordinário (art. 154, I, da CF/1988).

Capítulo 4

Questões para revisão

1. a

2. c

3. c

4. b

5. E, C, E, E, C

6. Importa promover a correta classificação dos tributos não só por sua utilidade, mas, sobretudo, perante os regimes jurídicos a que estão subordinados. Uma classificação equivocada certamente trará consequências erradas na avaliação de determinado tributo precisamente em sua natureza jurídica, dentro do sistema constitucional tributário.

7. Não. Se o legislador constitucional derivado, por meio de emenda Constitucional, promoveu a alteração de bases econômicas e a legislação ordinária diverge da orientação emanada de Lei Maior, a toda evidência, não existe fundamento válido normativo a sustentar a cobrança das referidas imposições. Por outro lado, você, leitor, pode sustentar convicção diversa, ou seja, de que mesmo com a chegada da Emenda Constitucional nº 33/2001 as contribuições permanecem válidas, tudo vai depender do ponto de vista de sua argumentação.

Questões para reflexão

1. Sim. A taxa é justificada pela exata contraprestação estatal do custo que representa o serviço prestado.

2. Qualifica-se como preço público, uma vez que não tem natureza jurídica de tributo.

3. Dentro dos limites do exercício da competência tributária do referido estado, pode ele deixar de instituir a cobrança da contribuição de melhoria.

4. Pelo simples fato de poderem transferir a capacidade ativa às pessoas públicas ou privadas que exerçam finalidades de interesse público.

5. O pedágio não é tributo. Trata-se de receita cobrada sob a forma de preço público pela utilização de qualquer via de transporte por pessoa, veículo ou animal, com ou sem carga, levando-se em consideração seu peso, sua unidade e sua

capacidade de carga, destinada à construção, à conservação e aos melhoramentos das mesmas vias.

Capítulo 5

Questões para revisão

1. a

2. a

3. b

4. e

5. d

6. Entende-se como planejamento tributário o comportamento de ações lícitas de modo a diminuir, ou até mesmo anular, a alta carga tributária que recai sobre todas as atividades econômicas. Pode ocorrer antes do fato gerador, a fim de evitar a invariável incidência tributária, ou em casos já consumados, em que já ocorreu a hipótese de incidência e o sujeito passivo agiu de maneira a evitar maior onerosidade em suas economias, parcelando, portanto, o débito como forma de diminuir a multa incidente no passivo tributário ou, ainda, questionando administrativamente ou judicialmente determinada relação jurídica tributária.

7. Os princípios naturalmente gozam de superioridade pelos valores imanentes que possuem, neutralizando com isso a aplicação de determinada norma para aperfeiçoar a harmonia do sistema. Havendo conflito entre princípios, um deve ser afastado sem ser neutralizado, prevalecendo o princípio de maior interesse jurídico, ou seja, de maior preponderância para solução em determinado caso. Por último, caso ocorra conflito entre leis, alguns critérios deverão ser úteis para aplicar uma norma em detrimento da outra, qual seja: Há hierarquia entre ambas? Se sim, deve-se impor a superior deixando de lado a outra; caso sejam normas de igual patamar, o critério deve ser o da especialidade, ou seja, uma pode versar especificamente sobre o tema em detrimento da outra que tem caráter genérico. O outro elemento diferenciador é o temporal, isto é, deve-se utilizar uma lei mais nova em função de outra que foi editada há mais tempo, caso obviamente sejam leis com o mesmo nível hierárquico.

Questões para reflexão

1. O principal objetivo do planejamento tributário é a economia tributária lícita. Ou seja, adequar

os negócios de forma a obter o menor gasto possível com os tributos, revelando importante meio a ser utilizado pelos contribuintes como forma de diminuir custos operacionais. Deve-se, entretanto, observar quais meios serão utilizados para que se alcance tal objetivo sem, evidentemente, cometer qualquer infração legal.

2. Procedimento utilizado pelo contribuinte antes da ocorrência do fato gerador, objetivando economia fiscal ou redução da carga tributária, pela escolha, entre diversos dispositivos e alternativas legais.

3. Corresponde a todo ato ou omissão ilegítimos, seja por culpa ou por dolo, praticados durante e após o fato gerador, com a finalidade de evitar reduzir ou retardar o pagamento de determinado tributo.

4. Ele deve ser compreendido como aspecto preventivo de tributação, aproveitamento de lacunas legais, benefícios isencionais e promoção de ações administrativas, para diminuir o custo operacional em determinada atividade. É o meio de salvaguardar antecipadamente a ação fiscal, não praticando, por isso, o fato gerador. Dessa maneira, deve-se entender quando o agente econômico ingressa com demanda fiscal com o objetivo de questionar determinada incidência tributária, desaguando na pretensão de proteger-se de onerosidade tributária. Da mesma maneira, deve-se entender como ações repressivas, de modo a recuperar o tributo que foi recolhido indevidamente.

5. Em 2001, foi criada uma lei complementar com o objetivo de impedir as práticas elisivas. A Lei Complementar nº 104, de 10 de janeiro de 2001, incluiu o parágrafo único no art. 116 do Código Tributário Nacional (Lei nº 5.172, de 25 de outubro de 1966), permitindo que a autoridade administrativa desconsidere atos ou negócios jurídicos praticados com a finalidade de dissimular a ocorrência do fato gerador do tributo ou a natureza dos elementos constitutivos da obrigação tributária. Este dispositivo denomina-se *Norma antielisão.*

Capítulo 6

Questões para revisão

1. c

2. e

3. e

4. b

5. e

6. Regime de caixa: a tributação ocorre quando efetivamente há o ingresso de renda ou proventos de qualquer natureza no patrimônio do agente econômico. Já o regime de competência basta a configuração de mera expectativa de ingresso de receita a servir de elemento para a tributação. Em linhas gerais, as pessoas naturais, ditas físicas, são tributadas em regime de caixa e as jurídicas, em regime de competência.

7. Porque se trata de mera recomposição patrimonial, não devendo, portanto, servir de hipótese de incidência a servir à tributação para fins de Imposto de Renda. Não se tributa patrimônio, somente o acréscimo e os proventos de qualquer natureza incidentes sobre ele.

Questões para reflexão

1. Letra b) – Justificativa: O art. 3º, I, da lei Complementar nº 123/2006 expressamente prevê esse enquadramento.

2. Imposto de renda e proventos de qualquer natureza, imposto sobre propriedade territorial rural e imposto sobre propriedade predial e territorial urbana.

3. Princípio da generalidade.

4. O lucro presumido representa uma forma de tributação simplificada do imposto de renda e está inserido no artigo 13 da Lei nº 9.718/1998, o qual prevê as pessoas jurídicas que poderão optar por esse regime, ou seja, a pessoa jurídica cuja receita bruta total, no ano-calendário anterior, tenha sido igual ou inferior a R$ 48.000.000,00 (quarenta e oito milhões de reais), ou a R$ 4.000.000,00 (quatro milhões de reais) multiplicado pelo número de meses de atividade do ano-calendário anterior. Quando inferior a 12 (doze) meses, poderá optar pelo regime de tributação com base no lucro presumido.

Capítulo 7

Questões para revisão

1. b

2. c

3. c

4. a

5. c

Questões para reflexão

1. A responsabilidade é pessoal do agente quando as infrações em cuja definição o dolo específico do agente seja elementar. Por exemplo, no crime de apropriação indébita, o fato de apropriar-se de coisa alheia móvel caracteriza o dolo específico para o tipo de crime. Nesse caso, a responsabilidade do agente é pessoal.

2. Estabelece os arts. 134 e 137, III, ambos do Código Tributário Nacional, ou seja, os pais, pelos tributos devidos por seus filhos menores; os tutores e os curadores, pelos tributos devidos por seus tutelados ou curatelados; os administradores de bens de terceiros, pelos tributos devidos por estes; o inventariante, pelos tributos devidos pelo espólio; o síndico e o comissário, pelos tributos devidos pela massa falida ou pelo concordatário; os tabeliães, os escrivães e os demais serventuários de ofício, pelos tributos devidos sobre os atos praticados por eles, ou perante eles, em razão do seu ofício; os sócios, no caso de liquidação de sociedade de pessoas, além dos mandatários, dos prepostos ou dos empregados, contra seus mandantes, preponentes ou empregadores; os diretores, os gerentes ou os representantes de pessoas jurídicas de direito privado.

3. Conforme apresentado, o artigo 138 do Código Tributário Nacional determina que a denúncia espontânea da infração acompanhada, se for o caso, do pagamento integral do tributo devido e dos juros de mora, ou do depósito da importância arbitrada pela autoridade administrativa, quando o montante do tributo dependa de apuração, tem o efeito de excluir a responsabilidade tributária.

4. A denúncia apresentada após o início de qualquer procedimento administrativo ou medida de fiscalização, relacionada com a infração, não pode ser considerada como *espontânea*. Em decorrência, uma denúncia nessas condições não pode operar no sentido de excluir responsabilidade tributária.

5. Via de regra, há incidência do art. 61 da Lei nº 9.430/1996, acrescido do Decreto-Lei nº 1.025/1969, onde, dependendo do tempo de pagamento, haverá acréscimo de até 40% incidente sobre o tributo reconhecido e não pago.

6. Tal como está prescrito no princípio da legalidade e tipicidade cerrado no âmbito do direito tributário, não se pode prever sanção por infração tributária sem estar devido e exaustivamente prevista em lei, dada a redação do art. 5º, XXXIX, da CF/1988, seja sob o manto do art. 97 do Código Tributário Nacional que apenas o explicita.

7. A subjetiva tem como traço caracterizador a vontade do agente que praticou o ilícito tributário, art. 137 do Código Tributário Nacional. Já a infração de índole objetiva independe dessa volição para cominar sanção e está prevista no art. 136 do Código Tributário Nacional.

Capítulo 8

Questões para revisão

1. a

2. e

3. e

4. a

5. d

6. A contabilidade notabiliza-se como elemento de informação legal, seja para fins societários (interesses dos sócios), seja para dar conhecimento a terceiros, notadamente à fiscalização tributária, uma vez que determinadas demonstrações trazem naturais consequências no campo do direito tributário.

7. A interferência é altamente positiva, uma vez que a contabilidade como ciência de registro de informações da pessoa jurídica é uma ferramenta relevante para complementar a dinâmica empresarial. Ainda que possa ser ciência diversa, não tem o condão de afastar o conceito do direito tributário. São ciências que se interpenetram.

Questões para reflexão

1. O direito tributário exerce, sim, influência sobre a contabilidade, pois ela é responsável pela escrituração da pessoa jurídica, ou seja, pelos impostos que incidem sobre fatos geradores decorrentes do empreendedorismo da pessoa jurídica.

2. Evidentemente que sim. A contabilidade, entre outras funções, é instrumento gerencial para tomada de decisões, por isso, deve estar sempre atualizada de maneira a favorecer a tomada de decisões. A contabilidade prima em: registrar

os fatos administrativos (memória); demonstrar e controlar as mutações patrimoniais (controle); servir como elemento de prova em juízo ou tribunal (documento); fornecer elementos para que os acionistas ou os sócios possam examinar as contas da diretoria e aprová-las ou não (direção); demonstrar ao Fisco o cumprimento da legislação tributária (fiscal); fornecer dados para a tomada de decisões etc. (gestão). A legislação tributária tem, constantemente, criado novas obrigações acessórias (escrituração, preenchimento de formulários, prestação de informações ao Fisco etc.) com multas elevadas, cujo correto cumprimento tem um alto custo administrativo.

sobre o autor

Roque Sérgio D'Andréa Ribeiro da Silva é graduado em Direito (1997) pela Pontifícia Universidade Católica do Paraná (PUCPR), especialista em Direito Empresarial e Civil (1999) pela Academia Brasileira de Direito Constitucional (ABDConst) e possui extensão universitária em Direito Tributário (2001) e em Direito Comercial Internacional – O Mercosul (1999), ambas pela Faculdade de Direito de Curitiba. Há mais de 10 anos vem atuando na área de direito tributário em escritórios de advocacia, é membro da Comissão de Direito Tributário da Ordem dos Advogados do Brasil e associado do Instituto de Direito Tributário do Paraná – IDTP. Como professor, já trabalhou como assistente em MBA em Contabilidade na área de direito tributário promovido pelo Instituto Brasileiro de Pós-Graduação e Extensão – Ibpex.

Os papéis utilizados neste livro, certificados por instituições ambientais competentes, são recicláveis, provenientes de fontes renováveis e, portanto, um meio responsável e natural de informação e conhecimento.

FSC
www.fsc.org
MISTO
Papel produzido a partir de fontes responsáveis
FSC® C074432

Impressão: Maxigráfica
Novembro / 2016